21世纪广播电视专业实用教材
广播电视专业"十三五"规划教材

INTRODUCTION TO NEW MEDIA

新媒体概论

（第二版）

林 刚 著

中国传媒大学出版社
·北京·

图书在版编目(CIP)数据

新媒体概论／林刚著. -- 2 版. -- 北京：中国传媒大学出版社，2021.1（2024.11重印）
ISBN 978-7-5657-2838-9

Ⅰ.①新… Ⅱ.①林… Ⅲ.①传播媒介—概论—高等学校—教材 Ⅳ.①G206.2

中国版本图书馆 CIP 数据核字(2020)第 225820 号

新媒体概论(第二版)
XINMEITI GAILUN(DI-ER BAN)

著　　者	林　刚
策划编辑	程　平
责任编辑	程　平　姜颖昳
封面制作	宇宙尺度
责任印制	李志鹏
出版发行	中国传媒大学出版社
社　　址	北京市朝阳区定福庄东街1号　　邮　编　100024
电　　话	86-10-65450528　65450532　　传　真　65779405
网　　址	http://cucp.cuc.edu.cn
经　　销	全国新华书店
印　　刷	北京中科印刷有限公司
开　　本	787mm×1092mm　1/16
印　　张	14.75
字　　数	314千字
版　　次	2021年1月第2版
印　　次	2024年11月第5次印刷
书　　号	ISBN 978-7-5657-2838-9/G·2838　　定　价　49.00元

本社法律顾问：北京嘉润律师事务所　郭建平

序　言

作者抬爱，让我为其《新媒体概论》作序。凭笔者的理论水准及业界影响，实难当此大任。然作者一再表示，在新媒体研究领域，笔者与他相识最早，相知最深，若我不应，只能废序。情之切切，难以拒之。

与作者相识，大致是在六七年前。记得初次见面，笔者就被其排列组合无比精致的外形及满脑子的奇思妙想吸引。随着接触的深入，笔者更加为其才情所折服。作者导演出身，却是广电行业能将传统媒体与新媒体融通的典型代表。作者精心打造的太湖明珠网不仅在无锡当地首屈一指，也是全国地市级媒体网站中的佼佼者；六七年前自编、自导、自演的网络影视剧至今仍让人津津乐道、忍俊不禁；提出的网民治网管理理念，深得政府监管层重视。毫不夸张，作者是才情与激情并发、继承与创新交融的才子。

两年前，作者说要写一本关于新媒体的书，我热情鼓励。只是担心时下出书太过随便，泛泛之作充斥市场，作者的著作是否会流于平庸。两个月前，当作者将成稿发给我时，我发现自己完全多虑了。作者的这本教材没有对新媒体的表象简单罗列，也没有按新媒体的产业流程组织框架，而是将大量的事例融入一个比较完整的理论框架中。全书逻辑严谨,一气呵成,语言生动、通俗、流畅,显然是当前所出新媒体著作中的优秀之作。就笔者了解,新媒体理论研究目前还不成熟,国内外的很多大家都不敢触碰这一领域,因为新媒体发展过于迅捷,一种理论解读还没有成形,就被发现已经过时了。而作者能在纷繁芜杂的新媒体表象中抽茧剥丝,发现许多深层次的规律,并总结归纳形成教材,可以说是一个奇迹。

《新媒体概论》全书共分九章,每一章都有作者独立思考形成的亮点。在学习单元一"新媒体概述"中,作者没有从时间和空间的常规视角来定义新媒体,而是从媒体的发展演变历程来分析新媒体与传统媒体内涵上的区别,进而得出"需要"是新旧媒体的分界点。这一观点也许有待商榷,但不能不说是作者的大胆创新,相信这也会成为新媒体定义的一种重要表述。在学习单元二"新媒体传播"中,作者把人际化的大众传播和大众化的人际传播作为新媒体传播的典型特质,这是对新媒体传播特点的精准定位,触及了新媒体的融合本质。在学习单元三"新媒体理念"中,作者将及时与互动作为新媒体的核心特征,也完全经得起时间检验。因为新媒体的及时有别于传统媒体的实况转播,是任何人在任何时间、任何地点的及时传播;新媒体的互动也不是传统媒体浅层次的互动,是传播者与受众之间对等性的互动。同时,作者"新媒体的传统化"的观点揭示了新媒体与传统媒体不可割裂的内在关系,"传统媒体的新媒体化"也指出了传统媒体的发展方向。在学习单元四"新媒体受众"中,作者诠释了新媒体时代传播者与受众的关系:受众即媒体与媒体即受众的角色互换,正是新媒体颠覆传统媒体的根本所在。在学习单元五"新媒体技术"中,作者对媒体发展中的核心技术特别是互联网技术的发展进程进行了高度概括，揭示了媒体螺旋式演进的内在规律，进一步证实了技术是推动媒体演变的核心动力。从本单元可以明显看出作者的大局观、历史观以及在技术研究方面的造诣。在学习单元六"新媒体应用"中，作者对互联网上出现的各种媒体形态进行了描述，并从现状、问题、趋势等层面对每一种业务形态进行了深入分析，相信这对帮助读者快速把握新媒体形态大有裨益。在学习单元七"新媒体战略"中，作者道出了新媒体大鳄们成功的奥秘。在异常残酷的互联网市场竞争中，运营者首先要有一个正确的战略选择和战略布局，其次要懂得如何选择蓝海和设立门槛，懂得极致制胜和跟跑战术，懂得开水定律和环球法则等，只有方向选择正确和善于坚持的经营者才能见到最后的曙光。作者将辩证法思维和一些经济生活中的浅显道理运用到新媒体战略中，恰到好处地解读了新媒体成功的秘密。在学习单元八"新媒体运营"中，作者介绍了运营商的经营技巧，提出"长尾""免费""无聊"是新媒体经营成功的三大法宝，精准营销、网络推手、媒体共振、用户互动是新媒体推广发展的有效路径，体现了作者对五花八门的营销技巧的深入理解。在学习单元九"新媒体产业"中，作者总结归纳了新媒体产业的主要赢利模式，包括广告、网络游戏、电子商务、平台渠道营销等，指出天使投资和风险投资是新媒体成长中不可或缺的经营要素；作者还分析了新媒体产业的经济属性，指出新媒体是新型的劳动密集型经济，是现代经济结构的转型和升级。文章结尾对新媒体这一经济形态的升华不仅反映出作者艺术创作的深厚功底，也体现出作者对中国经济发展方式转变的深度思考。

当然，本教材也还存在一些问题，诸如对中国新媒体发展为何如此迅速并基本与世界同步缺乏分析,对非常重要的新媒体内容安全问题没有涉及。与新媒体宏大、广泛而又深刻的影响相比,作者的理论探索还只能说处于初级阶段。尽管如此,该书仍不失为一本非常优秀的教材。它不仅对学子们掌握新媒体相关知识大有帮助,对新媒体的实践者和研究者也会有诸多启示。

  新媒体是自由表达意见的世界,也是颠覆所谓权威的场所。对于该书,相信读者和网民都有自己的睿智判断。笔者在此祝愿作者有更优秀的作品问世,也希望有更多的有识之士投身新媒体基本理论的探索研究中,共同为中国新媒体乃至世界新媒体的发展贡献更多的智慧。

  笔者拙见,是为序。

董年初

2013 年 10 月

修订版自序

本书首次出版发行于2014年,那一年既是中国进入互联网的20周年,同时也是中国手机网民规模首次超越传统PC网民规模的第一年。这不仅意味着中国新媒体进入了一个全新发展的阶段,同时也意味着更多的挑战与更广泛的实践开始检验笔者这本带有许多探索、分析甚至是预测观点的概论性教材。

也正是在这一年,笔者离开原先就职的无锡广电,前往站在中国广电媒体改革突破最前沿阵地之一的浙江广电,开始了更具挑战与更接近市场化的实践探索工作。两年后的2016年,站上一个新的发展平台后,笔者终于能够放下对于广电保障体制的眷恋,决然走上市场化创业的道路。此后,通过直接服务于全国近百家广电及报业体系的新媒体机构,笔者积累了大量第一手实践经验与亲身感受,从而也对六年前所撰写的这本教材有了更多新的认知。

拙作出版之后,更是收到了各种反馈。他们中,有熟悉的老朋友,也有未曾相识的新朋友;有来自新媒体研究领域的专家,有新媒体实践的同行,也有新媒体教育一线的老师。他们都从各自不同的角度,提出了许多富有价值的意见与建议。更重要的是,笔者也带着这本教材,在无锡、上海、杭州、南京等地的高校中,亲身进行了多轮次的教学实践，收获了来自学生群体以及高校教学体系中的第一手反馈。站在2020年，中国媒体行业的改革已经进入了"融合"发展的阶段，其实，无论是现在的融媒体还是当初的新媒体，笔者认为，这都是在互联网环境下对于媒体发展下的不同阶段化的描述。从本质而言，它们都是满足用户需要的，只是满足的程度不一而已，这一定义的根本原则并没有改变；而围绕着这一根本定义开展的对于其传播、理念、受众、技术、应用、战略、运营以及产业这些细分层面的概论性分析的思路与方法，也没有改变。所以，这也是这本《新媒体概论》在市场上依然能够获得读者认可的重要基础。

当然，新媒体所面对的市场环境日新月异，六年多的发展，足以再写出一本厚厚的新媒体实践专著。大量的创新式应用与事例，的确也要求对本书的各个单元进行适度的补充与修正。同时，限于笔者当年的个人局限，在"新媒体受众"单元中，公关把控的内容被不恰当地安排在了后面的运营单元；在"新媒体应用"单元中，缺少了当前最受重视的视频应用内容分析；在"新媒体运营"单元中，缺少了对内容运营与用户运营的系统化解析。在本次修订版中，笔者对这些部分都进行了较大篇幅的补充与完善。

再回看董年初老师当年为本书所作的序，其中的点评及建议，至今为止仍然不失其重要的点题价值，因此本书仍保留其为总序。而笔者这些絮絮之言，作为本次修订版的一个简单说明，附于此，权当自序。

林刚
2020年3月

目　　录

学习单元一　新媒体概述　/ 1
　　一、媒体及新媒体的定义　/ 2
　　二、媒体的发展　/ 4
　　三、新媒体的本质　/ 9
　　四、新媒体的学习技巧　/ 13

学习单元二　新媒体传播　/ 18
　　一、传播及传播学　/ 19
　　二、人际传播与大众传播　/ 21
　　三、新媒体的传播　/ 26

学习单元三　新媒体理念　/ 36
　　一、新媒体的特性　/ 37
　　二、新媒体的核心特征　/ 40
　　三、新媒体与传统媒体的相互融合　/ 43

学习单元四　新媒体受众　/ 53
　　一、新媒体受众的演化　/ 54
　　二、新媒体受众的特点　/ 59
　　三、新媒体受众调查　/ 63
　　四、新媒体受众的双向管理　/ 67
　　五、新媒体环境下的公关把控　/ 73

学习单元五　新媒体技术　/ 87

一、传媒技术的革新历程　/ 88

二、互联网的产生与进化　/ 90

三、技术对新媒体的推动　/ 98

学习单元六　新媒体应用　/ 108

一、学习积累的1.0时代　/ 109

二、渴求突破的2.0时代(准备期)　/ 114

三、百花齐放的2.0时代(繁荣期)　/ 127

四、圈地而居的跨时代新霸主　/ 139

五、厚积薄发的视频应用　/ 145

学习单元七　新媒体战略　/ 156

一、全局规划　/ 157

二、实践运用　/ 162

三、竞争合作　/ 164

四、影响力至上　/ 166

学习单元八　新媒体运营　/ 172

一、战略运营　/ 173

二、市场运营　/ 180

三、内容运营　/ 184

四、用户运营　/ 192

学习单元九　新媒体产业　/ 200

一、新媒体赢利模式的演变　/ 201

二、新媒体产业的新型发展模式　/ 217

三、新媒体影响下的社会经济结构　/ 220

参考文献　/ 226

学习单元一
新媒体概述

学习目标

★ 知识目标

1. 媒体的概念
2. 媒体的分类
3. 关于新媒体的多种表述
4. 媒体发展的四个阶段
5. 新媒体的本质与定义
6. 新媒体的学习方法

★ 能力目标

1. 能够了解业界对于新媒体各种定义的出发点
2. 能够大致掌握媒体发展的四个阶段的核心特点
3. 掌握新媒体阶段与前三阶段的根本区别
4. 能够把"新媒体的本质"引入实践进行剖析

任务描述

任务一：从媒介与媒体的精准区别分清媒体中的介质与机构

参照教材中的案例对电视、广播进行解析：什么是媒介，什么是媒体；它们在各自的职能、作用方面的区别。

任务二：用"需要"理论来剖析任意一个新媒体产品

对自己熟悉的某一家新媒体网站进行解析。分析它在发展历程中是如何从告知、诉求、影响三个阶段逐步发展到感知阶段的。

通过完成以上工作任务，使学生掌握媒体的基本概念，了解其发展历程。尤其是通过对新媒体的其他各种定义的辨析，认识媒体发展的四阶段，指出"需要"是新媒体的本质。

一、媒体及新媒体的定义

新媒体，就其字面意义而言，是一个以"新"字修饰"媒体"的组合词，认识新媒体，必须要先认识媒体。

01 媒体

媒体是一个外来词，源于英文单词"media/medium"，其原义可以解释为媒体，也可解释为媒介，在不少场合有所混用。但这两者在汉语中的意思相差很远，"媒体"是一种以传播信息为目的，以不同事物间产生联系为效果，借助种种技术手段、实现方法，具有一定的复杂内部结构的机构的具体表现形式。也就是说，媒体至少有两层概念：第一层是具体的表现形式，比如印刷出版的报纸；第二层是维持并保证这一形式运行的机构组织，比如报社机构。二者合一才能被称之为媒体。而"媒介"则指第一层中的传播介质。

> ☞ **案例分析**
>
> 黑板报是媒介还是媒体？普通的黑板报具有传播信息，联系教师、学生的作用，称之为"媒介"应该没有问题，但是否可以称之为媒体呢？这倒不一定，这得取决于这些特定的黑板报在现实生活中是否可以具备成体系的内外部运作机制。具体说来，单纯的散落于各个班级教室以及校园各处的黑板，充其量只能算是一种信息传播的工具实体，但是，假如要成立这样一个机构或团体：在这一机构中，有人负责黑板报的内容策划、主题编排与信息搜集，有人负责黑板报的版面装饰与书写制作，有人负责商业合作伙伴的联络与开拓，还有人负责其他方面的宣传与公关。那么，在这种机构式管理、运作以及发展之下的黑板报，就已经突破了它原始的基本属性，可以被称为媒体了。

媒体是通过一定的载体或平台来承载相关信息，在限定的社会道德观念、所在国家的政策法规、所在社会的经营需求下，以一定的内部体制来保证信息的不断传播、更新与影响的机构,是现代社会中的一个有机组成部分。一旦提及媒体,人们关注的是它的组织机构的属性,强调它作为一个组织、一个机构,在国家与社会中必须承担的义务与责任。

按照不同的标准,媒体便具有了各种不同的分类。

按照传播介质的不同,媒体分为:基于无线电技术的广播式媒体,包括电台、电视台等;基于纸质印刷出版的平面媒体,包括报纸、杂志等;基于互联网传播的网络媒体,包括网站、手机报、手机应用客户端等。

按照出现时间的先后顺序,媒体分为:旧式传播时期媒体,其中主要有各类公告告示、早期的报纸杂志;大众传播时期媒体,主要有现代报纸杂志、广播电台、电视台等;计算机网络时期媒体,这里除了我们熟知的互联网之外,还包括数字广播、数字电视、智能手机、无线终端等。

按照不同的表现形式,媒体又可以分为平面媒体、有声媒体、影音媒体以及多媒体。

02 新媒体

新媒体(new media)的概念最早是在1967年,由美国哥伦比亚广播电视网(CBS)技术研究所所长戈尔德马克(P. Goldmark)在EVR(电视录像)的开发计划中提出的。

上海戏剧学院副教授陈永东认为,新媒体是相对于传统媒体(目前主要指报刊、广播、电视等)的新出现的传播形式,目前主要指互联网、手机、户外媒体。[①] 这种表述对新媒体的具体表现进行了归纳与集合,但缺乏科学定义所需要的总结归纳与提炼。

而有不少人认为,新媒体是一个在时间上的相对概念。清华大学的熊澄宇教授就指出:"新媒体是一个相对的、动态的概念,每个时代都有其所谓的新媒体,每一种新媒体也都终将成为旧媒体。"[②]这种观点可以进一步表述为:报纸时代,广播是新媒体;电视时代,互联网就是新媒体。这种观点将新媒体引申到了一个可发展、可变化的空间里,几乎可以适应并解释所有的情况,但它却无法解释为何"新媒体"的概念没有更早出现,而且这种相对论实际上回避了对新媒体的正式定义,对于新媒体学术研究并无益处。

联合国新闻委员会1998年5月举行的年会上,秘书长安南在报告中正式提出把互联网看作是相对于报纸、广播、电视之后的"第四媒体"的概念。而在此之后,手机、手持终端、加载于各类交通工具上的移动终端等新型平台不断出现,它们与之前的互联网一起,都具有一个显著的特点,就是数字化、网络化。"目前的新媒体应该定义为在电信网络基

---

① 陈永东."多媒体"与"新媒体"勿滥用[EB/OL].(2008-06-07)[2012-05-27]. http://blog.sina.com.cn/s/blog_541bdbb801009phh.html.
② 熊澄宇,程绮瑾.新媒体传播与跨文化交流[EB/OL].(2005-04-07)[2012-05-28]. http://www.ilf.cn/Theo/110370.html.

础上出现的媒体形态——包括使用有线和无线通信的方式。"①阳光文化集团 CEO 吴征认为"它是一种复合媒体(多媒体)。新媒体的内容呈现方式可以根据需要,在文本、视频和音频之间任意转换或兼而有之",他把新媒体定义为"互动式数字化复合媒体"。② 这些观点将新媒体定义为以计算机、网络为载体的一种媒体表现形式,解决了技术层面的归纳问题,不过缺乏人文学科的分析。

还有的专家从社会发展的背景来分析,把传统媒体定义为工业化时代的产物,新媒体则是信息时代的骄子。联合国教科文组织非常直接地宣布:新媒体就是网络媒体。这一定义十分清晰地划出了传统媒体与新媒体之间的界线,只是欠缺一个系统的定义。

二、媒体的发展

新媒体与传统媒体的区分标准是什么?我们不妨从媒体发展的历程中去寻找答案。

①1 媒体的成长——告知阶段

媒体从诞生开始,经历了相当长的成长阶段。这个阶段虽然长,但作用却很有限。这与媒体最初的功能有限、阅读对象有限不无关系。

中国最早的官方报纸是《邸报》。关于邸报的出现时间有三种说法:一说是周朝,一说是西汉初期,还有一说是唐朝。这些报纸都由官府主办,是封建王朝的机关报,被称为《邸报》。内容都是定期发布关于皇帝的谕旨、诏书以及大臣的一些奏议与官方文书,阅读者都是各地的郡守官员。正史一般支持唐朝说,唐朝的《邸报》已经确定使用了纸张。

在宋朝中叶开始出现民间的小报,专门报道朝廷内没有公开的机事以及官报不准备发表或尚未发表的官诏等,从而成为邸报的一种补充,阅读人群是各地的乡绅和生意人。当然,正是因为受到这些内容的影响,民间小报往往会遭到各种各样的查禁。直到 16 世纪中叶,明朝政府开始允许民间设立报房,选印从内阁抄录的谕旨、奏疏和官吏任免消息,统称为《京报》。

西方最早的报纸是《每日纪闻》。公元前 59 年,古罗马的统治者恺撒就命人把帝国每天发生的大事要闻书写在白色的木板上,告示罗马城的市民,并由书记抄写多份,传送到罗马各省加以张贴,有人把它称为世界上最古老的报纸。

---

① 周进.新媒体之我见[J].广播电视研究,2005:3-4.
② 吴征.媒体业发展趋势与新媒体的文化使命[EB/OL].(2001-05-11)[2012-06-29].http://tech.sina.com.cn/it/t/66496.shtml.

图1-1 《邸报》

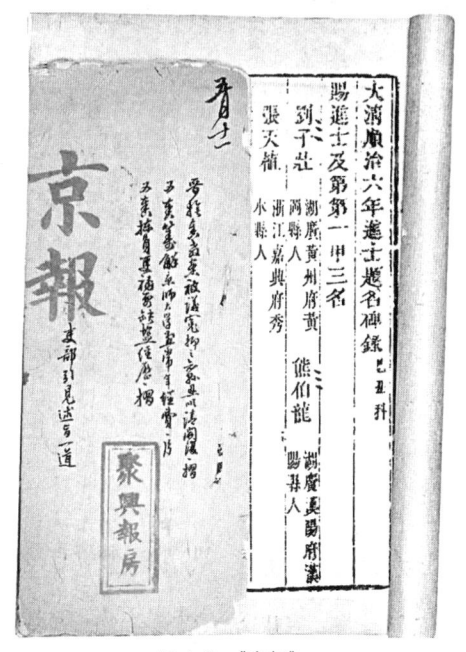
图1-2 《京报》

在整个封建时代,报纸的发展一直被局限在封建王朝的统治与斗争需要之中,即使是民间流传的小报,内容也是以与朝廷、官方相关的事情为主,其内容的局限性注定了它们的读者只能是从官吏向士绅、商人发展,距离普通百姓十分遥远。因此,有专家把这一时期又称为媒体发展的"官办时代"。官办时代的媒体对普通百姓来说只是一个简单的存在、一种基本的告知。

02 媒体的发展——诉求阶段

大约从17世纪开始,西方新兴的资产阶级看到了报纸的巨大魅力,于是致力于把这种小众化、贵族化的工具推广成为大众化、平民化的武器,并以此推广他们所倡导的自由、平等、公开、公正的理念,以尽可能多地争取社会民众,尤其是争取民众中的精英人士,通过报纸媒体来宣传他们的政治主张、争取他们的政治利益。在这一时期,各种各样的政党报纸开始流行,而且售价也基本上以本国货币的最小单位为计,不以赢利为目的。到资产阶级全面掌权后,报纸更进一步地平民化,并开始摆脱之前的新闻检查、党派控制,逐渐向独立化、中间化的方向发展,开始具有了较强的舆论监督能力。

随着资产阶级革命思想传入中国,中国最早的民族资产阶级成为现代报纸的最积极的创办人,报纸不仅仅是他们用以互通商情、促进经营的商业工具,更是他们用以推广新兴的政治思想,接触并争取更多民众的政治工具。

中国早期办报人郑观应就认为,报纸应该是"通民意,达民情"的工具。梁启超更是通过创办各种报纸积极宣传变法强国的思想,"倡民权""衍哲理""明朝局""励国耻",报纸逐渐向民众普及。

图 1-3 郑观应

> **延伸阅读**
>
> [街上卖报的喊叫:"长辛店大战的新闻,买报瞧,瞧长辛店大战的新闻!"报童向内探头。]
>
> 报童:掌柜的,长辛店大战的新闻,来一张瞧瞧?
>
> 王利发:有不打仗的新闻没有?
>
> 报童:也许有,您自己找!
>
> 王利发:走!不瞧!
>
> 报童:掌柜的,你不瞧也照样打仗!(对唐铁嘴)先生,您照顾照顾?
>
> 唐铁嘴:我不像他,(指王利发)我最关心国事!(拿了一张报,没给钱即走)
>
> [报童追唐铁嘴下。]
>
> 王利发:(自言自语)长辛店!长辛店!离这里不远啦!(喊)三爷,三爷!你倒是抓早儿买点菜去呀,待一会儿准关城门,就什么也买不到啦!嘿!(听后面没人应声,含怒往后跑)①

这时的媒体是社会精英倡导其社会革命理念,争取社会大众,完善各种政治意图的重要工具,这一阶段一直延续到 20 世纪中期。广播电台出现后,节目内容广泛、包罗万象,迅速得到了当时社会上层人士的喜爱。

媒体的诉求虽然没能完全走进大众,但却足够让大众了解了自己,让他们逐渐从远眺开始走近,从"闻其名"渐渐知道"听其声"。媒体从单一的统治工具中逐渐分离出来,

---

① 节选自老舍《茶馆》第二幕(历史背景:袁世凯称帝失败后,北京军阀混乱时期)。

从广而告之发展到营销推广,开始从提升知名度转向有针对性地提高自身美誉度。它的社会作用在这一阶段开始得到展示,开始进化到"精英时代",一大批先知先觉的精英认识到了媒体在社会发展中的作用,开始积极投身于推广媒体、展示媒体的工作中。

03 媒体的成熟——影响阶段

当一个媒体的受众不再局限于社会中的某一特定阶层、特定人群时,表明这个媒体已经不再信赖于"精英",而是开始关注"大众"了。

促使媒体进入大众时代的最伟大的技术成就莫过于广播和电视的先后发明,它们的问世,改变了媒体在报纸时代只能被有知识的人群所掌握与利用的状况。即使是目不识丁的农夫走卒,一样能听得懂新闻、看得懂内容。信息普及至千家万户,信息的影响也更加直接与普遍化。以积累发展到5000万用户为标准,报纸所花费的年数虽不可细考,至少也应该是百年以上。但广播只花了区区30年,电视则更是只花了13年。媒体从少数精英分子的思想武器开始进化成为普通民众了解世界、感知社会的重要途径。

大众化带给媒体的变化是空前的,它与受众之间的联系,不再是简单的告知、一般的诉求,而是紧紧关联的影响。更何况,这时的受众已不再是少数,而是整个社会最普遍的大众。由于可以获得非常普遍的受众认可与支持,媒体自身的价值得以完整地形成,媒体从业者也成为现实中的"无冕之王"。可以说,没人可以不再重视媒体,又或者说,没人敢忽视媒体。不论口碑还是市场价值,媒体在这一阶段都达到了空前的繁荣。

在商品经济日益繁盛的环境下,媒体利用自身强大的影响力与宣传效果,吸引了广泛、集中的公众注意力,并由此吸引了赞助商投放大量广告,从而给自己带来了丰厚的经济收益。这种经营模式一直影响到互联网发展之后,也由此形成了新的词汇——眼球经济。而实际上,眼球经济正是在媒体成熟阶段的一种经济形式的表现。在这一阶段,人们不必像初识时那样陌生,广告商们充分相信媒体的作用,他们只需要媒体拿出相应的能证明自己影响力的数据或者凭证,比如说第三方认可的收视率、收听率、发行量,并直接以此计算出收视点成本、千人成本等,便可以得到可观的广告费与赞助费。所以,在成熟阶段,一个媒体的商业操作也变得非常简单直接。策划一个媒体栏目,宣传它、推广它,让更多的人知道它,拥有足够多的受众,也就

图1-4 中央电视台2011年度广告招标会

因此获得足够强的影响力,然后自然会有足够的赞助费与广告费。

但蓬勃的媒体广告产业发展形势却难以掩盖这一商业模式背后的危机:媒体广告价值的根本在于媒体的公信力,而公信力源于媒体对事实的追求与维护。可在媒体经营的过程中,一旦事实真相被广告商的利益所掩盖,媒体引以为本的"公信"与"权威"就势必会受到侵蚀,最终导致媒体价值的贬值与流失。

更值得警惕的是,这种倾向如果从被动走向主动,便有可能突破政策法规及道德准则的底线,产生更为严重的灾难性后果。如违规广告、虚假广告,其根源就是部分媒体被眼前的经济收益冲昏了头脑,丧失了原则。更有甚者,直接以影响力与公信力作为要挟的手段,对企业、商业客户实施讹诈,走上犯罪的道路。

> ☞ **案例分析**
>
> 据新华网报道,沉默多时的留美博士、济南保法肿瘤医院院长、第十届全国人大代表于保法在京召开说明会,否认北京某报笔下的"履历造假、病例造假、专利造假"等问题,并称将采取法律手段,要求对方承担相关责任。
>
> 更为令人不安的是,于保法又拿出一份样报,称这是该报在发出上述负面报道后主动与其联系,称只要交纳数万元钱就可以为其刊登一篇恢复名誉的新闻。记者看到,这份样报上是一篇题为《激情照亮人生》的半版正面报道。于保法还出示了与该报签订的版面认刊合同,合同金额为 4.5 万元人民币。
>
> 如果这一切属实的话,那正如于保法所说,这是赤裸裸的虚假新闻和有偿新闻的结合!而且是典型的先造谣、再勒索的新闻讹诈!这样的事件虽是少数,但在一定的范围内和一定的程度上,已足以让我们的新闻媒体威信扫地、声望扫地、斯文扫地!①

无论是收益至上进行虚假宣传,还是直接权钱交易进行"新闻讹诈",这些现象的大量出现,与媒体对于自身继续发展的方向模糊不清有着根本关联。媒体产业的高速发展,导致这一行业的成本也在飞速上升,但其影响力所交换回来的经济收益却并不能与之同步增长。广播电视行业经历过 20 世纪的发展高峰之后,在全球范围都已经开始无可避免地面对受众老龄化、电视时段资源开发接近枯竭的局面。而报纸杂志更是在纸张印刷成本上涨、订户不断减少的双重压迫下苟延残喘。那么,媒体的出路何在?

---

① 庄华毅. 社会约束的"镣铐"与舆论监督的舞蹈[EB/OL]. (2006-08-08)[2012-05-27]. http://news.sina.com.cn/c/pl/2006-08-08/000910655023.shtml.

④ 媒体的突破——感知阶段

以互联网为代表的新媒体悄悄进入了第四阶段,这是一个寻求突破的阶段,也是一个注重受众需要的阶段。回头审视,从告知、诉求阶段到影响阶段,媒体一直处于主动方。而在感知阶段,媒体首次成为被动方,受众的需要在先,媒体的感知反应在后。这种主被动关系的转变带来了媒体发展的根本性革命。

技术的更新不再只是媒体发布手段、传播方法的进步,还有受众信息终端的进步,因为受众需要;信息的传播不再只是媒体点对面的单一发布模式,而是融合了面对点、点对点甚至面对面的多种复合式的全面发布模式,因为受众需要。

此外,报纸杂志印刷量、发行量持续下降,广播电视的收听、收视率长时间停滞不前,这是因为人们可以不需要。作为一个媒体,其最大的危机并不在于不受重视,而是被忽视,忽视即表示着被放弃,这才是传统媒体面临的最大危机。

因此,媒体要向前发展,要走过"重视"的阶段,绝不只是"更重视""非常重视"这些非本质化的改变,而是要坚定不移地跨入"需要"的新阶段。只要让受众感觉到自己真的需要,这个媒体的价值才将是真实的、有效的。

于是,人们开始明白:媒体的第四阶段所呈现出来的,恰恰就是新媒体的真实形态。它之所以与前面三个阶段中的所有传统媒体有所区别,也正是因为它成了受众真正需要的媒体。从细节上讲,新媒体更加注重受众的感受,它是第一个把受众与用户等同起来的媒体,也是第一个真正重视受众反馈的媒体。在互联网的发展过程中,由于技术的突破,收集并听取用户的意见与反馈并不是什么困难的事,反而成为一件应该的事。投票、留言、评论,这些手段都成为互联网媒体的最基础配置,它们的存在也因为符合用户在表达情感、表述观点等方面的需求,而从根本上深受欢迎。

当然,我们也要更清楚地看到,新媒体绝不是空中楼阁,不是凭空就从第四个阶段突然出现的。它是媒体发展历程中的一部分,是所有媒体经历阶段性发展之后的更高阶段的体现。它必须遵循所有媒体发展的规律,也必须认认真真地经历成长、发展、成熟这三个培育阶段。然后通过技术的革新、理念的突破,进入第四阶段,从而真正以新媒体的面目展现在大家的眼前。

三、新媒体的本质

新媒体是以满足受众"需要"为根本目的,以应用最新技术为手段的现代化信息传播体系。它是媒体中的一员,得益于网络化、数字化的技术影响,是媒体发展的一种高级形式。同时,受众的需要又成为各种网络化、数字化技术突飞猛进的原动力,推动着新媒体的整体飞跃。

01 "需要"是区别新旧媒体的最根本点

传统媒体一直发展的是媒体自身,这种发展存在着可见的尽头,存在着明显的限制。而新媒体则把媒体与受众打通,相互之间实现了融合,在有限的空间里打开了一片全新的天地。

新媒体所考虑的问题不仅仅是媒体自身需要什么、媒体的发展需要什么,它更多考虑的是受众需要什么,以及媒体为了满足这种需要必须做什么。由于受众的群体无限,受众的需求也可能无限,它带给了新媒体以无限的发展潜力。更为确切的理解是:传统媒体时代,媒体带动着受众前进,发展到什么阶段,受众就得接受什么样的状态,受众没有选择,更不会有什么要求。

☞ **案例分析**

电视机最早进入居民家中,是通过无线的方式发送电视信号。由于传输技术的成熟,有线电视逐渐走入千家万户。之后数字化电视传输研发技术的成熟,又推动了数字电视的双向改造与机顶盒的推广。应该说,电视频道在越变越多,电视图像质量也越来越清晰稳定,可是,在有线电视建设与推广的过程中,宣传压力不小,社会舆论中牢骚与抵触情绪颇大。其原因就在于,这些改进与发展并非是受众、用户自己的需要。更多的受众会认为,个性化的选择权比高清化的图像更为重要,内容的多样性比计算方式的多样性更为迫切。

图1-5 电视的发展是否认真考虑过观众的真实需求

更明确的说法就是,看一个新媒体是否称得上是新媒体,要看它是否是以用户为中心,是否以创造需要、适应需要为目的。其区分的标准就是这么简单。一切表现手段、表现方法都是为中心目的服务的,只要理念能够向前发展,技术能够突破,哪怕是曾经传统的报纸、广播、电视,都可以与互联网一样成为新媒体的某种表现手段。

02 "需要"是现代营销的最核心价值体现

现代营销学首次摆正了企业与消费者的关系,鲜明地提出了"以消费者需求为中心""以市场为出发点"及"用户至上"的口号,认为实现组织各种目标的关键在于正确地确定目标市场的需求和欲望,并比竞争对手更有效、更有力地传送目标市场所期望得到满足的东西。可以看出,应需而生,是其根本性的思想。

> **☞ 案例分析**
>
> 当人们刚刚适应电话拜年不久,短信拜年又开始在国内风靡一时。仅春节期间,全国手机短信发送量,继 2008 年的 170 亿条、2009 年的 180 亿条、2010 年的 190 亿条之后,2011 年又创下新纪录:260 亿条。仅仅这一年春节期间,这种只须 0.1 元一条的小短信就为国内的移动通信行业带来了超过 20 亿元的巨额收入。原因就在于它适应了现代人快速、高效、简洁的人际交流的需要。

图 1-6 手机短信

在新媒体发展阶段,媒体营销及营销媒体的理念也在形成。媒体就是一种产品、一种在市场上进行竞争与运营的产品,在经营管理媒体的过程中,对于用户或受众需求的重视,对于市场需求的重视,成为新媒体发展的原动力,也成为新媒体之所以被社会接受的根本性价值。可以说,新媒体是整个传媒产业中首先考虑用户需求,思考自己与用户之间的相互关系,并着重考虑用户的感受与需求的特殊产品。它最根本的目的,就是希望将自己推销出去,推销到用户的面前,并且能够成为最成功的产品。

新媒体同时也是现代产业营销最为关注的媒体领域,因为现代企业所希望对外传播的不仅仅是自己的产品,更有自己的信息动态、发展方向以及企业理念。现代企业尤其重视对目标客户的抓取,而利用新媒体的人际关系网络能够获得来自客户的各种信息与反馈,并在这种传播中占据更为主动的地位。这已经不是传统媒体所能够提供得了的,只能依赖于新媒体的即时与互动特性。对于新媒体来说,企业同样也是用户,也是新媒体兑现"适应需要""满足需要"的一个努力方向。也只有新媒体才能如此深入地切入企业营销的过程中,实现与传播同步扩展影响的终极目的。

同样,在媒体范畴之内的广告业更是对这一规律颇有心得。看看四周我们就可以发现,但凡成功的广告作品,都必然有着定位准确的优点。何谓"定位准确"？那就是在合适的阶段强化合适的目的。一个全新的产品或品牌刚刚投放市场时,是它的成长阶段,最合适的广告表现点就是对它的"告知":用最简洁最直观的介绍用语,介绍出自己最显著的特点。产品一旦成熟,必然转向感知用户的需求、迎合用户的需要,从而创造出最能打动用户的宣传用语。

> ☞ **案例分析**
>
> **百事可乐百年广告口号演变**
>
> 1898年:清爽、可口,百事可乐
>
> 1903年:提神、爽心、增进消化
>
> 1905年:可口之饮料
>
> 1906年:天然饮料——百事可乐
>
> ……
>
> 2004年:突破渴望(Dare for More),敢于第一(Dare to Be No.1)
>
> ……
>
> 2011年:渴望就是力量
>
> ……
>
> 从上述广告口号的变化可以看出百事可乐问世之初几个广告口号与如今广告口号之间的区别,前者基于饮料自身的特性与诉求,更加直观、更加服务于品牌名称;后者更多地专注于对用户需求的揣摩与迎合,并把它升华为一种对需求意境的营造。

○3 "需要"是现代产业发展的重要转折点

人类社会在农业文明之后经历了蒸汽机发明、电力应用、原子能应用这三次工业化的大革命,能源、动力的飞跃升级直接带来生产力的大幅提升,从而引发了生产关系与上层建筑的显著变化。之后,计算机的发明、网络的诞生以及移动通信产业的覆盖引发了三次信息技术的大革命,这三次革命已经不再只是表面可见的物质生产力的提升,更多的是意识形态上的飞跃。最终作用于所有现有生产力与生产关系的一次新革命,主力军就是新媒体的产业化发展。它不再像传统媒体那样,做一个客观的观察者、报道者,或至多是评论者,而实质上成了现代社会不可缺少的全面参与者。新媒体的信息传播过程,也是现代产业发展过程的一部分,是现代产业快速增长变化不可或缺的重要内容。

而在产业发展中,为了追求局部经济效益的最大化,企业往往以牺牲个性需求为代价换取满足大众需求所带来的批量化好处。这种现象在工业化大生产时代表现得尤为突出。但久而久之,便出现了过分关注企业利益而忽视用户利益、过分追求现有市场而忽视潜在市场、过分讲究保守策略而回避风险战略的重大弊端,成为现代产业发展中的一大阻力点。

而新媒体却会充分考虑到用户需要,并围绕受众需要,合理配置、有效整合自身资源,从而协助有需要的企业进行产品包装、宣传策划直至市场营销、网络布局、产品维护和品牌战略规划,为它们提供一条龙的产业链服务,使自身以及与之进行合作的企业获得双赢的效果。现代社会已经不再只是小农经济下非常简单的产业结构关系,各行各业之间的联系千丝万缕,相互之间的影响难以估计。这些关系的理顺与影响,往往正是新媒体操作的擅长之处。

由于可以最大限度地挖掘到用户的需要,新媒体恰恰可以帮助现代产业摆脱自身发展的瓶颈,寻求新的发展。更为重要的是,借助新媒体独到的机制,企业可以更加敏锐地捕捉到用户的真实想法与真实需求,深层次地解决用户的潜在需求,从而开拓出更为广阔的市场空间,从根本上再一次解放生产力、提升生产力,这方面最突出的代表就是电子商务的发展。由于依托了新媒体技术的发展与支持,电子商务完全解放了人们对消费和商品需求的限制,它的发展,并不是对传统商务市场的硬性切割,而是深度激发,从而引发整体市场的共同繁荣。有关数据显示:中国的电子商务年度交易额从2009年的3.6万亿元人民币,到2013年超过10万亿元大关,2019年更是超过30万亿元,已经多年保持15%以上的年均高速增长率。

而且,新媒体本身的产业化发展趋势也越来越明显,这不仅符合新闻媒体发展的基本规律,是市场经济条件下媒体生存和发展的必由之路,同时也是整个社会的经济形式与经济结构发展变化的必然过程。信息在产业经济中的地位得到了高度的认可,其价值也不断提高,这也是最根本的受众需要、用户需要。

因需要而生,为需要而发展,这就是新媒体的本质。

四、新媒体的学习技巧

因此可见,这是一门在已经成熟的"媒体"之上冠以一个"新"字而成的全新学科,又是一门引发当今社会传播与高新产业全新革命的学科。正如"新物理学""新政治学"一样,之所以没有给它起一个完全独立的学科名,既是基于"新媒体"与"媒体"之间斩不断、理不清的深厚联系,也是考虑到在它未来发展的过程中两者还会发生各种各样难以估计的相互渗透。

思维定式是心理学上的一个概念,指人们在认识事物时,由常规心理活动所形成的某种思维准备状态,它能影响或限定今后同类思维活动的发展。由此可见,思维定式可能会有助于新问题的解决,当然也可能会妨碍新问题的解决。因此,在新媒体的学习过程中,首先要善用思维定式,通过业已形成的一种习惯、常识以及经验,来加深对于基础理论、基础知识的了解。然后,更为重要的就是在了解的基础上,越过习惯、常识、经验中的不足甚至误区,真正突破思维定式。这也将是新媒体学习过程中需要反复尝试的第一个重要方法。

关于"新媒体",一般人的思维定式是:既然有新媒体,那么就一定会有旧媒体,新媒体的出现,是为了替代旧媒体或革旧媒体的命。在这种思维定式的影响下,我们虽然可以迅速借助之前对于传统媒体的理解与基础知识,相应地对新媒体的基础理念有所了解与熟悉,但这也限制了我们的想象空间与突破性思维。

打破思维定式:新媒体一定就是传统媒体的后续发展吗?新媒体是否具有自己本质化的新 DNA?新媒体与传统媒体之间是否是替代与传承的关系?它们俩是否能长期共存?传统媒体是否一定就会落后于新媒体?新媒体之后再出现的更新的媒体会叫什么?

图 1-7 儿童的头脑中最不会有思维定式

除了善于质问之外,还得善于反思,也就是改变传统的思考方向与角度,敢于打破常规,打破迷信。在传统媒体中,受众就是接收信息的人,这是习惯性的思维,但是,受众是否也可以成为传播者呢?受众是否也可以成为另一种形式的媒体呢?

再则是"说文解字"。中国的方块文字有着独特的魅力,通常,它会尽可能地避免新造字词,巧用已有的字词对新生事物、新生概念进行拓展命名。这种利用与拓展实质包含了对新事物、新概念的智慧解读。想要了解新名词,就非常有必要对最初的字词的本义进行分解和再思考,以有利于深入理解概念。

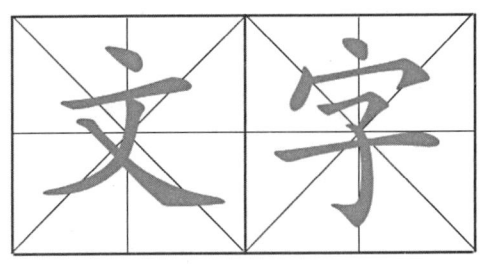

图1-8 远古时将象形字称为"文"、会意字称为"字"

更重要的是,许多新媒体的专有名词大多来源于外来词语的翻译,在翻译的过程中,有谐音有意会,有借用也有新造,这些新专用名词的产生过程,就包含了对它们的诠释与注解,而对字面意思以及词语形成过程的辨析,有助于我们更加深入准确地理解这些概念的确切含义。

☞ 案例分析

"电脑"一词,源于两个现成的字即"电"与"脑"的重新组合。"电"原指自然界的闪电现象,后被现代物理学引入,成为能量变化时的电荷现象与术语,之后人们又用这个字来辅助说明一切与"电荷"或"能量转换"相关的新现象、新事物。而"脑"本意为中心,医学上称为中枢神经系统,更具有复杂并高级的思维运算、综合分析与终极判断的意义。这两个字组合在一起,表示"电脑"是一个利用电能及电子技术、具有仿生物中枢神经系统的电子设备,具备一定的运算能力、分析能力与判断能力。通过对字词的辨析、溯源以及组合,这样最终分析出来的定义,在机械描述之外,多了更为生动与深入的理解,这就是"说文解字"的魅力所在。

而将"打破思维定式"与"说文解字"结合起来,实质就是一种传统与创新相结合的学习方法,是整个新媒体的研究与学习中不可放弃的重要方法。

单元学习小结

新媒体的概念既新锐又普及,新锐在于这一字眼出现的时间并不长,普及在于其眼下处处都可听见。这就要求学生能够排除干扰,充分理解业界各种定义的种种不足,理解本书中定义的出发点与分析点。

要想找出新媒体与传统媒体之间的最根本区别,必须掌握媒体的四个发展阶段:媒体的成长阶段,目的是告知,又称为官办时代;媒体的发展阶段,目的是诉求,又称为精英时代;媒体的成熟阶段,目的是影响,又称为大众时代;媒体的突破阶段,目的是需要,又称为用户时代。

新媒体是以满足受众"需要"为根本目的,以应用最新技术为手段的现代化信息传播体系,"需要"是新媒体的本质。

要想学好新媒体,一定要在打破思维定式、反向思维上下功夫,学会说文解字。

☞ 实训项目一

实训项目:对微信、QQ、网游等这些新媒体形式进行"需要"理论的实体解析

实训方法:查找法、咨询法、实操法

实训条件:网络、笔记本电脑(学生自备)

项目要求:1.分成多个小组,每组对应选择一种新媒体表现形式;

2.小组中的每位学生独立完成;

3.收集并汇总自己为完成作业查找到的参考资料;

4.寻找佐证观点的新闻或案例。

实施步骤:1.对应查找出它们各自的传统表现方式;

2.分析出它们在传统阶段的各个特点;

3.分析它们在新媒体表现阶段是如何突出应对"需要"的;

4.整理相关记录并形成电子文档。

成果描述:设计成课程设计报告并打印,要求内容全面、层次清晰、数据准确、分析透彻。

成果评价:学生小组互评,教师点评,将评价等次(分数)记录在册。

☞ 实训项目二

实训项目:对新媒体的专业术语进行技巧性解析

实训方法:查找法、咨询法、实操法

实训条件:网络、字典、笔记本电脑(学生自备)

项目要求:1.分析构成专业术语的字义及来源;

2.分析专业术语的词语形成过程或演化过程;

3.分析在思维定式下对该专业术语的理解局限;

4.尝试打破思维定式对该专业术语进行延展性想象;

5.尝试采用反向思维对该专业术语进行延展性想象。

实施步骤:1.确定术语;

2.查阅字典、词典及资料;

3.完成上述要求的各项工作内容;

4.整理相关内容并形成电子文档。

成果描述:以课程作业方式打印,要求内容全面、层次清晰、分析翔实透彻。

成果评价:学生互评,教师点评,将评价等次(分数)记录在册。

学习单元二
新媒体传播

学习目标

★知识目标

1. 传播的概念
2. 传播学的概念及其与相关学科的关系
3. 传播的两大形态及其优劣点
4. 新媒体的两种特殊传播形态
5. 口碑营销的准则
6. 六度空间理论

★能力目标

1. 能够掌握传播学的基本概念
2. 能够在实践中根据人际传播与大众传播的不同特性做到灵活选择
3. 掌握口碑营销的基本运作原则与技巧
4. 能够运用六度空间理论分析判断

任务描述

任务一：撰写口碑营销策划案

准确评估此次营销目标所需要传播的各个要素，根据教材中对口碑营销所制订的准则进行分析，做出总体策划方案，并对结果与效果做出预估与判断。

任务二：用六度空间理论分析网络上的"人肉搜索"

许多现实中不可能完成的事情，却屡屡被网民的"人肉搜索"查明真相，在学习了六度空间理论后，尝试运用其中的原理，对其进行归纳总结，分析其中的原因与道理。

通过本单元的学习，掌握传播学的基本理论及其实践知识要点，完成传播、媒体以及信息流动之间互通关系的研究思考。着重理解传播的生活本质与实用本质，通过传播的不同方式来观察、分析、研究媒体及新媒体。

传播指社会化信息的一种流动状态，或者指确保这些信息流动的社会化系统的运行过程。因此，信息是传播的主体内容，而传播的目的是为了将信息传递出去。具体说来，在社会生活中，传播是人与人之间，人与机构、组织、团体之间，通过相关的媒介，借助于各种可以表达意义的符号来进行信息传递、信息接收或信息反馈活动的总称。

一、传播及传播学

01 传播

传,一对一之间的事物传递;播,由点至面、由一至众的大面积散布。两字连词,在科技领域,指波在固定介质中的转移;在意识形态领域,固定介质可以引申为媒体介质,波可以看成是信息,这个词义即表示信息在社会各领域运行的不同活动状态。

人类之所以为万灵之长,在于知识的不断积累;而文明之所以源远流长,在于信息的广泛传播。没有传播,信息的积累只能是简单的堆砌。正是由于信息的共享、影响与互动,传播才成为科学与文明的载体,成为媒体在社会中最主要的活动。

02 传播学

传播学在20世纪30年代开始兴起,主要研究人与人之间如何借助社会符号进行信息交流而建立起相应的各种关系。可以说,它是建立在其他众多学科的基础上的,专门研究游离于众多学科边缘的问题,它所关心的是信息的流动及其在流动过程中对社会产生的作用与影响。因此,它与其他学科有着种种密不可分的关联,但又鲜明地表现出自己独有的特点。

在与社会学、新闻学的关联中,有三种容易混淆或似是而非的概念:新闻、宣传与舆论。认识这三者的区别将有助于我们接受传播学的基本理念。

新闻指对事实的报道。这是源自陆定一关于新闻的权威定义:新闻是对新近发生的事实的报道。"新近"表明信息的时效性,"事实"表明信息的真实性,"报道"表明信息的客观性。从传播学的角度来看,新闻就是突出时效、真实与客观三大要素的信息传播。因此,严格的新闻概念更加强调对事实本身的传播,并尽可能地排斥各种其他原因所导致的主观观念的干扰与渗入。

宣传指对观点的营销。在这里,"营销"一词不能单纯地理解为商业上的推销。事实上,信息传播者基于自身的主观观点的表达也是一种营销。观点表明了一定的立场,营销表明了具有一定的目的。立场与目的合在一起,则说明存在着内在利益的驱动。宣传注定带有一定的主观性与倾向性,这是与新闻最大的不同。

宣传同样是对信息的传播,但传播的内容除了信息本身之外,还有着传播者的主观倾向,而带有主观倾向的信息则难以真正还原事实的真相。从实践中我们可以知道,即使是针对同一件事实本身,不同的宣传方法也会带上不同的、强烈的观点倾向。

> ☞ 案例分析
>
> 1. 同一场足球比赛,基于同样的比赛结果,有两则不同的报道,第一则的题目是:《女足世界杯半决赛结束,美国队3∶2中国队》,第二则的题目是:《大意失荆州,中国女足世界杯半决赛2∶3惜败美国女足》。通过对这两个标题的异同的对比,我们就可以仔细品味出两则新闻的写作者在倾向与观点上的差别,而这两则新闻之后的信息传播中所收到的效果,也必将有很大的差异,它们各自宣传了不同的主观倾向。
>
> 2. 中国有一个非常有名的成语故事"屡战屡败",说有一个将军在外打仗,一连打了很多次败仗。皇上差人来问情况,他在战报上写了"屡战屡败"四个字后非常担心。这时他的军师拿了一张新纸,在上面同样写了四个字,次序却有所变动,写成了"屡败屡战",将军连声叫好,报回皇上后,不但未受处罚,反而得到了嘉奖。其实,"屡战屡败"就是标准的新闻报道,因为它在按事物发展的本来面目描述,先有战,后有败,只关注客观事实,无关主观意见。而"屡败屡战"则是军师的宣传意见,主观植入了"不屈服、坚强顽强"的概念,虽然没有加入非事实的成分,但却是按照既定的观点来展示事实的,从而使得事件有了一个截然相反的效果。

舆论指观念的碰撞。观念来自相关的人群,它带有一定的滞后性,是人们对传播的信息的一种反馈。碰撞则表示这种反馈的不确定性,它们甚至会针锋相对。如果在信息的传播过程中,社会大众、团队群体没有产生相左的看法,大家观点一致,那么这就不能被称为舆论,而是宣传所追求的理想效果。只有当两种及两种以上的多种观点发生碰撞、激烈争辩的时候,新闻点才会不断地产生,而这种过程也可以被称为新闻的深化发展。只有在一定的条件下,或者由于经历了逻辑的辩证、多个信息的验证以及带有目的与倾向的引导力的介入,个体意见的差异被逐渐消灭或削弱,最终某一方的观念与意见占据上风或主流,从而成为这一阶段对某个事件相对稳定的看法时,这些观念和意见的集合才能被称为舆论。正是因为经历了这些复杂而激烈的过程,舆论往往会对人的行动与事件的局势产生至关重要的影响,在造成或转移社会风气、左右人心向背方面具有不可替代的作用。同样借用那个"屡战屡败"的成语故事,代表前句的"新闻"与代表后句的"宣传"各自表达了不同的立场,具有不同的影响效果,实际上形成了两种不同观点的碰撞。在这场观点的碰撞中,双方都通过各种方法竭尽全力地去影响最终的裁决者——皇帝,这整个的过程,则可以被称为"舆论"。

由此可以看出,影响信息传播过程的要素众多,不同的人、不同的人群、不同的社会环境,都会对信息的传播效果产生不同的影响,传播学与人类学、心理学之间也有着千丝万缕的关系,值得我们细细研究。

二、人际传播与大众传播

传播主要有两大形态,即人际传播与大众传播,实际上在词语解析中,可以把前面的"传"对应人际传播,把后面的"播"对应大众传播,由它们二者共同构成整个传播的主体。

01 人际传播

人际传播,指人们在交往中相互传递、交换信息,从而产生人与人之间相互吸引、认知与作用的社会关系网络,可以简单地将它概括为一对一的信息传播。人际传播古已有之,作为社会中的一分子,每个人都有着与其他人进行信息沟通交流的直接需要,也相互分享这种传播给自己带来的益处。在缺乏媒介的时代,信息传播方式绝大多数都是直接式的人际传播,即传播者与接收者面对面的语言、动作、表情这些信息的交流。

为了突破直接式人际传播的时间、地域限制,人们发明了文字,用以记载信息来辅助传播。同时,文字与承载文字的龟甲、竹简、布帛、纸张也就成为实现这一目的的工具。这些工具提升了信息传播的效率,但依旧没能突破简单、少数的人与人之间的活动范围,只能被称为"间接式的人际传播"。

不论是直接式的还是间接式的,人际传播毕竟是人类最常用的信息传播方式,它也是日常生活中应用最为广泛的传播方式。其在传播的直接效果、信息反馈的及时性与丰富程度上都具有难以替代的优势。

人际传播对于人体感觉器官的调动也非常强烈、非常全面。对于信息传递出去的效果有着最直接的反馈,可以随时修正传播的偏差,同时也能有效地激发受传者的反馈意向。

📖 延伸阅读

图2-1　汉代驿使图

最初,承载信息的主要工具是竹简,它所承载的信息含量小,而且竹简也很笨重,传递它们需要强大的运输能力。在秦统一中国之后,嬴政下令"书同文",统一文字以确保信息传播的准确性;"车同轨",通过统一制造交通工具、修建驿道来加快信息传播的速度。因此,竹简、驿马、驿道构成了一整套信息传播的体系,在生产力落后的时代,这些举措确保了封建王朝的政令能通达到广阔疆土的每一处,成为中国维持一千多年封建王朝的重要保证。

很显然,这种信息传播方式依旧改变不了皇上与大臣之间的一对一关系,这也只能是一种代价高昂的人际传播方式,并且难以为普通人群所用。在民间只能有"鱼传尺素、鸿雁传书"①的美好传说。事实上,即使在和平时期,期待远方情人回家的小媳妇也只能坐在家中叹息:"消息不知郎远近"②,而在战火纷飞的年代,那真的是"家书抵万金",寻常百姓的日常信息传播圈子既窄又小,信息沟通不畅,传播范围几乎都被禁锢在每个人的日常生活周围。就算到了民国时期,绝大多数老百姓之间的人际传播还仅限于城市里的茶馆酒肆、农村里的田头打谷场这样一个个小生活圈内。因此,它的传播者与接收者相对比较固定,都还是单一或少量的个体。

此外,人际传播也是使用传播符号最丰富的传播方式,不仅有抽象的文字、语言,而且还会有各种形象的肢体动作、表情、语气、语调,以及大量个性化的信息传递。这些综合性优势保证了人际传播在传播信息时的可信度,以及单位信息到达的准确性。

人际传播的优势还在于传播者与接收者的地位平等,这有利于调动大家的积极性,增强彼此的信任度,传播者与接收者之间随时可以开展各种样式的交流互动,非常适合

---

① "鱼传尺素"的故事最早见于东汉乐府诗《饮马长城窟行》,作者蔡邕,诗说远方的客人带来鲤鱼,把鱼剖开准备烧时,发现里面藏着远方亲人寄来的素帛书信。"鸿雁传书"最早见于《汉书·苏武传》,苏武出使匈奴被扣,汉朝再派出的使者骗单于说,汉皇帝打猎射到一头雁,上面有苏武绑着的书信,说他在匈奴某地。单于没办法,只好放了苏武。

② 宋词《谒金门》,作者陈克。

解决比较复杂的问题。受众参与到传播的过程中，相互沟通、相互反馈，这样能够让事实得到最大限度的解读。从理论上讲，这样的传播更加接近于事实的真相，更加接近于事物的本质。

当然，人际传播也存在着信息量有限、传播速度慢、影响范围小、信息丢失率高、错误率高等缺点。上海电视台曾经的王牌栏目《智力大冲浪》就从海外引进改良过一个叫作"拷贝不走样"的游戏节目，先让第一个人看一个词，这个人不能讲话，而要通过形体动作做给下一个人看。这样传递了三四个人后，最终结果往往都是千奇百怪、笑料百出的。其实这就是日常生活中所说的"以讹传讹"，是众多生活谣言产生的最主要原因。

> **案例分析**
>
> 　　2011年2月9日晚11点多，江苏省响水县生态化工园区附近的村民在传，说园区的大和集团发生氯气泄漏，闻到就会死。村里不少人听到消息后开始拖家带口往外跑，当时下着大雪，一路上都是惊慌失措的人，跌跌爬爬往前跑……当日加入逃亡大军的人涉及陈家港等4个乡镇的30多个行政村，数量超过1万人。混乱的逃亡场面不可避免地发生了不少悲剧：双港镇塘港村的潘师傅一家以及邻居10多人，挤上了一辆改制农用车逃命，没走多远车就翻入小河里，造成4人死亡，其中就有潘师傅3岁的孙子。而更多村民反映，一些人在混乱中受伤。
>
> 　　而事情的起因是，化工园区一家企业在排放气体，一工人误以为是发生泄漏，告诉朋友"有泄漏赶快逃"，结果消息在当地民众中扩散后，被迅速误传为"化工厂要爆炸"，由此引起了一场大规模逃亡。响水当地政府不断通过手机短信、电台、电视台、网站等，反复向社会发布"既没泄漏，也没爆炸"的信息，动用了所有的大众传播工具，花费了大量时间，才把事态控制住。由此可见人际传播在特定环境下的高度影响力与迅速传播力。

由于人际传播过于随意在信息的标准化、准确化方面都存在天然的缺陷，任何一个意外的因素都有可能导致信息在传播过程中失真，有时甚至还会出现集体误读，最终演化为"谣言"，对整个社会产生较严重的副作用。

此外，人际传播中相互平等的地位虽然有利于传受者之间进行交流，但交

图2-2　江苏响水农民听信谣言后集体逃离家园

流的标准与时效则缺乏统一的规范与制约,因此话题、兴趣点极易转变,这使得沟通的效率降低。人际传播往往容易失去方向,不利于事情的最终解决。

02 大众传播

图2-3　古登堡发明的印刷机

造纸术与印刷术的发明,不仅是报纸诞生的两大必要条件,同时也成了大众传播真正开始的标志。造纸使得廉价的传播工具普及成为可能,印刷使得利用工具大规模迅速复制信息成为可能,而迅速地、大量地复制信息,以让尽可能多的受众接收这一信息的传播过程,就称为"大众传播"。在西方,一般都以公元1450年德国的J.古登堡发明金属活字印刷术作为大众传播开始的标志。而在东方,大众传播的历史更为久远,从公元600年前后隋唐开始兴盛雕版印刷,再到公元1041年至1048年间北宋毕昇发明活字印刷,大量以信息为主体的思想、文化开始随着印刷的书籍大量地传播。在这些活动中,已经开始出现职业的传播者,比如僧侣、文学家、思想家,他们利用书籍印刷,开始有意识、有目的、广泛、迅速(相对过去而言)、持续地传播信息,目的就是为了让为数众多、结构复杂的民众群体开始接受统一的、标准的思想表达。直至近代,职业的传播者开始分化,专业的媒体工作者从中出现。出于传播动力的因素,他们当中的绝大多数都与当时的社会革命有着密不可分的联系。最初的南洋系列报纸,将西方殖民文化传入中国,接下来的维新报纸,又将君主立宪、工业革命等相对先进的思想带入中国,再接下来就是资产阶级革命思想、马克思主义先进思想。革命者无一不在革命初期身体力行地战斗在大众传播的最前线,通过报纸、期刊,不遗余力地向社会大众宣传进步思想,宣传民主、自由和独立意识。

电台与电视台的出现,更是强化了"广而播之"的大众传播概念。有形的书信、报纸、刊物对于信息传播内容在数量、远近、时效方面的限制障碍不再存在。无线电波可以承载更多、更丰富的信息内容,其更加快速甚至同步到达(现场直播)的即时性,极大地推动大众传播的发展。同一信息,可以在一瞬间被难以预估的受众同时听见或看见,有形的复制不再重要,无形的覆盖成为衡量传播面与传播效果的标准之一。

延伸阅读

20世纪30年代，美国经济处于大萧条时期。为了求得美国人民对政府的支持，缓解萧条，美国总统富兰克林·罗斯福利用"炉边谈话"节目通过收音机向美国人民进行宣传。当时的美国约有6000万民众通过收音机收听他的倾心谈话。这样的谈话节目进行了30次。他的谈话不仅给当时的美国人民度过经济危机带来了信心，更为他的货币及社会改革等基本主张做了最为成功的宣传，不但获

图2-4　罗斯福总统通过"炉边谈话"向民众传递信心

得了民众的尊敬，还赢得了社会各界的理解，对当时的美国政府度过这一艰难时期、缓和社会经济危机，起到了极其重要的作用。

在1952年的美国总统竞选中，艾森豪威尔的竞选团队率先使用了电视直播的手段，在电视屏幕上向全国人民展示这位满面春风、和蔼可亲的退役军人的形象。电视画面的效果为艾森豪威尔的最终获胜奠定了基础。从1960年起，美国总统大选开始正式引入参选人的电视辩论，大众传媒更进一步地介入美国民众的政治生活。互联网兴起后，政治参选者们更是进一步地利用网络，强化表达自己的政治主张，更大范围地表达自己的观点，并加强与拥护自己的选民们的沟通与交流。

大众传播有利于迅速直接地传播信息，提高领导力与执行力，有利于解决简单问题或在短时间内解决眼前的问题。例如，在重大事件发生之后，利用大众传播工具可以迅速、及时地发布权威信息，公布重大决定，引导公众进行合理的、正确的、积极有益的反应，这是任何一个政府部门都具备的最核心的应急之策。

案例分析

在2008年汶川大地震发生之后，我国几乎所有的国家级、省级大众传播工具，包括电视台、电台、报纸都紧急行动起来，几乎全天候地直播、转播、刊登所有与地震灾害、灾后救援相关的新闻、信息、公告，合理地引导大家弱化怨天尤人的思想，积极投身于抗灾减害的公益行动中去，继而有效地引导社会各界积极捐款捐物，支援灾区重建。灾区所在地的媒体更是不惜版面与时段，全力覆盖。这样有力的大众传播措施，首先可以迅速满足公众的知情权，其次能在极短的时间内稳定社会公众的情绪，再者

> 可以极大地凝聚民心民力,有效地控制大灾之后极易出现的社会恐慌与混乱现象。这就是合理应用大众传播手段的成功案例,这也一度成为全球传播领域值得借鉴与推广的成功应对经验。

但大众传播的缺点也是显而易见的。首先,没有或极少有接收反馈的渠道。大众传播往往是由上而下地逐级传递,在信息下达时非常迅速及时,但在接收反馈时却显得过于僵化与烦琐。真正的反馈信息往往无法及时、正确地上传。

其次,大众传播的工具在大规模复制的优势下也隐藏着迅速扩大错误的风险,而且极难校正。众所周知,一份报纸一旦发出,一段视频一旦播出,往往就无法收回、难以更正。正是由于这个原因,对于许多敏感事件的处理,传统媒体往往会显得谨慎有余、及时不足,往往要进行再三核实、反复校对之后才能发布。

再者,大众传播的传播源相对比较集中,比较容易被社会的强势阶层所影响或控制,也容易在产业化的进程中过多地考虑经营收入,从而被广告商与投资者左右,这将会严重削弱媒体的公信力与信誉基础。如果在长远发展中逐渐失去公众的信任,媒体日后的传播效果与传播影响力将会大打折扣。

最后,由于面对着最为广泛的受众群体,大众传播在具体表现上也显得手段单一、形式简单,过多地追求统一的标准,缺乏个性化与有针对性的传播影响。在抓住了表面上的大众群体之后,将不可避免地丧失实际价值更大的众多小众市场。

三、新媒体的传播

互联网、手机、无线终端设备这些新媒体的技术应用,正在打破原有的传播区别,越来越多的信息传播过程已经无法让人们再把大众传播与人际传播明确地区分开来。这样的现状,一方面是由于在实践活动中,两种传播方式往往会同步进行,甚至交织进行;另一方面则是由于不同的传播方式之间还会相互影响。新媒体的特性正在使这两种传播方式发生融合,形成全新的混合传播方式,目的就是利用它们各自的优势,扬长避短,发挥传播的最大作用。

01 人际化的大众传播

大众传播实现了信息的即时复制、瞬间传播与海量影响,但却忽视了受众对信息的接收度与反馈,其实质是一种自说自话的单向传播思维。而以反馈互动见长的人际传播理念则重新回来,开始影响大众传播。

新媒体的崛起,起步于计算机技术、互联网技术在大众传播手段中的全面应用,但是真正引起社会重视的却是它对人际传播特点的重视和吸收。因此,这种具有"人际传播"特点的"大众传播"发展新阶段,就自然而然地成为"人际化的大众传播"。人际化的大众传播就是指在借助新媒体工具更大量复制、更迅速传播的过程中,更加注重利用人际关系中的种种模式,达到信息的复合性传播,使其更加具有广泛性与有效性。

> **延伸阅读**
>
> **人际传播中的大众化因素**
>
> 人们进行人际传播的目的主要分四种:
>
> 一、获得与生产、生活有关的信息从而进行环境适应决策。也就是说,人们要在社会中生存与发展,就需要了解环境的变化,并以此为依据来调整自己的行为。而要获得关于环境的信息,人们常常要借助人际传播。
>
> 二、建立社会协作关系。通过了解他人和让他人了解自己来达到协作目的,而有效的渠道,就是人际传播。
>
> 三、自我认知和相互认知。自我认知常常通过与他人的互动而形成,即通过他人对自己的评价、态度等这面"镜子"来认识和把握自己。相互认知更是离不开人际传播。而这两方面是建立社会协作关系的必要条件。
>
> 四、满足人的精神和心理需求。建立起和谐的人际关系,拥有自己的社交圈子和伙伴,可以让人产生愉快的心理反应。[①]

人际传播的各种目的都无一例外地与大众的需求息息相关,而新媒体最大的特点与核心就在于以人们的需求为中心,呈现出百花齐放、百家争鸣的个性化媒体面孔。同时,市场竞争的存在,让每一个新媒体都不得不追求自己的个性特征,不得不与其他媒体、其他组织通过传播建立起社会协作关系,也需要自我认知与相互认知,更需要建立起自己的媒体圈子与伙伴。从这个角度来看,新媒体时代,受众即媒体,媒体也可等同于一个特殊受众,一个同样从人际传播中获得需要的特殊受众。

人际化大众传播的最显著的变化就是更加注重互动。传统的大众传播只关注发布的信息内容、范围以及数量,很少会关心受众对该传播会有什么样的反应、什么样的意见。而实际上,受众的评价、感受、态度,往往是决定一个新媒体是否真正适合传播、适合市场的重要标准。发展中的大众传播必须要考虑受众的人际化需求。

同时,对于往市场化方向发展的新媒体来说,营销理念的更新也非常重要。一个新

[①] 郭庆光.传播学教程[M].北京:中国人民大学出版社,2001:82-83.

媒体要懂得如何营销自己,就必须及时掌握社会、受众的种种信息,从这一点来看,人际传播手段的植入应用显得相当重要。现代营销学恰恰将人际传播中的"口碑"概念提升到了一个新的高度,这种借助于消费者自身的再传播模式与新媒体的技术优势相结合,促成了新型的威力巨大的"病毒式营销"方式的产生,口口相传的传统方式通过与新媒体的嫁接,在短时间之内收到了惊人的传播效果。

> **案例分析**
>
> 2010年,江苏卫视推出了一档全新策划的电视相亲专栏《非诚勿扰》,每期节目安排24位单身女性,以亮灯、灭灯的方式来决定报名男嘉宾的去留,经过"爱之初体验""爱之再判断""爱之终决选""男生权利"等规则来决定男女嘉宾的成功速配。精美现代的舞美灯光、新颖别致的节目流程,还有相貌出众、打扮时尚、表现奔放的单身男女嘉宾,都成为这档栏目征服全国各地电视观众的重要理由。但是,真正使《非诚勿扰》变得家喻户晓的,却是在每期节目中都不时出现的各种戏剧化的冲突与变数,而这些冲突与变数,又因为栏目所围绕的"剩男剩女相亲"这一社会热点,变得更为激烈,极具故事性与戏剧性。所以,每一期节目播出后,都会迅速出现一个个精彩曲折的段子,在互联网上广为传播。无论传播者与倾听者关心的是什么,这些内容都在无形中极大地促成了《非诚勿扰》节目的品牌影响力。尽管有人开始质疑某些男女嘉宾身份的真实性,但是一来由于这些矛盾冲突的确反映出了大家都很关心的社会热点问题,二来节目通过主持人与点评嘉宾较好地把控住了节目的总体走向。因此,《非诚勿扰》经过多次整改,仍然不失为中国电视发展中不可多得的常青栏目之一。
>
> 但是,在《非诚勿扰》成功的同时,各地电视台也争相出现了质量不一的模仿栏目,其中一部分劣质栏目错误地应用了口碑传播的另一面。他们只看到,在《非诚勿扰》里出现过声称"宁愿坐在宝马上哭,不愿坐在自行车后笑"的"拜金女"马诺以及爆出过大量不雅照片的闫凤娇,这些负面新闻似乎让她们更加出名了,于是就有了大量经常参加各类真人秀电视栏目的"职业托"。这些人出现并在短时间内产生一些知名度之后,迅速成了影响《非诚勿扰》栏目口碑与美誉度的负面因素。而刻意模仿甚至制造这些可以"吸引眼球"的糟粕之点,最终只能导致一大批相亲节目走上口碑败坏、收视下降并遭到广大受众一致抛弃的不归之路。

因此,有传播行业专家指出,口碑营销虽然并不排斥适当的虚构与模拟,但其中的设计总原则却是:

(1)虚构不等于胡编乱造,过程须合乎逻辑,基础须符合现实。

(2)虚构中不涉及对任何现实人物、单位及实体的影射、歪曲与影响。

（3）口碑故事可以有相对集中的服务对象（含赞助厂家及媒体自身），但必须保持积极向上的社会风气导向（例如：反对拜金、懒惰、各种歧视，赞扬真诚、善良与勤劳等）。

（4）口碑营销重在良好感受的自然转移，即通过成功地营造"温馨美好"的感受而在最终时刻成功地将这种"温馨美好"的感受转移至最终服务及映射的主体形象之上。

口碑传播与口碑营销在"口碑"的塑造方面没有太大的区别，重点只在于后半部分：传播只是简单地重复信息，而营销则有更多的创作与加工。在这种新型的人际化大众传播实践中，一次成功的口碑营销必须符合或具备以下几个基本要素：

（1）较强的故事性，故事是进行口碑传播的最佳载体，是引导相关人士进行传播的原动力。200字以上的散文让人难以背诵，而数万字的故事却容易被人不断复述，并且可最大限度地规避传统人际传播中的易谬性。

（2）非同寻常的起因与不断强化的冲突过程，是引起受众广泛关注的根本。人际传播最担心的就是不可控制的传播链断裂，而断裂的最常见原因就是事实的过程缺乏足够的关注度，因而不断强化或增加冲突点无疑是一个好的解决方法。

（3）真善美的大结局。营销的重点在过程，而不是简单的结尾。具有"真善美"特点的结局可以激发被传播对象的美好感受，从而让他们去不断回想、强化记忆，从而对营销过程所植入的服务品牌、服务理念产生深刻的印象。所以，口碑营销的故事性不能将受众引向对社会问题的研究与探讨，它更适合于童话性质的意境营造，对美感的追求远远大于对真实感的追求，要保证受众最终在被传播之后能够保持良好的心情，因而对完美结局的营造就显得非常重要。

（4）口碑营销的目的在于树立品牌，因此一定要打消短期内提高营业量、销售额的冲动想法。否则在执行中会出现目的性过强，被公众看穿企图，结果欲速则不达的问题，甚至导致赔了夫人又折兵的失败结果。

案例分析

2008年，奥巴马竞选团队参加举世瞩目的美国总统大选，奥巴马和他的团队并没有像其他候选人那样把眼光紧盯在掌握大众传播的广播电视上，而是史无前例地全面利用互联网的人际沟通手段：利用当时网上最热门的Facebook网站联系他的选民与支

图2-5 奥巴马的竞选广告甚至被植入网上流行的游戏画面中

持者,利用最火爆的视频网站 YouTube 传播他的各种助选视频,在全球最大的搜索引擎 Google 上投放各种广告,让所有与奥巴马有关的关键词被搜索时,出现的首选结果总是指向有利于宣传他良好形象的网站页面。更为重要的是,奥巴马的竞选团队破天荒地采用了一种完全新型的竞选经费筹措方法:利用互联网广泛征集助选资金,居然就这样通过 10 美元、20 美元的筹集方式,成功募集了 1.22 亿美元的巨额资金。美国的选民们也通过互联网认识、了解并最终接受了这样一位异常亲民、活力十足的总统候选人。奥巴马最终赢得了这次史无前例的总统大选,成为全世界第一位"互联网总统"。奥巴马的成功,并不能简单地用互联网网民人数众多来解释,而是他利用网络的手段,成功地处理了与普通选民们之间的直接人际沟通问题,将自己的口碑成功地在互联网上传播了出去,并大获成功。

02 大众化的人际传播

与"人际化的大众传播"同时兴起的,恰恰是与之表述相对应的"大众化的人际传播"。

"青出于蓝而胜于蓝",哲学上的"否定之否定"不是简单、表象地反复,而是一种螺旋式的再度提升。在互联网时代,借助新兴的技术工具,人际传播获得了前所未有的普及与兴盛。基于无线电语音传播技术的电话、手机普及,电子邮件、网络即时通信软件等成为装机必备。这种传播样式在微观上似乎与过去的人际传播别无二致,但从宏观上却带有非常显著的大众传播因素。可以感觉到,在我们身边,存在着这么一个巨大的无形网络,虽然网络中的每一个人都只是与自己关联的一个或少数几个人进行着相对点对点的信息交换,但这庞大的规模却促使这些看似封闭的人际交流圈存在隐含的、自然的,同时还相互作用的联动与影响。用以表述这种相关点联动与影响的最著名的理论,莫过于"六度空间"理论。

"六度空间"理论也被称为六度分割(Six Degrees of Separation)理论或六度分隔理论,它可以简单表述为:"世界上任何两个互不相识的人之间所间隔的相识的人不会超过六个。可以这么说,最多通过六个人,你就可以认识这个星球上的任何一个陌生人。"这一理论最早于 1967 年由哈佛大学心理学教授米尔格兰姆(Stanley Milgram)提出。在哈佛大学时他曾进行"小世界实验",他指定了波士顿的一个股票经纪人,要求

图 2-6 六度空间示意

随机的实验者通过自己认为最可能接近这位经纪人的朋友向他转交一份信件。最终发现，凡是正常送到该股票经纪人手中的信件，大多数都只经过了五六个人的转手。

"六度空间"的理论基础实际上源于数学领域的一个猜想，涉及数字的倍增原理。

> **延伸阅读**
>
> 古时候，有位大臣出使一个强国请求结盟，但强国的国王并不同意。使臣听说国王非常喜欢下国际象棋，于是就与国王比试棋艺，结果使臣赢了，国王就问使臣要什么赏赐。使臣说："就请国王给我在这个棋盘上放一些米。第1格放1粒米；第2格放2粒米；第3格放4粒米；然后是8粒，16粒，32粒……如此类推一直放到64格。如果国王拿不出这么多的米，就请同意与鄙国结盟。"国王想想棋盘这样能放多少米呢？就爽快地答应了。但当国王的粮官在真正算出需要多少米的时候，国王傻眼了，这么多的米，用尽粮仓也未必够。国王感慨于这位使臣的聪明才智，就答应与其结盟了。
>
> 按这个条件，第1个格子放1粒米是2的0次方，第2个格子就是2的1次方，第3个格子是2的2次方，第N个格子就是2的N−1次方。第64个格子需要放的米粒数就是2的63次方，即9 223 372 036 854 780 000粒，如果1000粒米有1克重，那么折算一下，仅仅第64格就需要放米9 223 372 036吨（相当于中国2011年粮食总产量的16倍多）。这么大的数字，看来国王只有同意结盟了。

从数字的倍增原理来分析六度空间理论，假如一个人认识25个人（这相对来说是一个保守的数字），那么间隔6人的话，也就是经过7次介绍、7位倍增，是25的7次方，结果是6 103 515 625人，超过60亿！超过地球的人口总数。微软的研究人员在2006年的一个月里，对通过微软即时通信工具MSN发出的300亿个即时信息的地址进行了研究。通过计算发现，78%的发信息者都可以通过6.6个信息联系在一起。微软研究还表明，这个结果并不随着人口增长或通信技术的进步而发生改变。因此，在学术界，该理论也被强化为"6.6度空间"理论。

"六度空间"实质上揭示了社会中普遍存在的"弱链接"关系，这种"弱链接"古已有之，长期存在，但因为其"弱"而一直难以被人们发现并利用。随着互联网的诞生，借助于现代通信技术的放大作用，这种"弱链接"开始发挥其功效，使人与人之间的距离变得非常"相近"，"地球村"的概念在此基础上真正形成。

"六度空间"是"大众式的人际传播"的重要理论基础。一旦应用这种理论基础的微信、微博工具开始出现，它们就会以不可思议的速度逐步地、稳定地蚕食大众传播的市场与地位。

大众化的人际传播产生,必须存在两个重要的条件:

首先是技术上关联性的实现。传统的人际传播都是点对点的单一联系,无法形成关联。网络技术正是将这些从前没有的关联或者很弱的关联,悄悄地放大、积攒与累加,引发最终的质变。

> **案例分析**
>
> 从书信到 Email: Email 并不是简单的电子化的书信,它存在的意义不只是可以传输更多更丰富的信息内容,也不仅仅是可以更快更远地传递,而是把原本只是个人通信的人际传播模式引入大众社会关系中。由于 Email 地址采取了"个性用户名+关联符号@+提供邮件服务商的网络域名后缀"的命名方式,因此具有了全球唯一性的特征,从而成为网络时代中一个人的标志或识别符号。在企业电子邮局系统中,企业 Email 让员工既可以与外界通信联系,也可以在企业内部进行工作沟通。Email 成为办公流程的一个有机组成部分,在点对点、点对面、面对面的复杂人际传播中承担起重任,进化成一种大众化的人际传播工具。
>
> 从聊天到 QQ、MSN:虽然从某一个瞬间来观察,人们在 QQ、MSN 上是一对一地交流,但如果拉开一个时间段来看,由于聊天软件的便利性,许多人都会同时和多个人交流。乙从甲处得到了信息,极有可能在后一秒钟就传给了丙。一些有价值的话题就有可能迅速传播到关键传播者那里,迅速成为大众关心的焦点。

正是由于新媒体通信技术具有"四通八达"的特点,因而任何一个简单的人际交流行为都有可能成为"蝴蝶效应"[①]中的一个触发因子,迅速地演化出大众传播的惊人效果。

其次是"意见领袖"的催化剂作用。意见领袖的产生与大众传播无关,他是在人际传播的过程中,在特定小圈子内的话题权威。意见领袖不是为了成为"意见领袖"而产生的,其本意只是为其他用户提供更多、更有效的信息,并由于这一目的的成功实现而可以产生对他人的种种"影响"。因此,意见领袖就在这些众多的、散落的人际交流海洋里形成一个个的话题中心、信息中心,成为各种隐形的类大众传播式的中心。当然,意见领袖自身并不掌握传播信息、复制信息的工具,他与其他每一个信息受众一样,都处于平等的地位,只是通过自己相对优秀的能力获知信息,提前加以判断、甄别,再传播给周围的其他受众。不过,对于意见领袖传播的信息,其他受众更容易主动接收甚至无条件地接受。

---

① 蝴蝶效应(The Butterfly Effect),是气象学家洛伦兹于 1963 年提出的,指在一个动力系统中,初始条件下微小的变化能带动整个系统的长期的巨大的连锁反应。

同时,意见领袖还具有一种"单一领域性"的特点,即在某一个领域他是权威,但可能在另一领域他就只是一个普通人。

> **案例分析**
>
> **博客女王徐静蕾的沉浮启示**
>
> 2006年,数以亿计的中国网民开始直接或不直接地知道了徐静蕾这个名字,并不是因为她是一名漂亮的女演员或者是一名年轻而有个性的导演,而是因为"老徐的博客",以及其在不长的时间内所制造的"6800万点击率"的新媒体神话。而此前不久,"老徐的博客"还登上了全球最知名博客搜索引擎之一 Technorati 的排行榜首,成为首个登上该引擎的中文博客。有人说,是新浪网的名人博客战略成就了徐静蕾的"博客女王"地位,因为在演艺圈内,女演员或女导演虽然有机会红,但却有更多的机会归于沉寂;而有人却说,是徐静蕾成就了新浪博客,毕竟在此之前她已经是一个知名的演员与导演,恰恰是更多的初级网民因为追随徐静蕾而来浏览她的博客,继而知道了新浪博客,再进而理解并开始接受博客这种新媒体形式。
>
> 或许是由于后一种说法的盛行,"老徐的博客"红火之后,徐静蕾想借助自己在新浪博客的名气,开始尝试其他的发展与出路。她先推出了电子杂志《开啦》,邀请王朔、韩寒等大腕助阵,之后又曾开网店,创办网站,甚至还闹出关于"徐静蕾要离开新浪博客单飞"的种种传言。但这些举措最后大多以归于沉寂告终。一眨眼,微博时代到来,"女王"的桂冠戴在了另一位女明星姚晨的头上,"老徐"开始淡出网民们的视野。

大众化的人际传播,实际上提供了一个重新评估人际传播作用的新角度。人际传播从此不再是落后的象征,也不是影响力小的代名词,反而成为有效性高、影响度深的全新代表。

但是,普通人际传播中存在的误传、谣传等弊端,在新媒体环境下也进一步发酵,并产生出特殊的"网络谣言"的概念。

网络谣言的传播范围广、渠道复杂。它不像传统的谣言那样,往往是在具有相同生活环境的熟人之间酝酿,而是借助新媒体的传播能力,迅速扩大影响,因此它们必然会有一些与众不同的特性:

第一,谣言大多以完美的表述作为首要特征,比如在非常巧合的时间里、非常巧合的地点上,发生了非常巧合的事情,事件往往呈现出"极端"的特点。这与口碑营销里对于"故事性"的要求基本一致。但是谣言往往也会因为急于求成,而把一些细节表现得过于完美、过于戏剧性,从而露出破绽。

第二,网络谣言缺乏熟人的直接引证,既要让网友相信,又要注意排除或摆脱自己的责任,中间常常会使用"据说""据知情人反映""据权威人士披露"等语句,有时为了突出其真实性,还会编造一些看起来具有权威性的相关部门与单位名称,如公安部、某某全国行业协会、联合国某某署等,而事实却是一经查证就会发现这些内容纯属子虚乌有。

第三,网络谣言要制造轰动效应,常会利用社会流行的公众情绪,例如仇日、仇富、仇官,围绕社会焦点问题,如拆迁、腐败、刑事案件等来编撰。通过调动公众热情,设置陷阱让最初接收信息的人迅速掉进去且盲目相信。这样一来,即使偶尔有人在其中发现了某些破绽,这些破绽也会被迅速而至的冲动与热情覆盖,从而让公众自觉或不自觉地成了传言的帮凶。

单元学习小结

传播学的理论看起来有些晦涩难解,但是具体落实到案例上来我们就会发现它们其实非常新鲜有趣。我们每时每刻都在进行信息的传播,传播的方式、形态决定着各种传播行为的效果与最终影响。

总的来说,这一单元是在探讨人际传播与大众传播两种传播方式。人际传播是基础,大众传播是发展。它们两者各有各的优势,各有各的缺陷。这也使得这两种传播方式在历史的长河中不断发展、长期共存。

新媒体的时代,并不是简单地发展大众传播或人际传播,而是利用现代科技的发展,促进这两种传播形式进一步融合,产生出"人际化的大众传播"与"大众化的人际传播"两种新型的新媒体下的传播方式。

"人际化的大众传播"实际上是人际传播模式在新媒体化的大众传播工具里的实践。这里最突出的应用就是"口碑效应"的"口碑营销"。

"大众化的人际传播"就是原本相对独立的人际传播方式由于在新媒体的网络环境下,被一一激活了原本难以利用的相互间的弱联系,从而形成了强大的大众传播的效果。

☞ 实训项目一

实训项目: 分析某一天的报纸新闻或电视新闻节目中的"新闻、宣传与舆论"
实训方法: 查找法、咨询法、实操法

实训条件：网络、笔记本电脑(学生自备)

项目要求：1. 每人选择某一天的报纸或某一档节目(具体分析对象需留存电子文档或链接)；

     2. 每位学生独立完成，需使用自己的语言分析；

     3. 可延展谈个人的观点。

实施步骤：1. 确定研究分析对象，留存电子文档；

     2. 罗列分析对象的具体标题，并展开说明；

     3. 整理相关记录并形成电子文档。

成果描述：设计成作业并打印，要求内容全面、层次清晰、分析透彻。

成果评价：学生小组互评，教师点评，将评价等次(分数)记录在册。

实训项目二

实训项目：完成一项"口碑营销"策划方案

实训方法：讨论法、咨询法、实操法

实训条件：实训室、笔记本电脑(学生自备)

项目要求：1. 充分利用新媒体的多种表现手法与传播能力；

     2. 策划方案必须符合"口碑营销"的基本要素；

     3. 策划方案必须具有鲜明的个性与预期达到的良好效果；

     4. 方案具有可实施性；

     5. 策划方案中对成员要分工明确、定位清晰。

实施步骤：1. 完成分组，确立策划机构的人员分工与团队精神；

     2. 查阅资料，完成对于此次营销目标的分析与定位；

     3. 共同讨论，设计出整体方案的主体情节；

     4. 细化过程，写出对可能出现的意外的应对措施；

     5. 完善并形成最终方案，做好电子文档。

成果描述：形成完整的方案，要求内容突出、特色鲜明、说明详细清楚。

成果评价：学生互评，教师点评，将评价等次(分数)记录在册。

学习单元三
新媒体理念

学习目标

★ 知识目标

1. 新媒体的四个新特性
2. 新媒体的核心特征
3. 新媒体传统化的原因
4. 传统媒体新媒体化的目标与步骤
5. 新媒体对社会的影响

★ 能力目标

1. 理解并能表述新媒体新在何处
2. 熟练使用新媒体的核心特征来分析判断新旧媒体

3. 能为某一具体的传统媒体策划出新媒体化方案

任务描述

随着数字化时代的发展,传统媒体与新媒体的竞争与合作成为必然。请根据教材中"新媒体与传统媒体相互融合"的表述,以一档具体的电视或广播栏目为案例,分析其传统媒体新媒体化的可能性,尝试分步骤具体阐述其与新媒体嫁接的过程。

一、新媒体的特性

新媒体的新,绝不是简单的、时间概念上的新,而是表现在观念新、技术新、手段新、效果新这四个方面。

01 观念新

观念是人们在实践当中形成的各种认识的集合体。这种集合体很容易产生一种惯性,并形成人们平常所说的思维定式。观念新即要求打破思维定式,对传统传播观念进行根本性的突破与革新。

传统媒体在不断总结、进步的过程中日益成熟、完善,但仍缺乏创新与开拓,出现了发展僵化与死板的弊端。

新媒体完全从"用户的需要"出发,探索一切可能的尝试和突破。其实质就是对传统观念进行反思,不断寻求新的答案。例如:报纸是否可以自我复制传播?广播是否可以观看?电视是否可以暂停倒放?看电视的观众是否可以直接与主持人对话?许多想法初听似乎有点令人匪夷所思,但认真研究实施后就会看到:科技带来的奇迹往往就是这么简单。

☞ 延伸阅读

手机屏幕的发展与变化,与其说是生产工艺和技术革新进步的结果,不如说是设计与应用观念大胆创新的最终成效。因为在一开始,人们对手机屏幕的定位与认知就是,它只能显示电话号码和简单的短信字符,因此一开始的屏幕只需要黑白两色,几平方厘米足矣。当"手机可以成为多媒体信息接收与展示的工具"的观念被提出来之后,日本手机厂家开始研制彩色屏幕手机;当

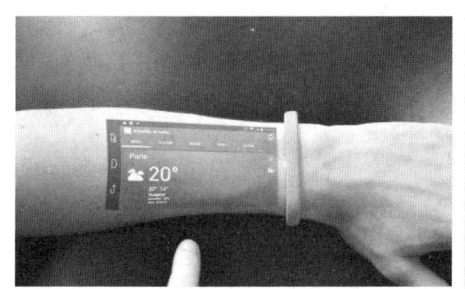

图 3-1　可投射在手腕上的屏幕

苹果公司提出取消实体键盘的应用观念后,触摸屏、全面屏的技术研发与性能推进被真正引发了;当人们再一次将手机办公、移动办公的现代化工作观念提出后,手机屏幕才进入了折叠屏、柔性屏的创新发展阶段。在此之后,更为大胆、突破性的观念继续被提出:为何一定要依赖于实体化屏幕呢?所以,才有了更加惊艳的投影手表的发明,它的外观像一只普通的手环,需要时可以直接在手腕上投影生成屏幕以查看信息和相关的各种操作。这些技术进步的实例,无一不显示出观念创新、观念领先的重要意义。

02 技术新

新观念的实现必须依靠新技术的应用。媒体对技术的依赖与生俱来:没有造纸术与印刷术的进步,就不会有报纸的今天;没有无线电技术的发展,广播便难以长葆青春;没有微波、卫星传播技术的成熟以及视频处理设备的日益精良,电视更无法成为时下的传媒之王。

技术的发展与期望是永无止境的,对现有条件的不满足,是人类不断追求技术进步的根源。互联网技术日新月异,如今已经毫不夸张地达到了"没有做不到,只有想不到"的地步。

☞ 小知识

iPad诞生之初,许多对此不以为然的评论家嘲笑它不过是一台"放大了的iPhone",当整个市场以及科技界、网络界甚至传媒界都开始先后为其热烈涌动之时,大家才意识到这一发明的重大意义。iPad被发明出来的那一年,它不仅仅是简单地集合了现代传媒人对新一代传播载体最美好的想象(轻薄、时尚、操作简便、表现炫丽、功能全面),更是对当时社会所能达到的最新成熟的科技水平进行了全面集成——对于不同制式移动网络全面兼容的无线终端能力,对于支持轻薄机身以及一定续航能力兼顾的电池解决方案,对于多种复杂甚至恶劣环境下保持工作的屏幕及机身抗震抗划能力,对于工作学习还有生活娱乐都要全面关注到的软件生态体系的支持能力,等等。所有这些可以造就iPad在商业市场上走向成功的每一个点的背后,都是各种相应成熟的技术实践应用的结果。因此,iPad被《时代》杂志评为2010年全球最佳50大发明之首。

在此之前,从互联网开始,HTML、AJAX、JAVA 等新技术的层出不穷,IM、BBS、BLOG、SNS 这些新应用的前赴后继,使得信息内容的生产成本不断降低,信息内容的传播速度与广度在惊人地扩展,信息内容的展现方式也在向着越来越丰富、越来越科幻的方向发展。

03 手段新

传统媒体在发展过程中的权威化、中心化,使得其传播效果、受众覆盖面以及传播强度简单相关,而在传播手段的应用上,只有版面、时段与频次这三个法宝,于是传统媒体逐渐失去了在手段上创新的想法与动力。

新媒体却没有先天的影响力,为了能够在现有媒体市场中分到份额,唯有在手段上进行创新与突破。如果说新的观念是动力,新的技术是基础,那么新的手段则是新媒体实践操作的根本。

实际在电视诞生后,新的科技就迅速推动着传播手段的更新,丹尼尔·贝尔在《资本主义文化矛盾》一书中就提到:"当代文化正在变成一种视觉文化,而不是一种印刷文化,这是千真万确的事实。"[①] 而随着电脑、互联网的发展,这种论断开始被反思,"新的信息时代并非一个单纯的视觉传播替代文字传播的时代,而是一个各种传播形式方方面面的力量重组"[②]。这种重组恰恰就是对手段更新的需求,它要求所有的传播主体思考如何改进信息传播的方式与效果,将传播中的所有元素,包括文字、图像、声音以及各种符号都有机地统一在一起。

互联网从一开始就努力提升用户或受众评论、留言的重要性,并辅以各种投票与民意调查,让受众参与进来甚至让他们成为主角。新媒体中许多信息的提供不再过分依赖于记者、编辑的工作,而直接选用受众、用户的观点、想法及意见,让它们成为新闻与报道的主体。而随后在论坛 BBS、博客以及微博这样以用户为核心的新应用中,内容几乎全部来自用户,媒体已经退居为技术手段与平台,通过话题、圈子以及标签(tag)来实现内容的聚合,从而呈现出一个完全不同的媒体形态。这些新手段的广泛使用,推动了新媒体的全新发展。

04 效果新

效果是检验价值的最终标准。新媒体的首要效果就是成为信息的主要聚集地。相

---

① 贝尔.资本主义文化矛盾[M].赵一凡,等译.上海:生活·读书·新知三联书店,1992:156.
② 艾尔雅维茨.图像时代[M].胡兰,张云鹏,译.长春:吉林人民出版社,2003:34.

对于传统媒体,新媒体能够更快、更全、更丰富地提供各类新闻与资讯。

另外,立体化、组合化的新媒体传播提升了人们对信息的兴趣度与关注度。在新媒体时代,人们更加乐于关注新闻与时事,更加乐于接受大容量、高频率的信息轰炸,这与新媒体灵活、丰富的表现手段不无关系。从 Web1.0 时代的超链接开始,到 Web2.0 的标签,无论是网络编辑的主观汇总,还是基于网站程序的自动聚合,受众可以非常方便地从一个信息关联到另一个信息,沿着事物内在的种种规律进行各自不同的个性阅读。而且,新媒体正在不断地吸收、整合各种各样的表现形式与表现手段,不论是文字、图片还是声音、视频以及更加有趣的动画、特效,都可以在新媒体上得到完美的综合体现。在原先只是简单地表现文字图片的 HTML(超级文本标记语言)基础上发展而来的 HTML5(详见学习单元五第一节),正成为实现上述目标的完美手段,从而带给新一代网民无比美妙的感受。最为重要的一点是,新媒体将人性化的要求摆到了前所未有的高度,这也是基于新媒体应受众需要而生的本质,媒体也就真正融入生活、融入受众中去了,传播的行为也更加自然了,它所收到的效果更是传统媒体所无法比拟的。

信息在新媒体上传播的效果变得新奇而富有力量,受众乐于通过新媒体去查知信息,更愿意通过新媒体去分享信息。灵活多变的手法、丰富多彩的元素,正逐渐让新媒体成为最有影响力的媒体,也成为最有效的媒体。

二、新媒体的核心特征

新媒体不是某一种孤立的、静态的媒体表现形式,而是处于不断的变化与发展之中,它的核心特征突出地表现在及时与互动这两方面。

01 及时

首先,新媒体的及时表现在新闻发布的及时上。

新闻是一个通用的概念。新闻既可以发布于传统媒体中,也可以发布于新媒体中,新闻所追求的及时同样被新媒体所看重。而且,为了最大限度地表现这种及时,新媒体正动用一切可能的技术创新,前所未有地加快着新闻传播的速度。像报纸的出版周期、电台电视的栏目时段,这些曾经非常难以突破的障碍,在新媒体中都不再存在,即时采访、即时传播,便能让网民及时看到。

☞ **案例分析**

2003年3月20日美伊战争(第二次海湾战争)的爆发在新闻传播史上具有重要的意义。相对于1990年第一次海湾战争中广播、电视等媒体占据主导地位而言,已经做好充分准备的世界各大网站也纷纷投入大量的人力、物力,迅速参与到战争报道中。

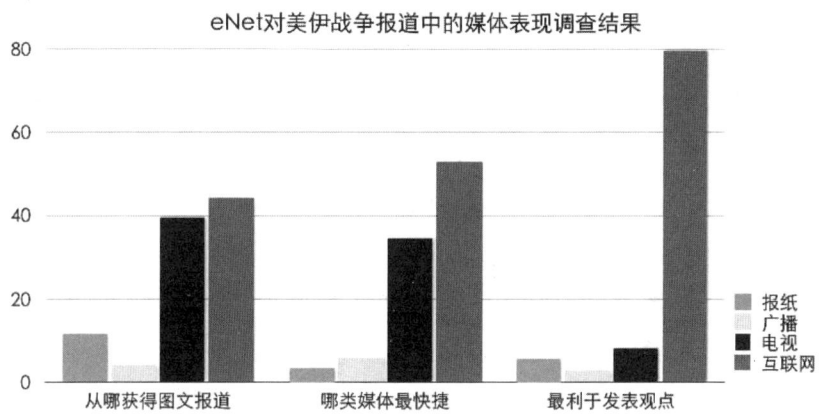

图 3-2 调查显示美伊战争中网络报道已全面领先

资料来源:http://tech.sina.com.cn/i/c/2003-04-08/0957176281.shtml。

eNet(硅谷动力)资讯中心在这场新闻大战之后做了一次较为广泛而深入的受众调查:在"获得战争的详细报道""最生动的报道"两个选项中,互联网次于电视媒体,获得了第二名的成绩,但远远地将广播与报纸抛在了身后。数据显示,搜狐网发出"巴格达遭到美军轰炸,第二次海湾战争爆发"的快讯的时间仅比轰炸的发生晚一分钟;之后半小时内,共发布消息计200多条,开战一小时内新闻发布量达到500多条,吸引网民1300万人,网页浏览量过亿。

其次,新媒体追求的及时,已经不仅仅是发布的及时,而是在整个新闻发展过程中的动态及时。新闻所面对的社会现状复杂而多变,新闻所涉及的时事发展立体而动态。一个消息被报道出去以后,在长时间的跨度中,形势很有可能瞬息万变,媒体必须针对这种发展变化不断地即时更新、即时发布与即时追踪。在这一点上,无论是插播广播电视快讯还是发布号外,传统媒体有限的时段与有限的版面显得有些力不从心。而新媒体则没有空间的束缚,更无版面的限制,可随时采用视频、动画等多媒体手段,不断深化主题,跟进报道。更为重要的是,新媒体的新闻报道还善于在事件的发展中不断挖掘各种背景资料,不断深入丰富事件的报道内涵,这是另一种层面上的及时。

再次,传统媒体虽然也在不断加强及时性,但基本局限在报道重大事件上。而是否重大的标准往往掌握在少数人手中,缺乏足够的公开与公平,事件的重要与否常常也会因时而变。新媒体则完成了信息平等化的革命,完成了从传播手段、传播理念以及传播方式上的革命,不论事件大小,都会有人关注、有人发表。只要有足够多的关注,有足够多的认可,传播就会自然开始,价值也随之产生。在这种机制下,无所不在的受众便成了新媒体无所不在的信息来源,而他们的关注又回过头来刺激了大量新鲜及时信息的全新发布。

最后,新媒体所追求的及时也远远突破了新闻的狭隘范畴,包含了一切流动着的、传播着的信息、数据与概念,全面地推广到生活、商务甚至金融、生产领域。通过网络游戏,人们可以与全球的网友在同一款游戏中协同作战、及时娱乐;通过即时通信软件,人们可以与地球任何一个角落的网友直接聊天、对话以及交换文件,进行及时交流;通过网上银行系统,人们可以实现各种远程商务交易,跨地区、跨银行地支付货币,而且毫无障碍地享受即时到账等服务;通过电子商务平台,人们可以更加自由地进行商务谈判、合同签订、发货派单。这种全方位、全时态的及时已经彻底地改变了现代人的生活方式。

02 互动

新媒体提及的互动,当然并不只是传统媒体时代的简单的阅读反馈,或者说,阅读反馈仅仅是互动概念的起点。针对反馈的反馈,以及这种相互反馈所形成的有机的、自发的、良性的循环,才是新媒体时代的真正互动。而这种互动,恰恰构成了新媒体的第二大核心特征。

为何在传统媒体时代,反馈往往只能浅尝辄止,未能形成良性循环呢?这是由传统媒体与受众之间的强弱不平等地位所决定的。传媒从业者一贯认为:从信息流动的角度来看,自己是布道者、发布者,处于信息的绝对控制地位,而受众只是简单的接收者,发布者收到接收者的反馈天经地义,而接收者期望得到发布者的反馈则是奢望。

而且,传媒从业者向来被冠以"无冕之王"的头衔,只愿意接受与自己意愿相符的反馈,不愿意接受不一致的观点,这严重削弱了他们自身对信息反馈的接收能力。

新媒体的互动不重形式,而重在内心。因此,一定要弥合传播者与受众之间的界限,弱化两者之间的区别,让媒体人真正做到与受众心灵平等,仔细考虑并归纳总结来自受众的意见与建议,然后再通过技术手段认真接收并管理好来自受众的任何一条反馈信息。把这种反馈看成是受众与媒体之间最直接的信息交流,让反馈成为新媒体不可缺少的信息来源之一,让反馈推动事件信息进一步明晰化,让反馈促成更进一步的信息整合。这样的互动才是有来有回、相辅相成的良性互动,才是新媒体的互动。

三、新媒体与传统媒体的相互融合

01 新媒体的传统化

新媒体的传统化是一个绕不开的阶段。作为媒体中的一员,无论它拥有如何高端的网络技术,无论它注入了多少新锐的运营理念,只要进入市场、面对受众,就必然会受到各种传播规律、社会环境的制约与影响。

为了保证各类信息的及时、快速采集,新媒体必须认真学习各种信息内容的采访编辑技巧;为了让网页内容编排既丰富多彩又重点突出,新媒体必须认真学习版面编排与设计规律;为了确立自身的权威性与公信力,新媒体必须认真学习如何处理与政府机构乃至企业的公共关系。

在新媒体机构中,依旧有着平常熟悉的新闻部、编辑部、专题部、技术部、行政部或类似的部门划分;新媒体在内容建设上依旧有着编前策划、快速采访、后期编辑、专题深化等传统的模式;新媒体在推广方面依旧是口号、形象与活动这三板斧。但是,新媒体的生命力与优越性就表现在,它能在短短几年内迅速走过传统媒体曾经需要几十年甚至上百年才能走完的发展之路。这段路,可以抄近路走,可以一路带跑地快步走,但不管怎么说,绝对不能不走,这就是"新媒体的传统化阶段"。

忽视新媒体的传统化阶段必然会带来严重的恶果,其现实案例在互联网发展历程中比比皆是。2000年,中国第一次身处互联网泡沫大潮,当时,一大批带着简单创业发财致富梦想的新媒体网站蜂拥而起,其中有很大一部分人没有认真考虑自身能力的培养,没有专注于制度的确立,尤其是不屑于吸取传统媒体的经验教训,一味地追求自己的创新、创造与冲劲,迎着资本的浪潮呼啸而上,之后便迅速在接下来的2003年互联网严冬中无声无息地消亡。回顾它们的发展历程可以看到,杂乱的内容、粗糙的包装、混乱的管理,这些本就不该成为新媒体的特点,网民在追求互联网快速、便捷的同时,并不意味着他们对新闻资讯的权威性、真实性与稳定性的追求有任何下降。再之后几年,网络视频应用开始红火,又有一大批应运而生的网络视频制作机构、中小网络视频运营网站,同样只为追求速度与新鲜,而只能拍摄制作一些质量低下的网络视频,之后便迅速消失在下一轮市场洗牌中。

事实上,在超过百年的发展史中,为了适应最基本的信息传播规律,传统媒体积累了大量有益的经验与心得,其中绝大多数并不会是即将被淘汰与失效的东西,反而是新媒体在发展之初最宝贵的财富,也是新媒体可以借力飞跃的最佳跳板。

02 传统媒体的新媒体化

面对新媒体咄咄逼人的发展态势,传统媒体怎么办?是扎紧篱笆守住门,全力遏制新媒体,谨防"教会了徒弟饿死师父"?还是顺其自然,得过且过,"数数好日子还能过个几年"?其实这两种思想都不正确,它们不仅把新媒体划分到了自己的对立面,还完全把自身排除在了新媒体发展的可能之外。

新媒体并不是一个孤立的概念,也不是一个静态的发展状态。既存在着基于互联网、移动通信等高新技术基础而生的技术派新媒体,也完全可能存在着创新理念、突破自身,从传统媒体中羽化成蝶的实力派新媒体。

传统媒体的新媒体化是媒体在发展过程中的自我需要。任何一个媒体在成熟阶段都面临着同样的困惑:如何在实现"让别人重视你"之后产生新的追求?如何解决"高处不胜寒"下的种种危机?面对充满活力的新媒体,"不耻下问"是一种良好的学习态度,"师夷长技以制夷"更是传统事物在面对新竞争者带来的挑战时逆转局面的最好办法。

传统媒体的新媒体化更是媒体发展的必由之路。不进行新媒体化,传统媒体就有可能到此为止,至此而亡。只有进行新媒体化,传统媒体才有可能如凤凰涅槃一般,脱胎换骨,重获新生。

那么,传统媒体如何才能成功地新媒体化呢?

其关键就在一个词:"需要",就是依据受众的需要来完成自身的革新。用户的需要也非常简单,也就是新媒体的两大核心特征:全态的及时与平等的互动。

2000年前后,国内广播电台重新崛起的势头吸引了不少理论界人士的注意。其最主要的表现是各地交通台日渐红火,并产生了"交通台模式",这使得不少人由此认定,这一轮广播电台的高潮,和国内汽车产业繁荣发展,尤其是私家车日益普及的大环境密不可分。私家车的热销,无形中带动了广播播出终端的普及,而日益拥堵的城市交通环境、日渐增长的车上时间,使得有车一族重新回到了广播听众的行列中。这是广播在2000年之后迎来新一轮发展高潮的一个重要外因。马克思主义哲学的基本理论表明,影响事物发展的因素中,外因只是诱导因素,起着最重要的决定性作用的往往是内因,更重要的内因正在于,广播在自我的发展中自觉或不自觉地启动了自己的新媒体改造进程,而且又恰恰吻合了新媒体的两大核心特征。

新媒体所需要的"全态的及时",不单指第一手新闻消息的及时发布与报道,还有其后对事件动态、发展、变化的及时跟踪报道,更有生活服务与娱乐休闲服务的及时发布。而1986年开始施行的"珠江经济台模式"就已经将全态化直播的理念贯彻至深,这就从表现形式上为实现"全态的及时"创造了最佳的条件。

以私家车主为主的各类机动车驾驶人员在汽车中的时间相对固定并富有规律,他们在不同时段的需求更是相对分明。更为重要的是,这些需求大多非常及时与迫切。在一天中的几个交通高峰期,如果路况信息一定要固守于以往的"整点新闻"或"半点新闻"模式,到点时再播,那么信息往往已经失去了意义。因此,在电台节目中就常常会出现这样的情形,主持人刚讲完一个笑话或者刚聊完一首歌,突然会说:"好,现在我们插播一条刚刚收到的路况消息……"这时我们就能发现,这种打破原有节目栏目类型与时段分工的信息播出方式,并没有让大家感觉到什么不适,恰恰是这种受众所需的路况信息的及时播报,提升了电台服务的功能性,让受众更感到方便与贴心。

针对午后与子夜时分的听众在情感沟通方面的需要,电台便由感性、温柔的女性主持人推出情感倾诉与交流节目;清晨与傍晚听众对新闻快讯有了解的需要,电台便推出整点的新闻资讯栏目;听众在其他一些相对空闲的时段里有娱乐需要,电台就相应推出马路福星、幸运的哥(一般通过在指定路口的交通监控探头,随机抽中做出正确反应的汽车司机发送奖品)之类的娱乐节目。所有这些节目的表现形式都无一例外地采用了"直播"的模式。

这样,以交通台为主的这一新时期的广播电台,彻底地完成了自己的"及时化"改造,从而使得整个电台节目的样式呈现出一种即时流动、即时发展式的活力,呈现出新媒体的极大魅力。这才是以交通台为代表的新一代广播电台节目吸引听众的根本原因之一。

再看新媒体所追求的平等互动,那是放平乃至放低传播者身架的互动。在生活中我们可以看到,20世纪90年代以来,为了贯彻"为消费者服务"的理念,不少服务行业的办事大厅纷纷改低了办事柜台,甚至拆掉了办事柜台,换成普通的桌子,让用户在另一边也能平等地坐着与服务人员沟通。"珠江经济台模式"之后的广播正是在传媒领域率先"拆掉办事柜台"的实践者。

首先,广播节目引入了热线电话,全时段、高频率地接受听众的电话互动。在各地电台不断出现热线电话打爆、打不进的情况下,手机短信应运而生,广播节目敏锐地抓住了这一微小的技术创新,全面应用手机短信与听众进行互动,进一步拓展了互动用户的人群和范围。

☞ **案例分析**

某电台一次节目直播时,短信平台出现意外故障临时中断,之前一直依赖听众通过短信提问互动的节目主持人竟一度陷入语无伦次、不知如何主持的困境。此事发生后,该电台以此为例,严肃地指出了主持人过度依赖手机短信、主持基本功不扎实

> 的问题。但是它也从另一个角度透射出了手机短信与这一时期的广播节目之间密切而深入的关系。我们可以从中解读到：通过手机短信与热线电话，广播节目的听众已经在一定程度上起到了可以替代节目记者与编辑的作用，从而成为节目内容的提供者之一。这已经不再是简单的互动，而是角色易位的深层互动，它正适应了新媒体中"受众即媒体、媒体即受众"的全新理念。

其次，现在的广播节目主持人，不再追求标准划一的普通话与播音风格，而是通过不断口语化的语言，甚至带有方言特性的发音，加强主持风格的生活化特点，在心理上进一步拉近与受众之间的距离。有的主持人虽然不再保持千人一面的温文尔雅和四平八稳，甚至存在着许多常见的个人化缺点，但他们却更让听众觉得真实、自然。

因此，广播电台的再度兴起，不是传统媒体的回光返照，更不是违背媒体发展规律的旧式复辟，它是传统媒体进行新媒体化的可贵成果。

传统媒体的新媒体化步骤大致有以下三个阶段。

第一个阶段，借助互联网技术的应用完成自身改造。具体表现为，节目与内容转化为适合互联网传播的格式与形式；内容从业者通过互联网主动接触网络用户并开展交流互动；把互联网作为内容来源的一种重要渠道；积极研究互联网领域的先进技术并将其应用到传统媒体的生产流程中去。这一阶段可以简单地描述为"传统媒体上网阶段"，主要指传统媒体开设自己的官方网站，进入并占领互联网领域的滩头阵地，了解并开始熟悉互联网受众群体，积极将互联网中非常便利的网络传输、网络办公等新技术应用到传统媒体的发稿、审片以及快速制作等流程中来。

第二个阶段，与互联网技术相结合，打造介于两者之间的新媒体。这种做法多见于2005年以来不断高涨的传统媒体内部合力打造第四媒体的大潮中。相对于第一阶段，这一阶段的主要特点是相对强化由传统媒体而来的官方网站的独立性，更多地以新媒体的要求指导网站的发展，在内部管理上对这类部门与机构开始逐步实施核算独立、人事独立与经营独立。

第三个阶段，走媒体融合之路，完成传统媒体向新媒体的转变。这一融合的时机相当重要。过早，在新媒体未实现强有力的引导作用时，仓促融合会使传统媒体的惯性与后滞力过大，逐渐走回传统媒体发展的老路，最后时刻功亏一篑；过晚，传统媒体则有可能病入膏肓，导致新媒体的理念与思路回天乏力，一切只得从头再来。就像体育比赛的接力跑一样，新媒体一定要提前起跑，在规则允许的交接区之内，更在传统媒体还没有筋疲力尽之前，把速度提上去，与传统媒体达到同步状态，完美地接棒并调整出发。

传统媒体的新媒体之路势在必行,其对手就是正以难以想象的速度快速进行传统化补课的市场化新媒体。套用一句网络流行语,它正以"迅雷不及掩耳盗铃"之速绝尘而去,你,有信心追上吗?

四、新媒体的社会化影响

新媒体正以其独特的信息传播方式,承担起大众媒体的职责,更为文化产品和内容的传播提供了新的空间与途径。人们学习与接收信息的方式的改变,也带来了他们生活方式的改变。

越来越多的人开始接受、适应乃至迷恋网络化的虚拟社会化交往方式,不但通过手机、互联网等即时通信工具进行人际交往,还借助它们获取新闻信息,进行娱乐活动,更通过它们直接实现电子商务、电子银行等实实在在的生活应用。现实中原有的这些关系以及其中的平衡关系被打破,社会结构被重新分割。现实中社交、户外活动的减少,使得区域性的社会团体的影响不断减弱,而基于互联网的虚拟联系则逐渐增强。在工作中,许多新兴的行业不再要求员工集中到公司或统一的场所办公,而是允许他们借助网络在家中完成工作,这一方式被称为 SOHO(Small Office Home Office)。SOHO 不仅以自由、浪漫的工作方式吸引了大量的年轻人,更以其开放、积极的心态,保证了从业者个人才华与能力的升华。而电子商务的普及,使开网店、网上购物成了新媒体时代最自然的生活方式。应有尽有的商品种类、送货上门的周到服务,更重要的是由于网络强大的搜索功能与比对功能,网上购物更是有着货比三家的省钱优势。电子政务的发展也使得普通老百姓得到了接近政府工作、开始监督政府部门、深入了解各级机构与官员的机会。

当然,最为重要的是:在新媒体环境下,受众得以更方便、更快捷地接收信息与知识,而且这些信息与知识的来源极其广泛与丰富。接收信息与知识的人群同时也以高度的热情,直接参与到这场全民互动的信息知识共享浪潮之中,人人在接受影响,人人又在影响他人。这不可避免地会影响并改变现代社会的价值取向。

长期以来人们有一种观念,认为新媒体的出现完全冲击并替代了传统的价值观念,这其实是一种误解。新媒体的平台本身是完全开放的,既对新观念开放,同样也对传统观念开放。它所改变的,是只有一种声音的僵化局面,带来的却是一个承载着多元化价值取向的社会环境。人们对于美丑、真假、高低、善恶都开始有了完全不同的判断标准。其中,判断成功的标准,除了事业、财富、地位之外,更多地出现了对于自由、个性以及尊严等往常容易被忽视的内容的衡量。在新媒体时代,新潮、前卫的比基尼可以获得响亮的口哨、尖叫与追捧声,严谨、庄重的中山装同样也可以获得由衷的掌声和尊重。这就是新媒体所带来的多元化的社会价值取向。

相对于曾经主流的声音与倾向,更多的新声音与新倾向逐渐走上社会舞台,并得到了一个"非主流"的新称呼。非主流,原本只是对"主流"一词的简单否定式前缀,专指一些未能被社会普通大众认同的小众文化价值观。但随着新生代青年对新媒体的追捧,其内涵逐渐扩充,盛行于国内80后、90后的年轻人之中。

☞ 案例分析

案例一 较早的非主流网络红人:木子美

20世纪70年代末出生,广州某报编辑,原名李丽,网络作家,个性另类,私生活不加节制,以"下半身写作"而成名。2003年6月19日起,木子美开始在网上公开自己的性爱日记,不但将自己的各种性爱经历毫无禁忌地公之于网络,还将那些与她发生关系的男性人名也如实写出,哪怕这种行为会伤害对方、招致对方的愤怒与报复。疯狂的举动使得木子美名噪一时。与其说木子美是在进行网络写作,不如说其行为更像是一场"秀"。有人批评木子美是伪先锋、烂小资、假敏感。这些蛊惑人心的味道夹杂在香烟的气味和华美的文字背后,成为木子美炫目的秀袍。然而,去除主观评价,木子美的这些"先锋、小资、敏感",在她高亢的喧哗声中多少有些走样,大部分读者依旧对此感到迷惑。

案例二 非主流网络文化现象之一:火星文

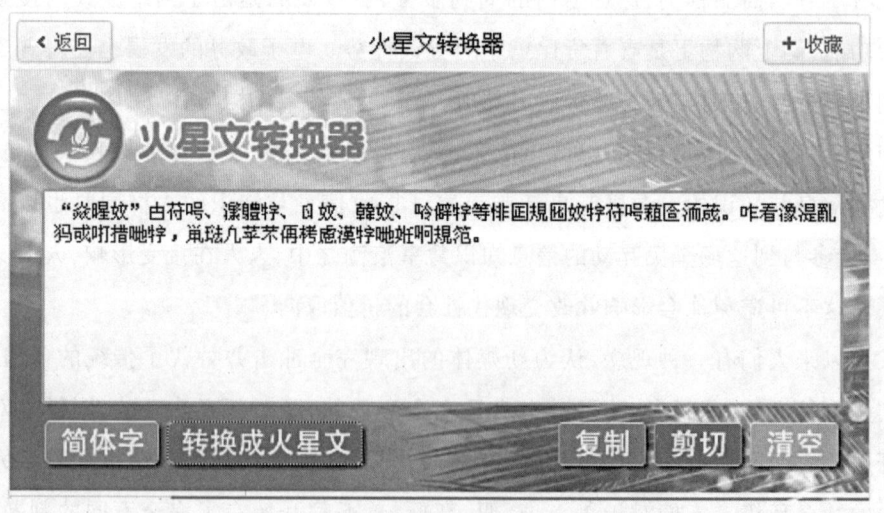

图3-3 用转换器生成的"火星文译文"

> "火星文"由符号、繁体字、日文、韩文、冷僻字等非正规化文字符号组合而成。乍一看像是乱码或打错的字,用法几乎不考虑汉字的任何规范。据考证,"火星文"起源于我国台湾地区,最初为了打字方便,用注音文替代一些常用文字在网上交流,达到了快速打字兼可理解内容的效果。进入大陆后,网友们觉得这种文字另类醒目,便把这种输入方式发扬光大,不仅有谐音,还有形似、意似等多种手法的共用。当使用人群和新生词组形成一定规模后,一些热衷于软件开发的网络高手便制作出了"火星文"专用软件。于是"火星文"具备了密码功能,成了一个群体保护隐私的方法。在受众中,新生一代的80后、90后群体成了火星文的追捧者和传播者。80后、90后希望用"火星文"对"成人权威"进行挑战,他们希望有自己的空间,不希望被打扰。

其实,在这样的形势下,社会完全没有必要担心新媒体是否会改变我们的文化概念。中国传统文化的理念就是兼容并包,对各种外来文化、另类文化都有着强烈的兼容与同化功能。新媒体真正继承并弘扬了这种精神,为兼容与同化更多的理念而创造舞台。在这个过程中,必然会出现一些不和谐的声音,出现一些无长久生存力的乱象。这是文化沉淀过程中的正常现象,它们也许会对短期的社会发展带来一定的影响,但必将无法长期驻留。

在新媒体时代,曾短暂地出现过"审丑文化"现象。审美文化是人类有目的、有意识地创造美和享受美的一种特殊社会活动。中国传统文化希望通过审美创造一些既美又善的典型,以期望社会大众模仿、对照与学习。然而,新媒体的活跃思维迅速颠覆了以往人们对于审美的固定观念,以充满叛逆情绪的风格,全面突破了人们对于"美"的定义,以"不美""丑"为特色,以引发大众的追捧甚至模仿。

有人说,在互联网发展的早期,网络红人还遵循着相对正常的审美标准,他们或者才华出众,或者各有专长,又或者外形相对俊美,这些也是他们能够被网友推崇的基本原因。但是渐渐地,对于网络红人的衡量标准发生了一些变化,甚至出现了一种"审丑"的倾向:这就是导致这些网红出名走红的原因,他们不仅仅外形不够俊美,反而走向了另一个极端,出现了各种矫揉造作、奇装异服以及恶心作怪的形象包装。随着快手、抖音这类视频应用的大面积普及,这些符合"审丑"条件的形象快速出现在公众视野里。

有人说,只是外部形象上的审丑倾向并不可怕,它可能只是人们审美疲劳后的一种逆反心理。但是如果把审丑的标准对应到道德层面上,就可能产生更大的社会影响。2008年,香港男艺人陈冠希与一批当红女艺人的自拍艳照外泄,由此引发了"艳照门"事件。公众、媒体对此事的关注报道,原本是希望通过曝光丑恶警示他人,让更多的公众人物更加洁身自好。但是,由于媒体对此事的传播过热,有人从中看到相关当事人反而因此得到了更多的关注,于是从中总结出"恶名也是出名"的网络走红歪理。此后,互联网开始不断出现类似的"艳照泄露""不雅视频流出"事件。虽然我们不排除这其中确有真实的受害者,但有更多的证据表明,许多事件的背后,都有专门的团队和推手在进行精心策划,目的就是通过这种极具看点的噱头去引起更多人的关注。虽然当事人的个人名声和形象会受到一定的损害,产生负面影响,但只要当事人继续装作"受害者"或"认错者",他们就可以避开公众舆论的谴责,继而收获"知名度大涨"的舆论红利。

随着快手、抖音的流行普及,制作各种视频内容的手段越来越简单快捷,一批并无特长技艺的网民利用公众的猎奇求新心理,打着恶搞解构的旗号,通过出格颓废的风格、极端反常的表演来博取眼球,在大数据时代下也能获得不低的经济收益。于是,这种"以丑为美、以丑上位"的理念开始大行其道,其本质仍然是对金钱、利益的贪婪需求,是在市场功利主义的驱动下,以快速成功为原则,以模仿拼凑为手段,把审美欲望化、物质化的做法。

有人把审丑趣味的盛行归罪于新媒体对所谓的"自由与平等"的过分追求,实质上这种认识并不到位。实际上,对于美与丑、善与恶,新旧媒体的受众心里都有一本账,都有一个标准和一条底线。新媒体提倡思想的自由与表达的平等,本质上是想让更多的声音和更多的标准走到人们面前,让大家去选择。以往,人们看到了太多的一本正经的名人与红人,在长期标准化的压抑下,某个阶段出现"审丑"的趋势也是很自然的现象。但是这种反常和畸趣的东西毕竟无法拥有长久的生命力,在短暂地刺激了大众的兴趣之后,必然要让位于真正健康、美好的事物。

"'以丑为美'不仅在审美活动中把丑的负面价值正面化,而且把文化精神乃至社会生活中的'丑'的价值正面化,从而导致'扬丑抑美'。'以丑为美',丑怪畸趣被追捧,低俗恶俗被推崇,欲望贪婪被张扬,不仅会引导审美趣味的下滑,也会是社会风气沉沦的催化剂。"①

新媒体带给整个社会的影响,不是简单的更好或者简单的更坏,而是用最直接明了的方式,让美与丑、好与坏站在了台前,由受众自由、自主地做出相应的评价与选择,这才是最重要的事情。

单元学习小结

新媒体的理念更多地体现在新媒体的特性上,可以说互动性是新媒体独特的魅力所在。互联网和移动增值作为新媒体最重要的两个领域发展迅速。

---

① 肖鹰.人民日报文化世象:以丑为尚挑战审美底线[N].人民日报,2013-07-11(24).

传统媒体以互联网和移动增值两个领域为平台,利用新媒体互动性的独特魅力,不断实现新媒体化,如电视、广播栏目的短信平台互动等。

本章在介绍新媒体特性的基础上,重在描述传统媒体与新媒体的共存、竞争现状,以及两者相互融合的现实。

学生在学习完本章后,应该有深度的新媒体意识,能运用创新思维,尝试设计对某一传统媒体进行新媒体化改造的方案。

☞ **实训项目一**

实训项目:寻找"新媒体理念已经植入传统媒体中"的新闻案例

实训方法:查找法、咨询法、实操法

实训条件:网络、笔记本电脑(学生自备)

项目要求:1. 学生分成多个小组,每组对应选择一个传统媒体平台;
    2. 小组中的每位学生参与集体讨论完成;
    3. 收集并汇总自己为完成作业查找到的参考资料。

实施步骤:1. 对应查找出这些新闻案例的传统表现方法;
    2. 分析它们在传统媒体中表现出的特点;
    3. 分析新闻案例运用新媒体理念后的变化及表现形式;
    4. 阐述这些新闻案例运用新媒体理念的过程;
    5. 整理相关记录并形成电子文档。

成果描述:每组寻找不少于两个新闻案例,形成报告并打印,要求内容全面、层次清晰、分析透彻。

成果评价:学生小组互评,教师点评,将评价等次(分数)记录在册。

☞ **实训项目二**

实训项目:从"新媒体的社会化影响"角度对"网络红人"现象进行分析

实训方法:查找法、咨询法、实操法

实训条件:网络、字典、笔记本电脑(学生自备)

项目要求:1. 对"网络红人"进行理论层面的界定;
    2. 分析"网络红人"的形成过程或演化过程;
    3. 从社会化的角度分析这种现象;
    4. 尝试更深层次地阐述这种现象形成的原因,剖析社会的价值取向。

实施步骤：1. 确定术语；

2. 查阅字典、词典及资料；

3. 完成上述要求的各项工作内容；

4. 整理相关内容并形成电子文档。

成果描述：以课程作业方式打印，要求个人独立完成，研究对象不少于一个，作业不少于1500字。

成果评价：学生互评，教师点评，将评价等次（分数）记录在册。

学习单元四
新媒体受众

学习目标

★ 知识目标

1. 新媒体受众的演化
2. 新媒体受众的特色
3. 新媒体与受众调查之间的关系
4. 新媒体受众的管理技巧
5. 新媒体下的公关把控原理与技巧

★ 能力目标

1. 理解并能表述新媒体受众的特色
2. 了解新媒体与受众调查之间的关系
3. 理解受众参加新媒体互动的目的,并能运用相关理论分析新媒体现象
4. 掌握新媒体环境下公关知识的概念以及危机公关的应对技巧

任务描述

任务一:当下,传统媒体与新媒体共存并相互影响。根据教材中"新媒体受众的特色"的理论表述及传播学中关于受众理论的阐述,分析新媒体受众研究与传统媒体相结合的可能性。

任务二:运用新媒体环境下危机公关的应对分解技巧,分析最近一年以来的各种重大社会危机事件,分别从中分析出实际生活中的应对主体的具体得失。

从狭义上理解，受众可以被看成与媒体相对应的另一方，是信息传播中接收信息的一个群体，比如报纸和书刊的读者、广播的听众、电视的观众、网站的网友。而在信息化环境下，受众就是生活中具有社会化多样性的每一个人，因为每一个人都生活在不断接收信息的现代社会中。

一、新媒体受众的演化

媒体发展永远建立在技术发展的基础上，新媒体的受众也都出现于那个时代最关注新技术的高端小众人群中。而这些小众会自觉地成为新媒体的布道者与推广者，不断地影响周边的人群。

01 新媒体受众群体诞生

在新媒体技术中，最主要的因特网与手机两大技术都源于军方的科研需要，尤其是因特网。随着冷战的结束，军方将因特网以及与之相关的研究项目陆续解散，但项目内容却因为其可观的民用前景在现实生活中开始得到应用。这些项目首先由各个大学、政府或私人科研机构加入，于是，教授、大学生、官员以及科研人员开始成为新媒体的原始受众。

但是，随着因特网规模的不断扩大，越来越多的计算机与局域网络开始加入，其社会化的特征与功能不断增多，媒体从业者开始关注互联网并有意识地加入。他们都有着较高的学历背景、优越的生活条件，同时更有着相对强势的社会生活话语权。他们一旦发现互联网能带来的巨大生机与活力，便立即身体力行地接受它、应用它并推广它。1994年9月，美国麻省理工学院教授及媒体实验室创办人、《连线》杂志专栏作家尼葛洛庞帝写出了《数字化生存》一书，大胆地提出"'信息的DNA'正在迅速取代原子而成为人类生活中的基本交换物"，"整个社会构建的基本要素将发生变化"。在美国，新媒体受众惊人的发展速度验证了这一切。尼葛洛庞帝把不懂或不接受计算机技术与理念的人称为"数字化世界中的流浪者"，而这类"流浪者"的人数正在美国社会中迅速减少。

中国的新媒体同样伴随着互联网的进入而开始发展。1995年9月,中国邮电部电信总局与美国商务部签订协议,中国正式加入国际互联网。

1995年的北京中关村白颐路南端的街角处,人们突然看到了一块巨大的招牌:"中国人离信息高速公路有多远——向北1500米。"这块由中国第一家互联网接入服务商瀛海威公司树立的广告牌,被认为是中国互联网产业发展的一个纪念性标志。

但是,瀛海威公司还没有迎来中国最早的新媒体受众,就陷入了多年亏损的困境,之后便从人们的视线中消失了。其消失的原因在于,中国最早接触互联网的虽然是一些科研人员及高级知识分子,但是他们与西方社会中的同类人群有着显著的区别。一是没有充足的经济实力来支付不菲的上网费用,二是没有较高的社会地位来影响其他人。而那时

图4-1 1995年瀛海威公司的广告牌

中国社会中第一批"先富起来的人"却没有太多的知识与认识,与当时的政策制定者、执行者及管理者一起,都还属于尼葛洛庞帝所说的"数字化世界中的流浪者"。所以,瀛海威公司面临的是一个"有钱的人不来消费,愿意消费的人没有钱"的发展困境。

依旧是1995年,互联网已经连接了全世界4万多个网络、380万台计算机,154个国家和地区可以通过互联网发送电子邮件。在越来越多的人通过信息高速公路开始畅享新媒体魅力的时候,中国的受众群还未真正形成。

直到1997年以后,网吧产业开始在中国内地蓬勃发展起来,相对低廉的上网价格让越来越多的年轻人开始接触到计算机与网络,消费人群的增加以及激烈的市场竞争,促使网吧的上网价格不断下降。以网吧中最吸引年轻人的"包夜"模式来看,到后期差不多只需要8—10元即可在网吧上一个通宵的网,甚至有的地方还会另外赠送一碗方便面。可以说,网吧成了那个年代里消费不起电影、歌厅以及酒吧的年轻人的好去处。在他们中间,大中专学校在校生、初入职场者以及城市里的外来务工人员占据了绝大部分,流动特性使他们不太会考虑开通有线电视及订阅报纸,从而选择了网络。

02 中国新媒体受众的特点

心理学家曾经做过这样一个实验:当少数一两个不安分的人进入一群很安静的人群中后,后来者会很快遵从之前的安静状态;反之,过多的吵闹者进入后,原先安静的人也会变得热闹起来。中国网吧产业所催生的大批新生网民就这么一下子冲进了新媒体的

受众队伍之中,这批新鲜血液的注入,迅速扩大了他们的影响,但同时也更改了这支队伍的平均文化素质、兴趣走向与关注习惯,从而使得中国新媒体受众的发展与国外相比,产生了非常大的差异。

这些差异主要体现在三个方面。

第一,"免费"成为中国新媒体受众的首位习惯。由于处于引领之列的高端人群受众并不富裕,走在盲从大军中的草根网友更没钱,"没钱"是他们的共同特点,寻求"免费"便成了他们的共同语言。从免费邮箱开始,免费的个人主页、免费的音乐、免费的图片、免费的聊天娱乐、免费的网络游戏(那时有着免费的文字 MUD 游戏以及棋牌游戏),等等,对于他们来说,只要免费,就是好的网络应用。

> **案例分析**
>
> 2000年9月21日,21CN 网站上海办事处负责人陶源在媒体上发表观点:邮件收费是大势所趋,中国的网民已接近 2000 万,网络环境从初生迈向成长阶段,青睐"伊妹儿"(Email 在当时的昵称)的用户越来越多,仅 21CN 的电子邮件系统就拥有 350 万名用户,后来又投资 1000 万元扩容为千万用户级。可以说,收费已有了"群众基础"。此言见诸报端即令业界哗然、网民震惊。从当年国庆开始,网民对 21CN 的批评、抨击、谩骂铺天盖地。有网民称 21CN 为"南霸天",称陶源的表述为"强盗逻辑",号召网民联合抵制,"下个星期起大家都不要上 21CN",不再赐给它点击和浏览,甚至有网友威胁要"黑"掉它。其实,陶源的讲话中还有更为重要的一部分内容,即可能收费的邮箱只是极小的一部分超大容量邮箱,绝大多数的邮箱依然是免费的。另外,收费的邮箱还将会附有一系列的承诺与保证,同时收费标准也不过是每月 10 元人民币,甚至可能更低。这些条件放在今天来看,是再正常不过的,但在当时却迅速陷入了各种各样的口诛笔伐之中。虽然网民的愤怒中误解的成分不少,但是整体网民对于免费情结的固执也出乎许多互联网界海归创业人士的意料之外。
>
> 多年过去,当收费邮箱已经成为社会的主流认知之后,人们再回头来评估这段往事,的确会有很多深刻的理解与反思。

第二,中国新媒体受众的娱乐需求远远大于新闻需求。与国外新媒体受众高度关注新闻信息不一样,国内以网吧消费为主的新受众首先需要的就是娱乐。当带宽还不够快时,网络聊天室与棋牌游戏曾一度兴旺。带宽瓶颈一经突破,图形化的网络游戏顿时红火起来。

以"石器时代""千年"和"传奇"为代表产品的国内第一代网络游戏运营商开始登上

历史舞台,他们敏锐地抓住了网吧用户对每次几元或每月几十元的收费价格并不敏感的特征,推出了以网吧为主要代理点的点卡充值收费模式,一度开拓出了中国互联网产业的全新赢利模式,并由此培植出了盛大网络这样的新一代互联网巨头。网络游戏这一产业也从此开始了持续多年的兴盛之路,从网易开始,新浪、搜狐、腾讯迅速跟进调整战略,从单纯的门户网站方向,及时调转车头,加

图 4-2　早期的网络游戏之一"石器时代"

入了网络游戏的疯狂掘金大潮之中。其中网易与腾讯仅依靠网络游戏就赚到了自己发展所需的绝大部分资金,从最初的引进国外代理,转向自己组织团队进行原创开发,以赚取更大的利润。据中国互联网络信息中心每年发布的《中国互联网络发展状况统计报告》显示,中国网络游戏产业在诞生之后,无论是用户规模还是行业产值,每年均以惊人的速度不断增长,2009 年用户达 2.96 亿,全年网络游戏产业产值超过 100 亿元人民币;到 2019 年,用户规模达 4.84 亿,全年网络游戏产业产值超过 1948 亿元。10 年时间内,用户增长接近 1 倍,产值翻了 4 倍多,这也是国内新媒体行业发展所没有预料到的。

第三,中国新媒体受众的版权意识缓慢推进。同样是这批最初的新媒体受众,他们愿意在网络游戏里花钱,却不能接受在网上看书、听音乐、看电影付费。互联网最早的内容运营商们更是利用相关法规监管的忽视以及版权拥有者们的轻视,一味迎合受众的需要,造成了这段时期互联网上盗版风行的恶劣状况。各类知识产权版权方醒悟过来之后,为此进行了长期的、艰难的维权斗争。

案例分析

音乐版权冲突战中,最引人注意的,同时也是历时最长的就是百度 Mp3 侵权事件。百度网站的 Mp3 搜索引擎通过其搜索技术,在每天更新的数 10 亿中文网页中提取 Mp3 链接从而建立起庞大的 Mp3 歌曲链接库。但这些链接指向的当时国内互联网上的 7000 多家音乐网站中,只有不足 20 家拥有合法的内容提供权。事实上,百度 Mp3 无形中成了国内盗版音乐下载的主要阵地,这不但引起了业界对此问题的诸多争议,更是引发了众多唱片公司的强烈反对。而百度声称,自己提供的只是在互联网上客观存在的各种下载链接,百度自身并没有提供任何与此相关的服务器空间与下载点,理应与侵权主体无关。2005 年,继 9 月 16 日上海步升音乐文化传播有限公

司起诉北京百度网讯科技有限公司录音制作者权侵权纠纷一案一审胜诉之后,9月26日,环球唱片有限公司、华纳唱片有限公司、金牌娱乐事业有限公司、EMI GROUP香港公司、索尼BMG以及它们的中国子公司新艺宝和正东唱片共7家唱片公司再次状告百度公司严重侵犯其信息网络传播权,给唱片公司造成了重大经济损失,请求法院判令百度公司立即停止侵权行为,公开赔礼道歉,并赔偿经济损失和调查费用共计167万元等。

2006年7月1日《信息网络传播权保护条例》实施,《条例》明确规定,"网络服务提供者提供搜索、链接服务的,如在接到权利人通知书后立即断开与侵权作品的链接,则不承担赔偿责任",即"避风港"原则上为百度等搜索引擎提供商找到了一个合法抗辩的理由,在七大唱片公司未事先履行通知——删除程序之前,法院难以认定百度存在主观过错。11月17日,法院最终判决驳回七大唱片公司的起诉要求。2008年2月,国际唱片协会在收集了新的证据后,再度将百度告上法庭,经历了两年多的漫长审理,最终仍然以国际唱片协会败诉收场。但是,百度Mp3实际上在推动音乐盗版侵权方面存在的社会道德的缺失却是相当明显的,也引发了互联网界的众多指责。更有法律专家指出,百度提取的链接地址虽然是机器自动获取,但最终会经过人工编排加工成侵权Mp3链接目录,主观上存在着明显的故意行为,从这个角度来看,百度的Mp3搜索官司还有得打。

此外,早在2006年,网易搜索引擎就宣布停止Mp3搜索服务,退出这一领域。新浪、谷歌等网站在启动音乐网络服务的时候都十分谨慎地向各大音乐版权机构支付相应的费用。百度也在几次官司之后终于启动了"Mp3计划",网友仍然可以免费下载,但百度会根据下载量向唱片公司支付一定的版权费用。

除了音乐行业,文学、影视行业也纷纷采取各种法律行动维权,联合围剿互联网上的侵权现象。在国内新媒体受众人群逐渐演化与成熟之后,大众版权意识才逐渐复苏,只是这个过于漫长的过程,使得最早进入这一领域中的不少企业早早夭折或元气大伤,留下后来者小心翼翼地重新耕耘。

因此,在中国发展新媒体,一定要认识到国内新媒体受众在发展过程中的特殊性,对中国互联网发展过程中的种种实际现状要有深入的了解与足够的心理承受能力,否则必然会遇到种种问题,甚至会受到严重打击。这方面最有力的证据就是几乎所有国际互联网巨头在最初进入中国市场时,都无一例外地在各自的领域里遭遇败绩:门户网站中的雅虎已退出中国门户网站的竞争,即时通信软件MSN完败于QQ,搜索引擎谷歌输给百度,电子商务的易趣败于淘宝等。与其说是这些巨头不了解中国的新媒体市场,还不如说是它们并没能真正了解中国在那段时期的新媒体受众。

二、新媒体受众的特点

新媒体受众形成后,其作为一个特殊且不断发展壮大的社会群体,慢慢地形成了一系列鲜明的特色。

01 隐蔽性与公开性

新媒体借助网络重新构建了一个虚拟世界,现实世界在这里有一定的反映,但未必是一一对应的。因此,网民在网络上具有隐蔽性,或称为匿名性。时下正在大力推进的网络实名制,是指在后台,网名与真实身份的关联对应,但没有改变在公开网络下的相对匿名状态。因此,互联网早期的名言"在互联网上没人知道你是一条狗"一直在流传,从而带给许多人一种错觉:在新媒体环境下,在网络上发言不必当真,在网上发表言论是安全的,也是可以不必负责任的。

然而事实却并非如此,所有的安全与匿名都是相对的。在合理的表达方式下,网络的匿名性可以创造更自由的言论环境,但必须以不影响他人权益为原则。一旦侵权或破坏社会规则,就有必要调用"网络实名制"来找出其背后的真实身份。即使没有实名资料,新媒体技术在第一天应用的同时,就已经注重到信息传递链条的每一个环节的可溯性,完善的网络日志技术、全面的监控筛查体系,再加上海量的存储环境,在新媒体上的每一个人、每一条信息与每一个操作行为,都成为这张网络中有据可查、有迹可循的信息点。网络环境中的每一个人,实质上都会比其在现实社会中更加透明、更加公开。

一个人在网络上是否透明公开,并不取决于他自己是否愿意公开,而取决于社会及他人对其信息进行调查取证的成本大小。此外,网络对于信息的海量沉淀,使得"一个人在网上时间愈久,其个人信息愈透明"成为现实。除了政府管理部门可以借助政策、技术与财力查清具体信息外,许多普通人单凭互联网上的蛛丝马迹就可以顺藤摸瓜地查出相关人士的真实身份信息,有时查出来的信息虽然只是微不足道的一点点碎片,但是网络独有的超链接特性,足够将这些碎片一一拼接、归纳联系,最后形成近似完整的结果。新媒体中将这个概念称为"人肉搜索",该手段常常会在被刻意隐瞒、有意回避的公共事件的真相发掘上发挥出人意料的作用。

> **案例分析**
>
> 2012年,中国网络反腐史上一定会记下一个姓名"杨达才"以及网友给他起的外号"表叔"。杨达才原任陕西省安监局局长、省纪委委员。8月26日,因为在延安交通事故现场无意露出微笑被人拍照上传网络,引发网友的争议。有网友开始对其进行人肉搜索,找出他佩戴多块不同名表的照片。杨达才对此主动上网承认,称自己只有五块名表,但都是合法收入所购。不料网友继续搜索,又陆续曝出他有第六块、第七块……甚至十几块名表以及其他疑似奢侈眼镜、奢侈腰带的照片,杨达才一时间在网络上被称为"表哥""表叔"。网友通过人肉搜索不仅可以准确地指认这些手表的品牌、型号以及价格,而且还发布了各种细节进行比对。9月21日,经陕西省纪委常委会研究并报陕西省委批准,对杨达才进行撤职调查。①

02 广泛性与窄众性

新媒体将受众扩展到了世界的每一个角落,几乎覆盖了所有的职业、民族、国家,同时也深受各个年龄阶段、各个教育层次的人的共同喜爱,这是受众范围上的广泛性。新媒体受众在绝对数量上的增长也非常惊人,仅互联网用户数就一直呈爆发式增长态势,再加上手机、户外大屏等各种新媒体表现终端的交叉式覆盖,可以说,但凡生活在现代社会中的人,无不被新媒体一一俘获,主动或被动地成为它的受众之一。

不过,新媒体从一开始就在内容的组织上有所针对,通过特定的话题和特定的内容去影响特定的人群,使得受众在具体个案分析中呈现出明显而突出的窄众性特征。这一方面是由于新媒体在相关技术领域内的突破,从原先简单机械的"广告",转变为目前精确灵活的"窄告"。"窄告"迅速受到了传统广告商的欢迎,这可以让他们用更少的费用得到更好的宣传效果。这个"窄"并不是简单地减少接收终端数量,而是提高有效数量,减少无效终端的投入带来的副作用。另一方面,新媒体具备海量的内容资源与高效的搜索技术,从而带来了受众的高度细分化。因此,我们要注重用户主动发起需求并寻找信息与内容的行为,并针对这种行为不断地强化新媒体的功能与应用感受。

---

① 中共陕西省纪律检查委员会官网通告[EB/OL].(2012-09-21)[2019-03-18]. http://www.qinfeng.gov.cn/info/1021/8378.html.

> **案例分析**
>
> 创办于2005年的豆瓣网是一家以书评、影评与乐评为特色的社区网站，所有的用户可以根据自己的兴趣、喜好与话题，发起或参与各种各样的话题小组，通过标签的方式迅速形成魔力般的聚集。在这里，你可以看到"欧美文艺片"或"鲁迅"这样的传统化、大众化的小组，同时更能看到"我们都戴隐形眼镜""请假理由研究""如何对付外星人""反水瓶座"这样千奇百怪的小组，更加让人大跌眼镜的是，这些小组中聚集了那么多兴高采烈又极其认真地参与讨论的网友，令人感叹。

事实证明，人类最大的快乐就是找到与自己兴趣相投的朋友，正所谓"相见恨晚"或"臭味相投"，这些小众化人群的聚合，从根本上促成了新媒体的蓬勃发展。

03 干扰性与严谨性

新媒体出现之后，每一个受众接收到的信息，是更真实了还是更混乱了？基于受众直接参与以及全程参与的特点，对于新媒体传播的信息的真实准确与否，受众一直有一种误解，他们认为"网上的信息不要去相信"。对此，公众似乎有充分的案例与理由。

理由一，由于绝大多数网民认为自己的网络账号是随便注册的、隐匿的，因此他们对自己的发言与传播行为缺乏责任感，可能会轻率地发布或散布一些不实甚至虚假的消息。

> **案例分析**
>
> 2010年8月10日开始，福建泉州、漳州与厦门一带的网络上，一则关于"13日将会发生里氏6.8级大地震"的谣言迅速蔓延，一度引发了当地居民的恐慌，部分工厂甚至出现工人请假离厂的情况，生产计划被全部打乱。后经公安部门全力追寻，抓获了恶意散布谣言的犯罪嫌疑人蔡某、徐某。经审讯，两人是因为喜欢开玩笑并在网上制造噱头，想借以提高自己在网上的"江湖地位"，没想到自己引发的麻烦如此之大。

理由二，绝大多数网民识别信息的能力较弱，易冲动，易轻信，易被利用，当他们接收到一条易引起共鸣的消息时，往往不会冷静地思考并加以鉴别，而是迅速参与进去，成为这些未必真实与正确的信息的共同传播者。

> **案例分析**
>
> 2007年3月23日,ID"曾经热血少年时"在天涯社区的"天涯杂谈"里声称自己独立采写报道,讲述了山东沂水一个化名张爱党的卖淫女义助300名贫困生上学的感人事迹。由于此帖描述生动细致,瞬间被推上各大网站头条,点击率直线上升,转载网站达200余家,新加坡《联合早报》甚至也对此事进行了报道。但此事传播开后,沂水当地政府与有关部门经过多方查访,均未获得任何线索。到4月4日,原作者在天涯发表声明,宣称自己编造了很多假新闻,其中就有卖淫女子资助300名贫困学生的事,并对此行为进行道歉。但即使如此,这条声明仍然迅速被淹没在了一波又一波对并不存在的张爱党的事迹的评论与热炒之中。这则谣言中所编造的张爱党这一形象,迎合了众人对社会边缘人士美好人性的一种合理想象,从而使大家不自觉地成了传谣者的一分子。

理由三,新媒体传播信息速度的快与广,成了虚假错误信息的极大危害的帮凶之一。在传统媒体环境下,即使偶有错误发生,媒体管理者还可以在信息尚未广泛传播并产生影响的基础上,采取回收报纸、发表更正声明等方式纠正偏差,而在互联网普及的新媒体环境下,信息一旦传出,往往难以收回。

> **案例分析**
>
> 2010年10月11日15时37分,QQ用户张李兴在其签名上写道:"发生在秦岭脚下的怪事。"就是这简单的一句话,成了随后传言散播的开端。12日17时18分,网友"NDSWJ"发表微博:"一篇关于《秦岭怪事》的日志早上还在西安传播,中午就到了翻译学院和杨凌一带,下午又传到汉中一带,估计晚上就传遍陕西了!这就是互联网的力量!"13日凌晨1时3分,网友"幽灵缔约"在百度贴吧发布消息:"据说一整条的村子都没了。据说事发当时有人看到有数个不明飞行物飞过……"13日上午,此类信息已经通过各种途径开始疯狂传播,在网友的传言中,关于该事件发生的原因出现了野人、UFO等多个版本。记者还发现,不断有传播者在其接收到的信息中添加情节,并再次传播,致使网帖内容越来越丰富和庞杂。而之后的几天,随着新闻媒体的介入以及深入当地的调查,事件的真相还原到了QQ用户最初一次无心的随笔签名。截至10月14日下午14点,记者搜索发现,关于"秦岭怪事""秦岭村庄消失"的帖文有50多万个。

综合来看,新媒体受众素质参差不齐,但在信息传播中却处于相似的地位,对真实信息的传播与流动产生了较大的干扰性,这是我们看到的一面。

可是,从另一面来说,新媒体受众已经不再像传统媒体时代那样,单向地被动接收信息了,他们会不断地将自己的感受、自己的判断及时进行反馈,反馈意见通过新媒体聚合再重新传播,相关的信息经过比对与验证后,就会产生非常强大的"自纠"与"自净"功能,发现、暴露并纠正其中的错误。

网络以海量的存储能力吸取着每一个人的知识与信息来源。"百度知道"曾在广告中说:"在这个世界上,总有一个人知道你问题的答案!"而网络新媒体就将它变成了现实。

☞ 案例分析

2010年12月6日晚间8点,新浪突然出现一条"金庸去世"的微博。与当年6月金庸首次"被去世"的谣言相比,这一次时间精确到分,还有听起来像模像样的医院。一时间,这条微博被疯狂转发成千上万次,有媒体甚至迅速安排了悼念专刊版面,题目都已经拟好——大哭江湖。但不到一个小时,香港著名记者闾丘露薇就发布微博,指出金庸三天前还在公共场合健康出现,谣言微博中所提的医院在香港并不存在。其他有关名人也迅速发表与金庸电话联系后的相关事实,并继续指出在该条谣言微博中金庸的生日也写错等事实。于是,这一具有极强蛊惑力的网络谣言,在短短数小时之后便宣告破产。

2010年12月6日晚,有博友发布消息称当日19点07分,金庸在香港尖沙咀圣玛利亚医院去世。此后又有多位用户发布金庸去世消息。当晚,中新社、香港媒体、金庸先生友人等多方证实,此消息为虚假信息。请博友发布此类信息前务必核实真实性。恶意发布虚假信息的,情节严重者可做封杀帐号处理。

图4-3 新浪微博"微博辟谣"关于金庸去世消息的辟谣通告

实际上,由于新媒体受众群体数量庞大,新媒体平台可以无限度地延伸,如果能够确保这一平台保持畅通,加上直面谣言的勇气与细致的求证工作,对于偶尔出现的干扰因素,新媒体也可以其自身的严谨性自行进行净化。

三、新媒体受众调查

01 为何要进行受众调查

受众调查是随着传媒在社会生活中重要性的加强而逐渐出现的。从社会发展的角度来看,信息传播流动的组织者与执行者必须了解受众对于这种传播与流动的看法、感受与反应,这是维护健康有序的社会环境的重要基础。再从传媒自身发展的角度来看,它也必须了解、掌握自家受众的基本情况,及其对已传播信息的观点、态度和反应,从而不断完善与改进自己的传播手段与方法。在传媒深入发展的阶段,受众调查也成为媒体采集信息、报道内容的方法之一,是后续传播、深入报道的重要手段。因此,受众调查既可以由研究机构、管理部门发起,也可以由传媒机构发起,用以综合判断、分析受众对传媒的观点与态度,了解、掌握受众对于媒体信息传播的反应,考察媒体信息传播的实际效果。

受众调查在根本上是社会调查的一种,属于信息反馈的范围。在传媒学的整体研究中,受众反馈是一个相当重要的环节,只有掌握了受众反馈,传媒才能不断地调整改进自己的发展方向、表现手法与传播特点,才能真正地依据受众的需求,不断提升媒体运作的质量。

传统的受众调查大致分直接调查与间接调查两类。直接调查就是由专门的调查机构或者组织人员,直接向受调查的对象进行问题询问或交流谈话,并从中获取相应的各种数据与结果。为了避免问题与谈话的随意性以及交流人员成分的片面性,一般这类调查都会设计标准的问卷,以确保所得反馈信息的科学性与准确性。此外,由于一般情况下的调查对象不可能覆盖到所有的受众,那么到底选择哪些调查对象才会显得客观公正呢?这就需要有一套相对科学与客观的对象取样方法,用以挑选出带有普遍适用意义的调查对象。而在调查过程中,被调查对象在充分理解了调查方的目的与用意之后,在回答或反馈信息的过程中,具有充分的自由与自主权。

间接调查则是调查方与被调查者并不直接见面,而是借助各种媒介,比如通过电话访问或者通过印刷品、电子媒介上的各种调查表或问卷,来进行信息资料的收集、整理。相对来说,间接调查所需的成本较小,涉及范围比较大,调查时间也会节约很多。但是它在反馈信息的准确性与真实性方面与直接调查相比还有一定的不足。

此外,从调查覆盖面来看,理论上调查又可以分为全面调查与非全面调查。而实际上,限于传统媒体时代信息收集手段的落后与成本的限制,全面调查一直难以付诸实践。现实中的各种调查,都只能算是不同程度的非全面调查。

02 新媒体改变受众调查

受众调查虽然非常重要,但在传媒的发展过程中却步履为难。中国新闻界最早的一次受众调查是1936年12月由上海民治新闻专科学校组织的"上海读者和上海报纸"调查,而新中国成立后第一次真正意义上的受众调查则是在1982年,由北京新闻学会、中国社会科学院新闻研究所进行的"北京市读者、听众观念调查",采用的是调查问卷的方式。

除了观念上对受众并不重视,媒体报道的宣传目的重于服务目的之外,之前受众调查之所以不受重视,更多的是因为调查方法过于单一与繁杂。新媒体时代,受众调查发生了革命性的变化,具体体现在以下几个方面。

第一,调查常态化。在传统媒体时代,受众调查往往需要投入大量的人力、物力、财力,而且周期长,不可能经常进行。而新媒体与受众之间特殊的点对点连接关系与计算机网络的可记录、可统计特性,使得新媒体的受众调查可以随时随地、常态化地进行。

第二,调查客观化。以前的受众调查大多依靠特定的问卷填写,调查者的各种暗示、填写者的主观意愿,甚至问卷填写行为本身,都会对调查结果的准确性产生各种各样的影响。而新媒体的传播信息都是以数字化的方式在各种网络中传播的,它们与受众之间的联系和沟通并不需要特定的收集填写过程,新媒体受众调查的大量信息与数据可以直接通过网络设备直接读取并统计得出,基本不受调查者与被调查者的主观意愿的影响,其调查结果更加客观准确。

第三,调查智能化。传统的受众调查在问卷设计制作等方面需要花费大量的精力与时间,在获取调查数据之后,还需要相当长的时间进行复杂的统计、分析与判断才可以得出调查结论。新媒体利用计算机技术的先进性,可以预置成熟的运算规则与分析程序,直接获取受众的访问及阅读行为数据,然后进行分析统计并得到相应结果,随时公布或者自动生成调查报告。

对于任何一个互联网的网站来说,它的用户访问日志就是一个随时存在的受众调查系统,通过用户访问日志,调查者不仅可以掌握一定时间范围内访问网站的人数、次数、来源区域,还可以准确地记录每一个用户的访问时长、频率、访问轨迹,进而记录下他们访问时使用的电脑系统、语言、浏览器种类、显示器屏幕甚至更精确的各种信息。当然,这种信息的收集必须以不侵犯用户的隐私权为底线。这些零星的、散落的碎片信息,一经科学的日志分析系统,就可以产生出各种直观的统计报表。最为重要的是,这种调查伴随着受众获取信息的整个过程,同时,这些产生调查结果的反馈信息又是受众获取信息的必要条件,并且在实际发生过程中几乎不会影响受众的感受。这所有的因素,推动着新媒体的受众调查达到了一个新的高度。

1997年10月,由中国互联网络信息中心(简称 CNNIC)主持,采用网上计算机自动搜寻、网上联机调查和发放用户问卷等多种方式,进行了当年中国互联网络发展情况的统计,并向社会公布了调查报告。这是中国第一次对国内互联网发展状况做出的全面、准确的权威性统计报告,也是中国第一次真正意义上的新媒体受众调查。从这一年起,几乎每半年,中国互联网络信息中心都会发布一次互联网发展报告。

从整个社会的发展来看,由于互联网与计算机的不断普及,越来越多的人开始依赖网络而生存,越来越多的行业转型围绕网络发展,无处不在的互联网让一切都开始数据化、联网化,并开始相互建立起千丝万缕的联系。于是,在不断提高的计算能力与算法模型的支撑之下,大数据分析与数据挖掘能力开始全面改变受众调查。或者更准确地讲,在大数据技术之下,传统的受众调查方式已经不再被需要了。以百度、阿里、腾讯为主的互联网龙头企业几乎每隔一段时间都会以不同的方式发布各种"用户行为分析报告",内容包含受众的阅读喜好、生活习惯、交通方式、节假日迁徙路线、消费走向、品牌认知,等等。而随着更多垂直类服务商的迅速发展,滴滴开始发布城市交通数据报告、饿了么发布居民饮食消费分析报告,等等。这些来自各行各业的报告不仅成了新媒体机构准确把握受众心理、期望与反应的重要依据,而且也形成了整个社会对新媒体发展状况的一个全面认识,体现出新媒体在现代社会中不可阻挡的发展趋势。

03 受众调查改变新媒体

新媒体对受众调查的重视更来源于它的本质,因为"适应用户的需求"是新媒体最重要的特质,而了解、掌握受众需求的途径恰恰是受众调查。换言之,不断发展变化的受众调查,同时也在推动着新媒体的不断发展与变化。

正是因为传统的受众调查在实施手法与实际效果上的落后,传统媒体无法从中获得更多的价值与帮助。而在新媒体环境下,快捷、智能、准确并强大的新型受众调查——用户行为数据分析,开始给予新媒体更加高效与富有价值的帮助,让它们可以更加快速地接收到市场反馈、发现发展短板、抓住发展机遇、解决关键障碍。也正因为得益于这样的帮助,相对于传统媒体几十年、上百年的发展历程,新媒体往往只用十几年,就从稚嫩走向了沉稳,从青涩走向了成熟。

通过这种新型受众调查,新媒体可以放心地进行海量信息的收集与编发,不再担心众口难调,而是可以在随时随地的受众调查机制之下,准确地把握每一个用户的喜恶,通过个性化的信息推送机制,针对每一个用户提供不一样的信息列表甚至媒体界面,这也就是所谓的"千人千面"的个性化信息服务的提供。于是,传统的媒体中心化格局被完全打破,不仅传统媒体面临着挑战,就连曾经辉煌一时的新媒体网站也开始面临生存发展的竞争。中国第一代互联网新闻网站,如新浪、搜狐、网易等,都已经开始不断流失用户,成为新闻事业发展过程中的一段历史,而以用户精准推送、个性阅读为特色的新一代新闻服务品牌正在迅速崛起,今日头条、一点资讯,还有快手、抖音等这些全新理念与技术模式下的信息应用软件开始被广大受众所接受并喜爱。

这样的新型受众调查,不仅改变了新媒体的信息内容提供方式,更进一步改变了新媒体的内容生产发布流程。在技术的支持下,受众调查手段的常态化、智能化,可以让新媒体获得各种实时调查、实时反馈以及实时互动的能力,从而可以不断扩大新闻事件的线索来源,获知受众第一时间的反馈意见,充实各种富有价值的互动信息,不断地创造更多样的新闻报道、信息传播的新方式,让媒体的报道更加符合受众的意愿,增强其可读性与贴近性。而这种变化更进一步推动了新媒体行业自身的发展。在这种全社会大数据分析的基础上,自媒体获得了与官方媒体、行业媒体同等的发展机遇,并以自己更加灵活的机制与手段,不断增强自己的竞争能力。

注入了互联网最新技术能力的受众调查,让新媒体发展得更具有想象力与魅力。它不只是让新媒体的受众获得了发表意见与观点的能力,还提供了真正可以介入到媒体本身发展与变革中的一种可能,其中有许多是与现代科技紧紧联系在一起的。根据调查的结果,新媒体更加清楚自己的使命与目标,抓住每一次的机遇与契机,大力走科技融合之路,用高新技术武装自己、改造自己,把受众的想象力转化为自己的表现力,从而最终提升自己的魅力。

四、新媒体受众的双向管理

01 受众即媒体的时代

传统的媒体指利用一定的传播介质并形成相应的系统机制的群体,主要限制在基于行政管理体制下的具体单位,例如报社、电台以及电视台。然而在实际传播中我们发现,真正的媒体,往往是超越了这些具体单位名称而聚合成的一种带有推动力与引导力的传播群体。从走入新媒体时代的那一天起,媒体与受众之间的界限便日渐模糊,甚至在特定的情况下完全消失。

新媒体的特性使得它不再依赖于媒体自身的信息采集制度,即使在最初的门户网站模式下,网站也不会像传统的新闻媒体那样需要配备大量的记者队伍,而是以当时一直运营着的传统媒体的电子版信息作为主要来源进行转载整合。这样做,既节约了大量的采访制作成本,又突出了自己快速、全面的优势。以至于当新浪、搜狐等第一批门户网站影响力与日俱增的时候,以各地报业为代表的大批传统媒体开始纷纷向它们发难。

☞ 案例分析

2006年1月,来自全国39家报业集团的老总齐聚广州,建立"内容联盟",希望能在年内制定出一个新闻内容提供方的定价机制与规范,集体向门户网站收费。

以这39家报业集团为代表的广大纸媒经营者基本认同:过去几年,内容转载定价权基本掌握在网络公司手中,以极低的价格,甚至"零成本"轻松获得海量的新闻内容。此次解放日报报业集团发出《发起全国报业内容联盟的倡议书》,提出"共同制定向网络媒体提供新闻内容的定价规范,提高网络转载的门槛,捍卫自己的知识产权,让新闻内容回归应有的价值"。

业内人士分析认为,传统媒体"保护版权"的呼吁已经喊了很多年,此次变呼吁为行动的原因,表面上是知识产权维护,但导火索实际上是网络媒体凭借低成本与传统媒体争夺广告市场份额而引发的冲突。[①]

传统媒体在内容提供领域的挤压政策起初收到了一定的效果,得到了一部分内容授权使用费,但失去的却是互联网行业对它的依赖。感到内容危机的互联网行业也开始全力发展论坛、博客、播客以及SNS、微博这些新型应用,开始从受众那里源源不断地挖掘出更多、更新以及更有价值的信息。

在BBS兴盛的时期,受众开始尝试着参与讨论,进行零散或个别的评点争论;博客时代,受众已经可以走到前台,针对某一个新闻事件,以系统化的文章阐述观点、表达意见;微博时代,受众发布信息的激情被迅速点燃,碎片化、微小化的信息传播在广度与速度上全面赶超了之前所有的媒体。此时,媒体从业者与媒体受众之间的界线已无法明确区分了:既存在着孜孜不倦发布各种信息的昔日受众,印证着"受众即媒体";更存在着不断吸取信息的昔日传媒,也就是所谓的"媒体即受众"。这里已经不再是特定条件下偶然的身份互换,而是随时随地可以发生的角色融合。

"受众即媒体"的现状极大地拓展了新媒体时代的信息来源。真正的观察者遍及社会的每一个角落,在互联网无所不在、在手机终端功能日益强大、在人们媒体意识日渐提高的当下,在每一个值得关注、值得报道的事件发生的同时,就会有一个个普通而又平常的受众通过他们所能借助的任何工具,及时地将该信息发布出去。

"受众即媒体"的现状强劲地推动着媒体革命的全面进展,它使得媒体从业者开始真正地思考自己的根本任务,在加强"告诉"职能的同时学会如何更好地"倾听"。因为,

---

① 搜狐新闻[EB/OL].(2012-06-25)[2012-09-03]. http://business.sohu.com/20060120/n241531457.shtml.

"受众即媒体"的另一面就是"媒体即受众",媒体同样也是大众传播中的一个重要环节,媒体互动已经不再仅仅是表现形式、表现手法上的小花样,而是贯穿于媒体革命的根本性思想。

"受众即媒体"的现状全面推动着舆论环境的日益完善,而舆论是不同思想、不同意识的交汇所在。但是长期以来,由于媒体工具的特殊属性,只有少数社会精英与各阶层少数的代表能够参与表达,绝大多数的民众只能倾听。当受众也可成为媒体时,更多的思想、意识浮出水面,民意开始在新媒体环境下真正形成,并不断地冲击整个社会的意识,推动舆论环境走向真正的健康与和谐。

02 受众参加互动的目的

传统媒体时代,媒体主要的目的是宣传与传播,发布信息是首要任务,受众的反馈只是一种补充与调剂。

新媒体的即时特性使媒体开始跨越技术上的障碍。在门户网站时代,通过评论系统,受众即看即可发表自己的观点与意见。而当论坛、博客、SNS以及微博等新兴应用产生并普及时,用户的评论、讨论这些互动内容更成了主体,并以不可预测的速度几乎在一瞬间超过了门户网集中采编的内容量,一度成为互联网新内容提供的主体。那么,到底是什么带来了受众进行互动并提供内容的热情呢?

第一类,利益诉求。利益是一个人之所以愿意参与社会活动的动因。我们从媒体的发展中可以看出,是应受众需要而生的新媒体,第一次在传播过程中凸显了受众利益的价值所在,利益的得失与受众的互动参与相关。借助于媒体的观点与意见的表达权被称为"话语权"。传统媒体时代,话语权直接或间接地被少数人所掌控。只有当平民化的新媒体崛起后,普通受众才发现,这里是形成自己话语权、维护自身利益的最佳平台。因此,受众才会如此积极地关注互动,并把参与互动看成追求自身利益的一个重要手段。

案例分析

湖北父亲彭高峰在四年前儿子走失后,不但变卖家产悬赏10万寻子,而且学会了上网,参与到每一个可能会为其找到儿子提供线索的网站中,在网上坚持4年写下《寻子日记》,见诸各博客、BBS以及新兴的微博之中。同时,他也在网络互动中积极为其

图 4-4 寻子

> 他丢失孩子的父母提供帮助,成为中国较早的自发网上打拐志愿者。终于,2011年2月8日,他在江苏邳州找回了自己丢失4年之久的儿子。彭高峰表示,找回儿子并不意味着他网络生涯的结束,他会结合自身的体会与感受,继续参与到网上打拐以及网上寻亲的公益活动中,去帮助更多曾经与他一样需要帮助的失子父母。

第二类,观点表达。在直接利益之外,社会活动中的人们也有着精神层面的追求,所体现出来的是从责任与兴趣角度对社会事务的关注度。之前,由于传统媒体工具的集中与垄断,只有少数精英人士可以通过撰写文章、接受访谈来表达自己的观点。而到了互联网时代,基于新媒体技术的普及与高度推广,越来越多的"民间评论家""草根评论者"不断涌现,他们对社会事务、公共事件的关注度之深、关注领域之广,包括专业知识的应用,都令人惊叹。

案例分析

> 李治中,笔名及网名"菠萝",科普作家,北京大学医学院客座教授,深圳市拾玉儿童公益基金会秘书长,专注于癌症话题的科普工作,著有多本相关书籍,屡次获得全国优秀科普作品奖。2016年在微信开设公众号"菠萝因子"后,仅两年时间,他累计写作与癌症相关的原创文章及相关科普文章500余篇,收获累计阅读量1亿多人次、关注用户50多万人。自2018年9月开始,因为持续在各类网络视频节目中发表演讲,普及宣传关于癌症话题的医学常识、防治方法、观念真相,并以"你妈读不懂的科普文,不是好的科普文"的表态而走红网络。相对于医生的宣教,患者们更愿意听他这种第三方的科普教育。

第三类,情绪宣泄。这是参与互动的受众中人数占比最大的一类,他们中的绝大多数对于互动的参与度都是浅表性的,但又兴趣盎然。就如同街头的围观者一样,凑热闹为主,偶尔也起个哄。他们并没有明确的观点与目的,真正需要的只是发出点声音,这实质上反映了他们宣泄情绪的需求。

首先是压力的宣泄,其特点是人群广泛,但因时而异,受个人客观条件的影响较大,一些平时彬彬有礼的人,突然受到了一点压力就会在网上变成另一种形象的人。

其次是娱乐的宣泄,充满网络无厘头色彩,更是一种网络行为艺术。

最后是不满情绪的转移式宣泄,其在新媒体互动中表现出的影响力相当大。一些人在现实生活中遇到一些不尽如人意之处,又或者在其他方面遭遇了不公,于是在参与新媒体互动时便不论是非曲直,简单粗暴地将任何矛盾冲突扩大为阶层、群体矛盾。

图 4-5 经典的网络无意义顶帖图片

> **案例分析**
>
> 2010年10月31日,西安大学生药家鑫驾车撞人后又将伤者刺死并逃逸。因其杀人手段的极端,更因为此后有新闻报道指向"药家可能是特权阶层",舆论上掀起了几乎一边倒的"不杀不足以平民愤"的声浪。2011年5月31日,药家鑫被执行死刑。之后其父药庆卫注册新浪微博,除了公开致歉之外,对在此案过程中舆论各方所引用的"药家鑫是官二代""药家鑫外公很厉害"等不实传言进行了回应。但从其微博上的回应与评论来看,收效甚微。其实,关于"药案",参与这轮互动交流的绝大多数受众所站的立场与位置既非是双方的代言人,也不是刑事案例的评论者,他们与被害人、与罪犯都没有任何利益上的关系,他们的内心深处只是希望通过这次判决,发泄、表达他们内心对于社会中"官二代""富二代"的不满,对于社会不公的强烈反对。药家鑫的家庭背景到底是什么?这些问题在群体泄愤的情绪中已经显得不再重要了。

这种相对极端的网络情绪一旦掺杂了"煽动性言语",再缺乏足够的控制与引导,便极易发展成现实中的"社会泄愤"事件。"这类事件一般由一些突发事件(如死亡)而引发,事件参加者大都与诱发的事件没有直接关系,也没有明确的利益诉求,主要发泄对社会的不满;攻击的目标主要是公权机关和侵权者;如处理不当,会演变成祸及无辜的骚乱事件。它是社会矛盾十分尖锐最直接的表现!"对此,除了需要政府维护"社会公平、司法公正与政府公信力"外,通过新媒体建立起有规划、有控制同时也有空间的"合法宣泄方式"更显重要。[①]

---

① 于建嵘.岳村政治——转型期中国乡村政治结构的变迁[M].北京:商务印书馆,2001:37.

首先，要认同宣泄的合理性，认同它是互动交流中不可缺失的组成部分；其次是宽容宣泄过程中的部分不理智特征；最后是从宣泄中认真提炼合理内容，真正做到沟通民意，把宣泄渠道管理成最有价值的民意减压阀。

新媒体互动管理包括以下几个方面：

第一，正常言论，大力推广。符合国家法律、符合社会道德体系，更符合大众基本思维与行事准则的互动言论，是新媒体开放言论环境的最有价值的产物，理应得到加强与放大。

第二，激烈言论，合理引导。表面出格但未越出法律道德底线的言论，在激烈的碰撞中往往能引发宝贵的思想火花，是我们在任何传媒环境下都要积极推进的内容。这就需要管理人员尽可能地参与到讨论与交流中，对于整体风格、语境甚至节奏加以调控与引导，以确保这些言论朝着正确的方向发展。

第三，过激言论，堵疏结合。对于主观上未必有意但在客观实际上已经出格的言论，如果简单粗暴地采取封堵的方法，极易破坏新媒体的整体形象与宽松的互动环境；但如果不做任何处理，又容易导致言论氛围恶化。新媒体需要从管理的角度给予互动中的受众清晰、可量化的判断标准，标准之内容忍，标准之外制止，处理有根有据。

第四，非法言论，及时处置。对于明显违反法律、法规的言论，必须做到"及时管制，立即处理"。新媒体不能凌驾于法律之上，违法是管理的底线。只有做到对于非法言论的严厉管控，才能给予其他言论充分的表达自由。

03 渐入式的隐性管理

在"受众即媒体"的环境下，日趋频繁的"平等的互动"已经大大模糊了媒体与受众之间的差别。而且在越来越热烈的互动中，媒体往往更多地扮演着倾听者的角色，从倾听中找出更为有效的管理方式。

首先要尊重受众。对受众的尊重，一方面体现为交流中的程序平等，即消除流程设置中一切不必要的门槛与限制；另一方面体现为交流时的身份平等，媒体与受众不能体现为上下级的关系，而是信息交换的两个对等实体的关系，有时是媒体给受众提供信息，有时是受众给媒体提供信息。双方共同配合，成为新型传播理念的共同信徒，新媒体也因此成为受众互动的最大利益获得者。

其次要理解受众。虽然在新媒体的很多环节里，受众开始成为信息的提供者、发布者，但我们并不能简单地就把他们当作媒体从业者来看。受众的数量庞大、构成复杂，加之大家的利益诉求不一致，仅从概率来看，既有出现各种意外现象的概率，也有产生纠正遏制这些意外现象的元素的概率。媒体能够理解受众参与互动的不同目的，也同样可以找到针对这些不同目的、不同结果的管理方法和引导方法。新媒体要对自己的受众充满信心和信任。而对于所有意外的理解能力与承受能力,恰恰最能彰显新媒体的胸襟与风度。

再次要剖析受众。从一个群体的集合上来看,受众意见存在着总体上的趋同性,但同时也有着发展过程中的无序性,新媒体的从业者与管理者理应站在全局客观的立场,发挥出管理者的优势;要善于剖析受众的心理状况,从中梳理出他们观点的正确与谬误之处,并提供可行的引导方案。这一工作,相当考验新媒体从业者对受众互动的管理技巧与协调能力。而对于受众互动活动的全面剖析,实际上对于新媒体自身的传播来说也具有极其重要的意义。

最后要融入受众,不显痕迹。除了从技术角度不断地除去媒体原有的特权与优势,与受众逐渐趋于平等统一之外,新媒体的管理者要想主动融入受众,至少要做到以下几点:

第一,学会并熟练掌握 BBS、博客、IM 软件以及微博这样的新媒体应用或新媒体工具,在形式上、表现上与受众采用相同的手法和途径,这不仅可以扩大原来媒体的单一信息来源,而且还能够更好地体验受众的第一感受,为自己媒体的建设和发展积累市场体验。

第二,改变原先"无冕之王"的意识,不但从外在表现和语言习惯上学习如何与受众进行交流,更要放下身段,放低视角,以受众的心态去观察新闻事件,看待社会百态。

第三,学会适应新时代的"江湖规矩",把收视率、发行量这些数字放下,研究提高积分、粉丝量的技巧,不再依靠传统的垄断地位形成优势,而是运用新媒体的内在规律去吸引受众,这样的成功者,才会被受众视为同类,从而真正地被他们所接纳。

新媒体受众的管理,不再是自上而下的约束与管控,而是自下而上的沟通与融合。因为只有这样,才能够继续保持新媒体受众独有的活力与创造力;只有这样,才能继续保持新媒体与受众需求高度一致的发展方向,新媒体受众的管理才会出现一疏天下畅的良好局面。

五、新媒体环境下的公关把控

公关是公共关系的简称,是一个组织为了达到一种特定目标,在组织内外部人员之间、组织之间建立起一种良好关系的学科。它是一种有意识的管理活动,组织要建立一种良好的公共关系,需要良好的公关活动策划来实施和实现。而新媒体公关着重考虑的,是如何有效地适应全新的网络化社会环境,如何有效地协调全新社会结构中的利益各方,如何有效地建立起新时代中企业、团体以及组织之间的公共关系。这不仅是社会各方对运营中的新媒体的期望,同时也是新媒体自身在推广发展中不能忽视的重要方面。

01 网络舆情

舆论的定义是:两种或两种以上的不同的观点相互冲突,最终一种观点胜出或占上风。第一,不管有多少种观点在相互冲突,最终舆论只能是某种单一观点;第二,舆论一定是胜出的,也就是最终获取绝大多数人的认同。舆情与舆论有一定的联系但也有区别,"网络舆情是由于各种事件的刺激而产生的通过互联网传播的人们对于该事件的所有认知、态度、情感和行为倾向的集合"[①]。因此,与舆论不同的是,舆情包含了所有的观点,不论是最终获得绝大多数人认同的,还是只限于少数人认同的,零散的、非成体系的观点,都是舆情所包含的内容。

网络上的平等,不只是普通受众的平等,它同时也表现着媒体从业人员、政府管理人员、专家学者、各类精英之间的平等。许多人声称,在网络上存在着太多的造谣者、反动者、盲从者,但是平等的网络同样存在着众多的政府官员、媒体从业者以及学者精英。而且,双方、三方,甚至多方,都可以按照自己的意愿、公开、透明、没有定式地表达自己的意愿。更何况,谣言又怎么能不代表造谣者各自的意愿呢?因此,舆情舆论不等同于"正确的意愿",而只代表着"我们认为正确的意愿"。

(1)网络舆情的收集与分析

舆情并无倾向性与体系性之限制,它的评估标准就是全面而无遗漏。在这方面,以网络为主战场的新媒体具有得天独厚的优势。网络媒体不仅已经被公认为是继报纸、广播、电视之后的"第四媒体",而且在社会舆情方面更是成了最主要的载体,这是因为它具有无可比拟的开放性、公开性与及时性。这些舆情信息的应用来源主要有网络新闻之后的留言评论区、BBS里的讨论区、博客播客、各种聚合新闻(RSS)、SNS网站中的讨论区以及新兴的微博,而这些都是新媒体中互动性最强的应用,也是收集网络舆情的最主要的领域。

最直接的收集方法自然是定时浏览,虽然这种方式最没有效率,但在一定的人力与专注力的保证下,却相对很有效,尤其是面对日常性的、无特定目标的常规舆情。其缺点是评估标准相对主观,易受各方环境的制约,受被浏览面与收集面的大小的影响。

[①] 曾润喜.网络舆情信息资源共享研究[J].情报杂志,2009(8):71.

而借助于专门的舆情分析系统软件,舆情收集与分析工作会更加系统与专业。这方面的软件在具体功能上各有差别,但主要功能结构大致类同,一般合格的舆情分析系统都会由四个模块组成:

模块一,信息抓取层:一般的系统是利用现有搜索技术,对网络上的海量信息进行检索识别,抓取有效内容,建立相关数据库,索引备用。这一工作是交给程序去完成的,管理人员只需要明确地抓取内容方向、部分地过滤关键词即可。

模块二,逻辑识别层:对于抓取来的信息,可以通过话题热度、新闻出处权威度、评论数量、发言时间密集度等各种参数,识别出给定时间段内的热门话题,利用关键词布控和语义分析,识别出敏感话题和有价值的话题。

模块三,统计应用层:对于相关的话题信息,不仅可以对其信息来源、访问次数等进行统计,同时还可以对每个话题、每个发言人的观点和倾向性进行分析与统计,并形成摘要或报表。

模块四,辅助决策层:以统计报表为基础,在这一层可以对事件的发展趋势进行预测;可以对将要发生的意外情况进行预警,也可以根据分析处理结果生成报告,以提供决策支持。

舆情分析系统软件涉及的技术应至少包括以下几个:

◎ 网络文本提取过滤技术,它可以有效地过滤掉大量交互式网页上无效、干扰或冗余的信息,提炼出真正有价值的内容;

◎ 网络话题侦测与追踪技术,它有助于有效地运算,提早测知网上的话题热点,并自动追踪其趋势变化;

◎ 舆情倾向性分析技术,它通过统计学概率学的理论,以及海量现实案例的辅助分析,可以基本明确网络传播者的感情、态度、观点、立场、意图等,对舆情发展的趋势以及可能形成的舆论方向作出最初的判断。

(2)对于舆情热点的预判

网络舆情是散落在互联网各个角落里的多种零散思想,这些思想既有可能在复杂的传播环境中寂寞地自生自灭,不再为人所知;也有可能是星星之火,顿成燎原之势。在消亡与走红之间,客观上存在着太多的意外因素,但还是有一定的必然规律值得我们关注。

极端化表达的事件易诱发舆情热点,这种极端化往往会在传播中给受众以极强的刺激,不仅给他们留下深刻的印象,同时也会相对放大事件本身的意义。

社会矛盾焦点话题易引起舆情热点。阶段性的社会矛盾焦点往往与受众关系最为紧密,同时也让受众最为敏感,所有与之相关的话题,都会引起最大限度的受众关注与响应。

☞ **案例分析**

图4-6 周久耕被网民查出其抽天价香烟的一张新闻照片

2008年,时任南京江宁区房管局局长的周久耕对媒体发表了"将查处低于成本价卖房的开发商"的言论,殊不知这句话正好触动了网友这段时期以来心中最为敏感的房价问题,引发了网民的愤怒。随之而来的人肉搜索曝出其抽1500元一条的天价香烟、戴名表、开名车等一系列问题,而他也迅速成为舆情的热点,被网友冠以"最牛房产局局长""天价烟局长"等一系列极富讽刺意味的头衔,最终被查出有受贿罪行,被判处有期徒刑11年。

具有故事性与娱乐性的事件也容易成为舆情热点。原因主要是这些事件容易迅速传播开,并给众多受众留下深刻的印象。关注人数的增多,本身就是公众注意力增强的具体表现,也是舆情形成热点的一个重要保证。

网络舆情是一个长期存在、动态发展的新媒体传播现象,抓住重点,才可以从分散凌乱的网络舆情中总结、分离出重要的部分,作出预先判断,并尽可能给予及时、恰当的反应与处理。

02 媒体共振

共振,是一个物理现象,一般指一个特定的结构系统受到作用的频率与该系统的固有频率相接近,使系统振幅不断增大的现象。最著名的共振现象发生在19世纪的欧洲,一队士兵齐步过桥,步伐恰巧与桥体结构的固有频率接近,结果造成桥体因共振而垮塌,绝大多数士兵丧生。与物理学的共振原理一样,媒体传播一旦诱发或产生共振,也将会形成极具影响力甚至破坏力的传播模式。

(1)新媒体传播是有机的整体传播

新媒体是在传统媒体基础上的升级形式,实质上是传统媒体与网络媒体相互配合、互动之后的新型传播模式,或者可以理解成"新"的"媒体传播"。任何一件重大的、广受关注的事件,都不可能缺少媒体中的任何一方。

新、老媒体之所以会长期并存,是因为它们在传播过程中擅长的方向及达到的效果各不相同,因而无法相互替代。依托经营多年的成熟的大众传播网络,传统媒体在整体事件的传播面、综合传播的公信力与可靠性方面具有明显的优势,而借助不断成长的网络年轻受众,新媒体则在细节的完善度、用户的互动补充及印证、表达手法的多样性方面具有独特的优势。新的媒体传播方式整合了两者的优点,弥补了单一传播的不足。

新、老媒体之间的配合与互动不是简单的叠加,更不能是对同一事件的重复表述,而是依据各自的特性按照相似频率施加影响,这样才能使共振合理地生成。正如现实世界中,能够形成巨大力量的共振现象并不会轻易出现一样,在媒体传播中,新、老媒体之间的共振也不是处处可见的。

所以,我们必须首先理解热点事件本身结构系统的固有频率,并分析新、老媒体应如何适应并配合这一固有频率,以形成媒体所期望的互动。

(2)媒体共振的形成轨迹

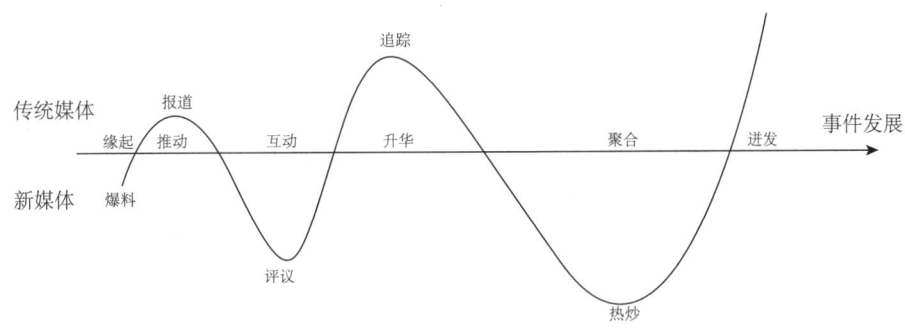

图 4-7　媒体共振示意

以一个典型的媒体共振事件为例,依照起因、发展与推广、高潮整个过程,我们可以绘制出上面的示意图(图 4-7),从而清晰地了解各个环节的主要特征。

第一,缘起。新媒体之所以能成为大多数新闻线索产生的重要场所,主要得益于"受众即媒体"的良好氛围。无法预知的受众已成为一种任何专业媒体都无法企及的庞大信息源,爆料、传言、投诉,这些看似很平常也不太引人注意的网络信息发布方式,开启了大部分重大媒体共振事件的历程。

第二,推动。传统媒体已经关注到新媒体在新闻线索方面的领先优势,正以特别的关注,从新媒体中搜寻、发现并推动任何一条有价值的信息的发展。而事件一旦得到正式且权威的传统媒体的关注,其意义将大幅提升。

第三,互动。传统媒体的报道同时会给创造并提供这一新闻线索的受众以极大的鼓励与被认同感,而针对新闻在传统媒体中的披露,新媒体受众将会通过多种手段对此予以最热烈的互动。

第四,升华。互动拓展了新闻事件的内涵与细节,其中的闪光点与独特价值仍需要传统媒体以专业的编辑报道手法提炼出来,并辅以各类追踪报道,将新闻事件继续推向传播的新高度。

第五，聚合。聚合是互联网独特的创新与整合手法，它所面对的是整个社会中所有可以利用的元素，尤其是在前一阶段被传统媒体的追踪报道所升华的新闻的内在价值。而来自新媒体的近乎海量的相关信息，在这一阶段开始聚合汇总，并深化、产生出最能代表新媒体受众情绪的意见，最终形成影响周边舆论环境的最有力度的看法。

第六，迸发。这是媒体共振中首先表现出影响力的关键环节，其力度足以对现实社会造成超乎寻常的冲击与改变，从而成为传统媒体为之欢呼喝彩的阶段性总结，也是媒体共振不断扩大影响力、形成现实成就的关键所在。

根据图4-7与上文的简要分析，我们可以看出一至六阶段是一个相对完整的媒体共振形成与发展的标准模式。事实上，媒体共振既存在着高潮迸发之后随即再次缘起、推动直到再迸发，掀起新一轮高潮，从而不断把共振做大、影响做大的更大规模的共振形态，同时也必定存在着小富即安，提前在互动或升华阶段就开始止步不前的小型共振形态。但是，无论如何，媒体共振借用了新、老媒体各自的优势，以较小的力量达到了迅速推动事件最大化传播的目的，成为新媒体环境下最有力的信息传播模式。

（3）共振带来共赢

媒体共振的最佳效果不因任何单一媒体的努力而形成，新、老媒体各有擅长、各具特点，相互合作有利于双方取长补短，有利于实现最终效果的扩大化。

传统媒体十分清楚自己在新闻线索获取上的短板，因为，精英化的采编体系尽管很容易接触到各类常规化、公务化的采访报道素材（如会议、庆典、展会等），却缺乏基层新闻线索的获取途径。因此传统媒体会更加重视借助新媒体的触角，去观察、感知社会动态。再者，无所不至的受众，依旧需要通过媒体才能汇集、表达自己的信息。

新媒体更清楚自己的特性，它可以承担集聚受众群力量的重任，但更需要在关键时刻发挥催化力与助推力的作用。传统媒体已经形成多年的权威性是新媒体今后所要努力追求的目标，但却不是如今可以使用的资本。而在社会政治生活中，传统媒体所拥有的巨大的、无形的影响力恰恰是我们推动新闻事件深入发展、最终形成广泛社会影响的根本。

受众在这新、老媒体共存交织的时代里，更是有着百感交集的复杂心态。一方面，他们不满于传统媒体千篇一律、公式化、模式化的报道，质疑它的公信力；另一方面，他们也不满于新媒体分散、随意、多变的传播状态。因此，受众更愿意接受这种复合式的、相互印证式的全媒体传播。

社会的心态则更为复杂，媒体原本是为社会服务的，但随着传统媒体的日益成熟，其影响力也日益增大，媒体常常会形成一种左右社会发展的力量。但是，在意识形态或市场的制约下，传统媒体的主体性也日益失落。这时便需要新型的媒体力量来打破现有格局和怪圈,改变舆论环境中的资源分布。新、老媒体的共振可以形成一种既有制约又有支撑的新型传播结构,让事实真相的传播得到最有效的保证。

(4)共振产生深远影响

媒体共振中,新、老媒体就像看不见的手,在秋千架的两端,配合默契地对秋千轮流施加力度,使秋千越荡越高。因为默契,它们深知如何巧借对方之力,又如何加上自己的影响,最终获得一种不断放大的效果。

在媒体共振的波形变化趋势中,每一次的激荡都是在前面的基础上倍增式的放大表现,反映在实际生活中,是一种非常惊人的几何式扩大。起源于网络的简单线索与相关人群的小范围关注,一旦被传统媒体报道,就会迅速演化成为一次大范围的大众传播,之后在这种已经成规模的报道的基础上,接收信息的受众与尚未接收信息的受众进行传播、互动,就可以形成病毒式的信息扩张形态,受众数量会迅速增加。在接下来的媒体升华阶段里,更加深入、权威的评述与剖析,以一种深度报道的方式迅速增强受众对信息的了解度与黏度。信息的社会化影响开始形成,并随着传统媒体的升华报道而更广泛地散开,然后在聚合中形成社会的观念、民众的观念,在最后的迸发中成为足以改变一切的巨大力量。

在大量的实践中,传统媒体发现自己可以借助网络媒体不断挖掘新鲜生动的新闻经过、深化新闻价值的技巧,而网络媒体也找到了假手传统媒体之力提升新闻层次、扩大新闻传播的捷径。

03 危机公关

在传统媒体环境中,由于媒体自身体制的成熟以及媒体与社会组织之间关系的成熟,公共关系的主要任务还是着重于对良性关系的建立,对于偶尔出现的危机事件,处理手法相对单一简化。而在以互联网为主体的新媒体传播中,受众的地位得到了空前的强化,传播环境与传播环节也变得异常复杂。网络媒体的快捷化、个性化、互动性、信息共享化和资源无限性等特点,提高了企业或组织出现负面信息时的危机程度,从而使得新媒体下的公关活动不得不把危机公关放在头等重要的地位。

尤其在 Web2.0 时代,新媒体可以说成了企业、组织危机公关的触发器与放大器。因为在这一时代下,媒体不再仅由精英把控,人人都有可能成为媒体的发言人与报道者,人人都有选择接收信息、传播信息以及评论信息的权利。一个企业或组织的负面信息,在传统媒体时代可能会被忽略,在新媒体时代却无法躲避无所不在的草根触角,个人化的情绪会相对更加关注各种有关于企业或组织的负面信息,使危机一触即发;新媒体受众的特性决定了他们对于负面信息的热衷程度以及强化推动作用,在没有外力介入的情况下,危机事件必然会在网络环境下迅速被放大。

媒体共振的原理揭示:一个热点新闻事件的发展与议程设置的掌握,不再是传统媒体手中的专利,它已经成为以新媒体为主导,所有媒体形式相互配合、相互呼应的一种新型的传播规律。因此,面对新媒体,企业或组织必须加强舆情监控,加强环境分析,更要加强自身网络危机公关能力。

(1)快速反应,探清源头

网络中出现的危机往往呈现出非常明显的爆发性特征,并且会随着时间的推进产生迅速传播、无限放大的可能。因此,在危机爆发之后,留给当事人进行快速反应的时间非常之短,需要当事人相对正确的第一反应。企业与组织应该把工作重心放在如何迅速找出危机发生的源头上面。因为,不同的源头往往决定着危机的性质,只有及时找出它们,才可以决定如何迅速处理与化解危机,这样就可以在第一时间消除事件被进一步炒作的可能,从而避免受众继续进行更深入猜测的不利情况。

正确的第一反应来源于对危机情况的准确掌握。无数的案例证明了危机发生后沉默不语的危害性与及时发言的重要性,但及时发言绝不是贸然地发言。当事人掌握的事件范围基本应包括:负面信息的大致来源、当前传播范围、负面信息的内部调查现状、当前信息披露情况、新媒体受众舆情演化大致趋势、相关传统媒体的态度与现状,等等。这些信息未必需要全部掌握,但至少已掌握的内容均需尽可能地准确。

第一,纯粹意外情况。当事人应更加注重采用柔和的具体应对手法。因为是意外,所以不论当事人还是受众方都没有准备,这时比的就是应对准确、处理恰当。

第二,自身隐藏问题的爆发。危机产生具有必然性,而且极有可能存在着扩大化的危险。既然它不是一朝一夕所能产生的,处理的重点就应是及时、诚恳并认真地拿出解决方案与解决态度。

第三,竞争对手的恶意行为。这样的危机根本就是蓄意策划的结果。处理这类危机,要求当事人既要有与策划方沟通、谈判的技巧,同时也要做好谈判不成功如何应对的准备,如果能掌握对手蓄意策划的确切证据则有利于迅速转被动为主动。

当然,第一时间掌握的信息只能是尽可能地准确,它离事实的真相还有可能存在着很大的差距。因此,紧接着就应该是"有限表态"。这种反应重在表态,表示当事人对此事知晓、重视,并有限度地适当披露一些已确认的事实。

哪怕已经确认负面信息是完全错误、不存在的,也不必急于在第一阶段彻底否认。这是由于之前公众已经先入为主,彻底辟谣往往说服力不足、传播效果不佳。当事人可以委婉地表明观点与意见,把相关的证据与说明放在之后的步骤逐步展开。而一旦确定己方存在过失,同样也不宜一次性表达太多的内容,也应在大概念上确认重要的事实,并明确表示自己的歉意或应承担的责任。

真相不及时出现,谣言就会占领舆情空间,这是网络新媒体环境下的定律。面对网络危机,如果疏于及时反应,大量的传言甚至谣言就会以前所未有的速度发展、蔓延,使一开始的危机演化成破坏力更大的舆情灾难。

(2) 争取支持,避免共振

以网络为主的新媒体以更加平等与开放的舆情环境,造就了受众敏感、多元化的思维倾向,媒体不再容易以统一化或标准化的思想去影响他们。相反,受众极易受到相对过激的信息的刺激并接受这种被扭曲后的所谓事实真相。在这种情况下,危机发生后必然会出现两种对立的舆情,即反对与支持。对此,公关的重点自然是争取更多的支持者。相对而言,在同等的条件下,人们更愿意投票给处于弱势的一方,"同情弱者"就成为网络舆情中非常明显的一条定律。因此,许多危机往往会在一方占据优势之后,突然被来自公众的同情迅速瓦解。这种情况往往极易发生在危机公关第一步首战告捷之后,恰恰是应对得当,使得执行者错误地认为自己已经把握了全局,从而过分地强调自己的正确与强势,触发了公众的情感转移。

案例分析

2007年5月,无锡太湖水域发生大面积蓝藻污染事件,这是地方政府面临的一项重大危机公关事件。对此,无锡地方政府采取了一系列措施,不但迅速遏制了水质恶化的趋势,更是在舆论环境上争取到了各大传统媒体的总体支持。有专家指出,此次太湖蓝藻的爆发是整个太湖流域污染问题的集中表现,也是多年来的积弊沉淀,不能完全归罪于一个地方、一届政府身上。但是谁也没有想到,舆论风向却因一件不起眼的小事而转变。2017年6月6日,当地警方通过新华网发布了一条消息,称无锡市民丁某通过手机短信散布"污染后的太湖水中致癌物质超标两百多倍"的谣言,涉嫌扰乱公共秩序,被依法予以行政拘留10天。消息一经报道,立刻激起争议。大家一致认为:丁某造谣传谣固然有错,但是有其所处环境的合理性诱发。在天涯论坛、博客中国网上,不少网络写手、网络评论专家都纷纷以此为点,拷问有关部门的信息透明度、决策透明度。网友魏英杰在评论《"谣言"不会止于行政暴力》中指出:"当地此举并不明智,而且对中止'谣言'流布作用恐怕不大。太湖水体污染,严重影响市民日常生活,由此各种(包括不实)信息散播,实属正常。这也可以说是公众参与的一种表现形式。一旦危机解除,'谣言'自止。"实际上,网友们的情绪出发点就是:在这次关于水污染的舆情交锋中,地方政府明显处于绝对强势的地位,面对可能是无心犯错的丁某,应该持以宽容、理解的态度,对其进行适当的批评教育即可,不应是严厉的行政拘留。因此,大家反倒把同情心给予了原本犯错的丁某。

争取同情与支持需要做出实际性的表示,也就是对于危机要勇于承担责任。对于流言,人们常用"空穴来风"一词来形容,其实从词意来讲,它并非是绝对的"无中生有",但"空穴"确实是导致"来风"的重要因素。危机出现,责任人必须及时向公众表示要承担责任,不能含糊其词或者态度暧昧。因为在绝大多数的危机事件中,公众与当事人最在意的是责任人的态度。只有积极、主动、敢于担当,才有可能赢得支持与谅解,冷漠、傲慢、推诿等态度则一定会强化公众与当事人的愤怒,最终导致事件的严重性被放大。

所有的这些努力,最终目的就是要防止媒体共振现象的产生。在新媒体危机公关中,媒体共振是极其重要的研究对象,也是公关工作者们重点防范的对象,一旦共振形成,公关活动便基本可以宣告失败。

媒体共振是新、老媒体心灵默契、利益共享的一次共舞,需要的是双方在不同阶段对于各自所要承担的义务与责任的明确,任何企图一方独享的思想都极易造成共振的意外中断,任何一方寄希望于坐享其成的消极思想同样会导致共振的自然消亡。因此,我们从中也可以找到影响或中止媒体共振的技巧。

其一,起步刹车。共振的特点就是越到后面影响越大,越到后面越难以控制。所以要想避免媒体共振的产生,最好的办法就是在危机初现时就下功夫,在第一阶段就重视并应对它,或者从另一个角度去控制消息披露后引人注目的程度,以减少下一阶段媒体对其的关注。

> ☞ **案例分析**
>
> 2002年5月,一篇声称微波炉存在对人体有害的辐射,通过微波炉制作出来的食物全部失去营养的稿子刚刚出现在一些地方小报以及网站上时,国内微波炉品牌的老大格兰仕根本没有把这样的小报道放在眼里。谁知在不到两个月的时间内,这条消息就经过网络的转发与转载,传得沸沸扬扬,并引起了主流媒体的关注,全国有近500家平面媒体纷纷对此进行转载,致使格兰仕微波炉的销售额直线下降40%。如果商家在一开始就能加强对新媒体舆情的关注与分析,对这类极有可能会被放大的危机做出尽可能合适的反应与应对,就有可能把这类意外事件消灭在萌芽阶段。

其二,打乱节奏。媒体共振的图表显示,在每一轮的媒体互动中,传统媒体与新媒体之间的一唱一和、一来一往都非常协调。大家都很清楚各自在事件发展过程中的作用与意义。一旦其中的某一类媒体有急于求成或者独占鳌头的想法,那么双方合作的基础就将不复存在,整体共振的节奏就会被打乱,极可能半途而废。

其三,寻找断点。即使媒体之间的合作默契已经形成,也并非每一个阶段都能相应地找到合适的激发点。其中每一个环节发展中的不足,就被称为共振中的断点。预防这类媒体共振的技巧就是:寻找并放大每一个断点,让振动在这里自然地销声匿迹,这种做法远远强于用各种行政或硬性手段去制止或掩盖。

(3) 动静相宜,音调一致

面对危机,到底应该多说话还是保持沉默,人们一直有着不同的意见。建议善用"沉默"的人坚持认为:言多必失。这是因为危机往往来得突然而意外,在这种情况下,说得越多,失误的可能性也就越大。但也有人反对这一观点,因为沉默往往会被理解成对于危机现状的默认,就算后果不恶化,被动的局面也会令当事人深陷其中而无法抽身。其实这两种意见都有一定的正确性,不同的是它们所站的角度与出发点。前者建立在情况明晰的基础上,后者则建立在准备仓促的条件下。处理危机时,一定要根据实际情况的变化,正确地判断形势,合理地做出反应。

其一,第一时间的短暂沉默。事件突然发生时,强大的冲击力易让当事人失去冷静与应有的应对智慧,出现不必要的失误。同时,面对危机爆发后汹涌而来的网络舆情,任何声明与辩解都会被激情所淹没,这时的沉默可以起到缓冲与回避的作用,并为寻找解决方案争取必要的时间。

其二,相对及时的声明。进行了短暂的准备之后,便是危机面对者最佳的声明时机。声明内容应简明扼要,并十分清晰地表明立场、观点与态度,不应有过多的冗余内容。

其三,继续长期的沉默。不论怎样的声明,一旦发出,网络舆情必然会出现支持与反对两种声音,这时不要急于再度争辩。因为从舆情的角度出发,两种意见本身就会反复纠缠斗争。恰当的处理方法就是保持一段较长的沉默期,合理并适度地借用有利于自己的舆情信息保护自己。

其四,善用第三方。之所以提倡当事人减少甚至回避直接辩解、反驳,就是不想引起误会和冲突,从而失去受众的好感。因此,有必要以积极的态度推动事件的解决,善于借用第三方权威者、专家的说法为自己的观点服务。这也是著名的危机公关专家游昌乔所提倡的"权威证实原则"。

其五,沉默淡出记忆。最终的沉默就是为了使每一件被曝光与被关注的焦点危机事件渐渐淡化,最完美的结果莫过于发生另一件更为重要的热点事件,从而基本终结当前事件在公众视野里受关注的局面。

从这样的角度来看新媒体的危机公关,我们就可以发现,沉默是绝大多数情况下的静止状态,而声明则处于相对而言的动态发展中。因此,声明、表态内容的统一,便成了公关活动的重中之重。

而要确保声明内容的统一,一切都应该在危机产生之初就做好准备。相关企业或组织应该立刻成立专门的危机处理小组,建立完整一致的外宣窗口,统一对外发布信息的渠道和内容,以避免各种不同声音、不同意见的杂乱现象出现。在解决过程中,尤其注意不要因为某一个局部的环境发生变化,或因为其他一些原因而随意更改自己的声明与态度。只有声音持续不断地统一宣传,才能产生足够的强度,才不会为噪音所干扰,并保证信息在传播过程中不失真,在危机公关活动中起到应有的作用。

04 技术展望

新媒体环境下的公共关系,因其互动化的网络技术应用而呈现出全新的特点,给网络技术的应用带来了宽广的发展空间。

首先,对用户的关注度与依赖度大幅提高。在传统媒体时代,危机公关主要专注于处理与媒体之间的关系,尤其是各大主流媒体,一旦有了友好的协商,危机事件的制止与防扩散就会变得很容易。而在新媒体环境下,媒体与用户之间的界限日益模糊,用户在信息传播、危机扩散方面所扮演的角色会无限地放大。这样,危机公关工作所面对的对象就从过去的少数媒体单位转向了无穷大的用户群体,这就不是过去人盯人、电话沟通、当面协调等传统的公关手法所能应对的了,新媒体时代的危机公关必须借助科学、精准的技术程序的辅助。因此,用户行为分析工具便成为新媒体危机公关工作的重要利器。

其次,对危机预警的需求加强。网络的迅捷与无限延展的传播面,使得目前的企业组织比以往任何时候都更加关注危机公关处理,对公关反应速度的要求也越来越高。假如能在危机刚刚发生之时甚至爆发之前得到预警,那么应对起来就会容易很多。新媒体既可以放大人与人之间的弱关系,更可以借助程序与工具分析事与事之间的弱联系,把这些弱联系放入大量危机事件的分析模型中,就可能得到相对准确的危机事件预警信息供当事单位与组织参考决策。事实上,最高明的危机公关就是提前阻止危机的发生。

最后,多媒体复合利用的需求更加迫切。现代社会的媒体形式丰富多彩,既有传统媒体的主流影响,又有新媒体的强势传播,还有各种各样的边缘媒体、微媒体的无缝式覆盖。左右公众舆论,不再是任何单一的媒体可以负担得起的了,这就需要多种媒体相互配合、相互利用。因此,新媒体公共关系的营造更需要复合式的技术手段,利用一切可以利用的媒体形式。在现代社会,各种媒体的能力与形式虽然有所区别,但是任何一处细小的变化都有可能被某个媒体无限地放大,最终影响事件发展的结果。所以,尽可能多地整合媒体传播手段,进行复合式营销,才是新型公关技术的根本需求。

单元学习小结

新媒体受众有着与传统媒体受众不同的特征,"从被动到主动",这是新媒体传播中受众的新特征,新媒体受众形成后有了自己的特色:"隐蔽性与公开性""广泛性与窄众性""干扰性与严谨性"。

互动是新媒体受众和新媒体接触的主要方式,受众参加互动的目的与动机是传媒领域一直在研究的问题。新媒体事件的传播过程,可以说是受众实现自身参与性的过程。网络舆情因此而产生,在受众与媒体、传统媒体与新媒体的各种互动过程中,产生了极其奇特的媒体共振现象。对这一现象的深入研究,构成了新媒体环境下独特的危机公关技巧:首先快速反应、探清源头;然后争取支持、避免共振;最后动静相宜、音调一致,争取将任何一次危机的损失与影响降到最低。这是对于新媒体受众最切实的研究与重视。

☞ 实训项目一

实训项目:"80后的受众是新媒体受众主体",请从自身分析新媒体受众的演化过程及特点

实训方法:查找法、咨询法、实操法

实训条件:网络、字典、笔记本电脑(学生自备)

项目要求:1.阐述对"80后的受众是新媒体受众主体"观点的理解;

    2.分析新媒体受众的演化过程;

    3.从自我实际情况出发,深刻理解新媒体受众的特点;

    4.尝试从更深层次阐述自身成为新媒体受众的原因。

实施步骤:1.审视自身;

    2.查阅字典、词典及资料;

    3.完成上述要求的各项工作内容;

    4.整理相关内容并形成电子文档。

成果描述:以课程作业方式打印,要求个人独立完成,作业不少于1500字。

成果评价:学生、教师课堂上讨论交流,教师点评,将评价等次(分数)记录在册。

☞ 实训项目二

实训项目:观看香港电影《大事件》并撰写专业心得

实训方法:分析法、咨询法、总结法

实训条件:电脑、投影

项目要求:1.从香港电影《大事件》中认识并感受新媒体环境下的优秀危机公关实践案例;

2.能够将课程中所学到的危机公关的理论知识应用到具体实践事件之中,寻找到相关的操作细节;

3.能够根据原理,明白哪些实践行为是正确的,哪些行为是存在着改进与调整空间的。

实施步骤:1.集体观看香港电影《大事件》;

2.看完之后,分成多个小组(每组至少4人以上)进行小组讨论,共同对照本课所学的知识,从电影中寻找、确定相关知识点;

3.针对这些知识点,针对影片中的相关内容进行集体评议;

4.个人课后根据自己的理解,写一篇涉及危机公关处理应用的专业评论,评点电影中香港警方的得失优劣。

成果描述:形成书面评论文章,有条件的可以写成个人论文。

成果评价:学生小组互评,教师点评,将评价等次(分数)记录在册。

学习单元五
新媒体技术

学习目标

★知识目标

1. 互联网发展的重大历史事件
2. 新媒体技术的基本概念
3. 互联网技术的基础知识点
4. 新媒体与技术发展之间的关联

★能力目标

1. 区分出互联网发展的各个重要时期的特点
2. 基本掌握互联网技术的原理表述
3. 理解各种互联网新兴技术对于新媒体发展的促进作用

任务描述

互联网的技术发展日新月异,从苹果手机到3D电视,看似高深的技术研发成果,其背后隐藏着新媒体发展的根本动力。通过本章的学习,学生们要能把握住其中的基本规律,能够从技术表象看到其内在关联,学会从媒体发展运营的角度去分析各种互联网新兴技术的进步,从而更加清楚地认识新媒体。

一、传媒技术的革新历程

媒体的革新与发展是伴随着技术的进步而进步,依赖着技术的发展而发展的。

起初,雕版印刷实现了文字信息的大量快速复制与传播,但是一个版面雕刻完成后,其内容无法改变,因此只能应用于历书、佛经这样内容固定且使用量大的内容。大约在公元1041年到1049年间,北宋的布衣工匠毕昇发明了泥制活字印刷术。再到1455年,古登堡发明了世界上首台可以成熟投入商业应用的铅活字凸版机械印刷机。此后,由机械操作的印刷机解决了作为大众传播媒体的报纸每次印刷量并不大,但内容却频繁更新的问题,从而真正地拉开了大众传播的序幕。

机械印刷之后,电脑激光照排技术诞生,进一步提高了印刷的生产效率,实现了电子版面的远距离传输,推动了报纸媒体的兴盛壮大。

☞ **延伸阅读**

图5-1 "当代毕昇"王选

王选(1937—2006),曾任中国科学院院士、中国工程院院士、第三世界科学院院士,汉字激光照排系统创始人。早年,由于中国方块汉字的特点,其方便性和灵活性无法与西方字母文字相比。在西方已经研制激光照排四代机的时候,我国才刚刚打算研发汉字的激光照排二代机。当时的北京大学教师王选大胆地选择了技术上的跨越,直接研制西方还没有生产的第四代激光照排系统。针对汉字的特点和难点,他发明了高分辨率字形的高倍率信息压缩技术和高速复原方法,率先设计出相应的专用芯片,在世界上首次使用"参数描述方法"描述笔画特性,并取得了欧洲和中国的发明专利。这些成果彻底改造了我国沿用上百年的铅字印刷技术,仅用短短数年时间,从铅字排版直接跨越到激光照排,走完了西方几十年才完成的技术改造之路,这一过程被公认为是活字印刷术后中国印刷技术的第二次革命。之后,王选两度获中国十大科技成就奖和国家技术进步一等奖,并获得1987年我国首次设立的印刷界个人最高荣誉奖——毕昇奖,被誉为"当代毕昇"。

媒体传载文化的重要飞跃就在于突破了文字的局限,将声音、影像引入并使之成为手段与载体之一,而这一切都始于无线电的发明。1893年,尼古拉·特斯拉(Nikola Tesla)在为费城富兰克林学院以及全国电灯协会做的报告中,描述并演示了无线电通信的基本原理,展示了他所制作的无线电系统的仪器。1897年,他在美国获得了无线电技术的专利。

1906年12月24日晚上,雷吉纳德·菲森登(Reginald Fessenden)在美国马萨诸塞州通过无线电广播播送了两段笑话、一支歌曲和他自己用小提琴演奏的《平安夜》,这一广播节目被当时有接收机的人们清晰地收听到,从而成为历史上首次公开的无线广播。

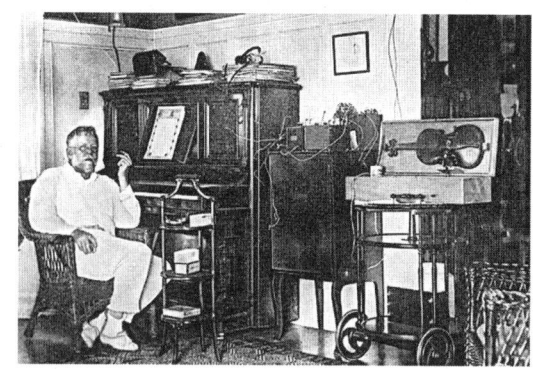

图5-2 雷吉纳德·菲森登在他当时的"广播直播室"里

"一战"后,大量为了军事目的而制造的无线电接收机开始被改造成廉价实用的收音机推向社会,广播逐渐变成一种时尚的生活娱乐方式。

1920年6月15日,马可尼公司在英国举办了一次以梅尔芭太太担当主演的"无线电—电话"音乐会,几乎整个欧洲都能清晰地收听到,这被看成是广播事业的开始。1922年11月14日,伦敦ZLO广播站正式开始在英国每日播出节目,该站在1927年改为英国广播有限公司,也就是之后大名鼎鼎的BBC。1922年,法国埃菲尔铁塔的无线电台也正式开始播音。到1927年止,美国国内已拥有737个广播站。广播电台如雨后春笋般在各国相继涌现。

在技术层面,无线电经历了从电子管到晶体管再到集成电路,从短波到超短波再到微波,从模拟方式到数字方式,从固定使用到移动使用等各个发展阶段,无线电技术已成为现代信息社会的重要支柱,而它所传输的内容也从电波、声音开始升级到图像、视频以及多媒体的综合信息。

1925年,英国人贝尔德成功地通过无线电波传输了一位年轻店员的脸庞图像。1928年,贝尔德开始正式播送电视系统,同时开始研究和试验彩色电视。1929年,英国广播公司(BBC)与贝尔德签订许可合同,试验性播出电视。1936年,BBC利用无线电在世界上首次实现了定时电视节目的播放。

"二战"之后,微波通信技术开始让电视信号传输得更远更迅捷。1962年,苏联实现了利用人造地球卫星传输电视节目信号,卫星通信成为实现更大范围电视传播的一个重要手段。1973年,数字技术开始应用于电视广播。1979年,有线电视问世,电视信息可以在地面更长距离且不受干扰、不失真地传输,并为之后的双向互动奠定了技术基础。1991年,日本索尼公司开始试播高清电视。

正是这些技术层面的不断突破与发展,才使得人们眼前的电子屏幕,从黑白发展到彩色,从模糊发展到清晰,从往事回顾发展到即时直播。电视也成为首个整合了包括文字、图像和声音这些综合信息的传播工具,它不仅是一种不断演化的技术代表,更成为一个国家、一个社会的文化实力承载体,被赋予了更多的文化色彩,一度成为无可争议的"传媒之王",同时,也成了更新的网络媒体诞生之后的主要受冲击目标。

二、互联网的产生与进化

在冷战时期,美国国防部为应对假想中的敌方核打击,提出要设计一种分散的指挥系统,这个系统既可以各自独立正常工作,又能绕过任意被毁的指挥点而继续保持联系。1969年,针对这一构思,一个名叫ARPANET的网络建立起来,即"阿帕网"。冷战结束后,军方停止了这项研究,已有的科研成果开始转向教学和民用领域,于是诞生了因特网,也称为互联网,这也成为持续至21世纪最广泛的科技应用,更成为继造纸与印刷术之后,信息传播与存储的最核心发明。

互联网自诞生之日起,就在日新月异的科技发展史中打满了它的烙印。这几十年来的发展,推动着新媒体,走过了特征显著的各个时期。

01 科技启蒙

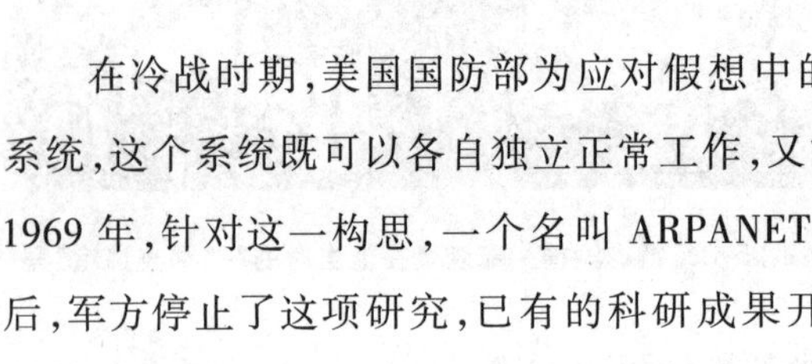

这一阶段大多是科学家们与早期的计算机工程师们所进行的全新开拓工作。

1969年,美国军方建立的阿帕网在几所知名的大学中同步进行研究与试验,10月29日22:30,位于加州大学洛杉矶分校(UCLA)的阿帕网第一节点与斯坦福研究院(SRI)的第二节点成功连通,

图5-3 互联网诞生时的日志文件(1969.10.29)

实现了不同网络间的远程通信。这一试验结果在之后被视为互联网正式诞生的标志。

那时用于联网试验的电脑又大又笨重,而且连接两台电脑之间的网络结构复杂得可怕,它们之间的速度与效率也令人不敢恭维。参加阿帕网实验的计算机科学家 K. 莱昂纳德(K. Leonard)教授介绍说:"我们所做的事情就是从一台计算机登录到另一台计算机。当时登录的办法就是依次键入 L、O、G 三个字母。于是我在这台机上开始键入 L,然后问对方:'收到 L 了吗?'对方回答:'收到了。'我再依次键入 O 和 G。还未等到我得到对方'收到 G'的确认回答,系统就瘫痪了。所以第一条网上信息就是'LO',意思可以理解为'你好!'"这就是人类互联网历史上的首次通信。

1971 年,为阿帕网工作的麻省理工学院博士雷·汤姆林森(Ray Tomlinson)设计了一个名为 SNDMSG(即 Send Message)的软件,并使用这个软件在阿帕网上发送了第一封电子邮件,收件人是另外一台电脑上的自己。为了让电子邮件更加有效率且便于管理,汤姆林森设计了电子邮件的格式,即由前面的用户名称与后面的邮件地址域构成,两者之间他选择了"@"符号作为间隔,理由是这个符号比较生僻,不会出现在任何一个名字当中,而且它的英文读音与"at"相同,也有着"在"的含义。在此之后,电子邮件成为互联网诞生之后应用时间最长、最持久的一项应用。

1972 年,为了方便地登录另一台主机,Telnet 协议诞生。简而述之,该协议就是让一台计算机登录到另一台计算机所必备的基础通信协议,也是黑客入侵其他计算机的必用协议,更成了黑客技术与反黑技术相互争夺控制权的主阵地。

1973 年,基于文件传输的 FTP 协议制订。FTP 协议使得不同计算机上文件信息的共享成为可能,用户可以进行各类有用信息的检索、下载或者上传。

1974 年,互联网中最重要的一个协议,传输控制协议(TCP)制订,它可以被详细解释为"包交换网络"。我们可以把互联网看成一群相互不认识的人组成的关系网格,大家各处其位,负责传送每一件通过自己这里的包裹。由于大家的情况不一,首先要防止出现包裹太大太重有人拿不动的情况,因此就要严格地把所有要传递的东西都切割打包成标准化的小包,然后给它们编号,最后拿到东西的人就可以根据小包包上的编号组合恢复出原来的包裹。当然,由于传递的是数字化的包包,每个人传递成功时,都需要给上一个人发送确认信息,如果上一个人没有接收到确认信息,那么小包包将会被视为传递丢失,上一个人就会把刚才的小包包再复制一份,重新发送,直到收到确认信息为止。由此可见,这样的 TCP 协议充分保证了在复杂多变的互联网环境下信息传递的可靠性。

1975 年,人造地球卫星沟通了美国夏威夷与英国之间的互联网连接,从而使跨越两大洋的通信变得更加便捷。

①② 社会普及

1978年,在TCP协议的基础上分解出了IP协议,它们连在一起被统称为TCP/IP协议。IP协议也称为网际协议,它是进一步规范TCP协议中提到的数据小包包的标准,并通过一整套软件程序,确保不同的计算机之间的数据转换。此外,IP协议中最重要的一个内容就是定义了IP地址。按照设计,联到互联网上的每一台电脑都将拥有一个唯一的地址,就好像电话号码一样,有了它,别人就可以随时随地、方便快捷地联系你并找到你。

1983年,阿帕网正式宣布全面采用TCP/IP协议进行网络通信。在TCP/IP协议全面进入互联网之后,对于冷冰冰、抽象而难记的IP地址问题,有科学家创造性地提出了"域名"的概念。它实际上是以规范的、形象的字母形式组成的另一套地址系统,然后再与IP地址系统一一对应。域名的命名有较为严格的规范,它主要由主机名+机构名+后缀组成,其中机构名是域名的关键,它具有与商标相似的性质及功能,可以由任意字母、数字或两者的混合构成。因此,有些企业就使用商标、企业名或者它们的音译、拼音等来注册,如"sony""baidu",有的则从容易传播的角度来选择好听、好记并易于输入的字母、数字组合,如"2233""aaaaa"。其次重要的部分是后缀,由网站类别名及国别名构成,其中网站类别名主要有com(公司)、net(网络机构)、org(组织团体)或者gov(政府部门),国别名则有cn(中国)、jp(日本)、tv(图鲁瓦)等。每个国家或地区都会分配一个由两个字母构成的国别名,它们两者既可以组合在一起形成综合后缀,如"aaaaa.com.kr",也可以单独构成,比如"aaaaa.tv",或者"aaaaa.com"。而最前面的主机名,则由域名注册所有者自主命名,用以区分对应自己提供不同网络服务的主机。域名系统在网络访问时的特殊作用,使得越是简单、上口的域名越容易被人记住,从而使域名抢注与域名交易发展成了新媒体时代的一个特殊行业,动辄卖出几百万、几千万元的域名交易已是常见的案例。

> **☞ 延伸阅读**
>
> 2012年,域名交易商们意外地发现,注册于20年前的jd.com的域名信息已经显示被过户到了京东商城名下。其原先的域名360buy.com在业界内一直被指不伦不类,甚至有点影响其不断上升的行业地位。此次,据可靠消息证实,京东商城收购jd.com这个域名的费用高达3000万元人民币,由此一跃登上中国互联网域名交易案的榜首。
>
> 此外,2014年,小米公司以折合人民币2243万元的代价购下mi.com;2013年,唯品会以1200万元人民币收购vip.com;2011年新浪微博以800万元人民币收购weibo.com。

1984 年,全球开始有超过 1000 台的主机联网。为了便于寻找、管理这过千台的电脑主机,域名服务(DNS)产生。它就像生活中的电话簿一样,详细全面地记录了哪一个域名对应着哪一个 IP 地址,当某一台主机改变了 IP 地址,只需在域名服务(DNS)系统里相应地修改出新的 IP 地址,用户就可以通过原先的域名非常方便地访问新的地址。

1986 年,中国兵器工业计算机应用研究所和德国巴符州政府开始了一项计算机国际网合作项目。为了突破少数发达国家对中国互联网研究的封锁,兵器工业研究所在德方人员的帮助下开始尝试通过德国卡尔斯鲁厄大学的"中转"与国际网络进行连接。经过若干次的尝试与失败之后,1987 年 9 月 20 日,在王运丰教授的主持下,研究组通过这台计算机成功发送了中国第一封电子邮件,邮

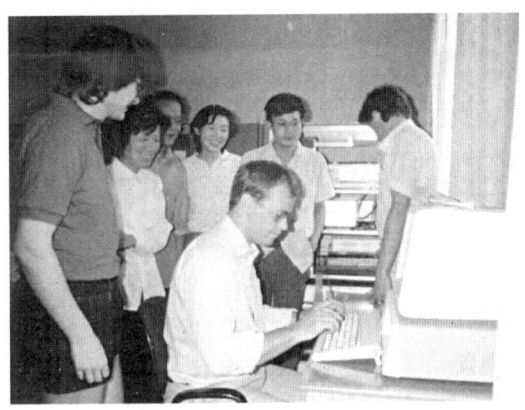

图 5-4　王运丰与同事及德国专家一起尝试发送 e-mail

件内容是由李澄炯教授提议的"越过长城,走向世界(Across the Great Wall we can reach every corner in the world)"。这象征着中国开始进入全球互联网世界。

03　浏览时代

互联网不能只是一个可描述的世界,更应该是一个可以让人轻松地看懂、看清楚的世界。浏览器的诞生则让这一切成为现实,并引领着新媒体走入了浏览时代。

1989 年,蒂姆·伯纳斯·李(Tim Berners Lee)[①]根据他当年 3 月提出的一个关于万维网(World Wide Web)的设想,开发出了世界上第一个网页浏览器和第一个网页服务器。

1990 年,作为中国的国别顶级域名 CN 注册成功。

1994 年,在美国国家科学基金会等单位的支持下,4 月 20 日,中国通过美国 Sprint 公司联入 Internet,实现了与国际互联网的全功能连接。从此中国被国际上正式承认为真正联入互联网的第 77 个国家。同年,中国科学院计算机网络中心将中国国家顶级域名(CN)服务器迁回国内设置。

1994 年 12 月 15 日,世界上第一款商业网络浏览器 Netscape Navigator 1.0 正式发布。它的出现让普通用户也得到了查看网页文字和图像的机会,从而开创了网络浏览器的时

---

① 蒂姆·伯纳斯·李(Tim Berners Lee)爵士(1955 年出生于英国)是万维网的发明者、互联网之父、英王功绩勋章(OM)获得者、不列颠帝国勋章(OBE)获得者、英国皇家学会会员、英国皇家工程师学会会员、美国国家科学院院士。

图 5-5 第一款商业网络浏览器 Netscape Navigator

代,迅速占有了 90% 的市场份额。

1994 年,华裔青年杨致远在美国创立了雅虎(Yahoo.com)网站。

1995 年,张树新在北京创立瀛海威网络,这是中国最早提出应在国际互联网络上提供中文信息的网络服务公司,也是最早提供互联网服务(ISP:Internet Service Provider)业务的网络商之一。它的成立,标志着中国互联网用户开始从科研技术人员转向普通百姓。但由于开办过早,该公司于 2001 年衰落,一度又被称为"中国互联网产业发展的先烈"。同年,中国电信开始建设全国骨干网,这是国有企业首次投资建设互联网基础网络,也从此奠定了中国电信在国内互联网产业中的老大局面。

1995 年 8 月 24 日,在看到 Netscape 浏览器软件发展的巨大成功后,软件巨头微软开始意识到这是一个不可丢失的市场,于是迅速推出了自己的浏览器软件"互联网探索者"(Internet Explorer,简称 IE),并把它捆绑在自己的 Windows 95 操作系统中免费发布。

从 1996 年开始,微软虽然因为将 IE 软件捆绑在操作系统中的手段受到美国以及欧洲相关司法机构"反垄断""反不正当竞争"的司法阻击,但这依旧没能阻挡它在浏览器市场上的节节推进,网景浏览器逐步退出市场,IE 开始了长达十年之久的浏览器垄断时代。

④ 中国崛起

相对于西方发达国家,中国在互联网领域的起步很晚,但发展速度惊人,这昭示着中国时代的到来。

1997 年 10 月,由中国电信集团所建立的公用计算机互联网(CHINANET)实现了与中国科技网(CSTNET)、中国教育和科研计算机网(CERNET)、中国金桥信息网(CHINAGBN)的互联互通,从而构成了中国地区事实上的互联网。同年 5 月,丁磊在广州创建网易。

1998 年 2 月,从美国麻省理工学院回国创业的张朝阳正式将公司更名为搜狐公司。11 月,马化腾注册成立腾讯公司。12 月,北京四通在线与美国华渊资讯合并,创建了新浪网,由王志东任首任总裁与 CEO。至此,影响整个中国互联网格局的四大门户网站先后全部成立,虽然此时各个门户的雏形创建还进展不一。

1999年,腾讯公司在自己的OICQ软件参加一家大企业的招标出局后,决定开始由自己运营公司。这年年底,李彦宏在美国硅谷成立百度公司,着手回国发展。中国首家大型电子商务网站8848.net成立,并主办了当年中国首届72小时网络生存测试活动,开启了媒体炒作的先河,一时引发了全国舆论的关注,带动了中国首轮电子商务网站的创建热潮。而此时的马云,则在杭州建立了自己的阿里巴巴网站,以其独有的思路悄悄进入了电子商务领域。

图5-6　参加网络生存测试的选手网购必需品

05　网络寒冬

2000年,新浪、搜狐、网易三大门户先后在美国纳斯达克上市,却遇上美国纳斯达克股市连续崩盘的大环境。同时,这三大网站都存在着"有营收无赢利"的问题,开始遭遇投资人的犹豫与冷落。在上市的风潮与兴奋劲还没过去的时候,中国的互联网产业便迎来了首次网络泡沫。

2001年3月,搜狐网在纳斯达克股市的股价已跌至一美元的边缘,面临着被摘牌的危机。

2001年6月,新浪网创始人之一王志东以强硬的对外声明表达其对董事会决定的不满与抗议后离职,引发了新浪网有史以来最大的人事动荡。

2001年6月底,中国首家上市网站中华网因被怀疑提供虚假招股说明而面临一起股东集体诉讼案。

2001年9月,网易遭遇误报合同事件,被纳斯达克股市正式通知停牌。

2001年中,亿唐、找到啦这些一度兴盛火爆的新型互联网企业开始通过大幅裁员面对危机,更有不少网站尝试重组、合并甚至注销等手段。中国互联网业整体进入了第一个寒冬期。

2002年,在手机短信、网游、电子商务等多元化收费业务的支撑下,搜狐、新浪、网易几大门户网站终于宣布开始实现赢利。

2002年8月,有中国博客之父之称的方兴东将博客这一形式引入中国并创立了"博客中国"网站。

2003年,"非典"病毒的肆虐严重打乱了中国人正常的生活与商业活动,却在无意中促成了电子商务与网络游戏的兴盛发展。阿里巴巴在B2B企业平台迅猛发展的同时,果断决定推出 C2C 个人交易平台淘宝网以及网上支付平台支付宝;B2C 电子商务网站卓越网成功融资 4200 万元人民币;网络游戏公司盛大网络成功融资 4000 万美元。

⑥ 百花齐放

2004 年,中国互联网产业掀起新一轮上市潮,TOM、腾讯、盛大等网站纷纷上市,中国网络概念股上市进入第二个黄金时期。

随着谷歌、百度的崛起,2004 年 8 月,搜狐推出"搜狗",新浪推出"爱问",纷纷抢滩新一代搜索引擎市场。

腾讯在坐稳即时通信软件老大的位置之后,开始跻入门户网行列,于这一年推出自己的门户网站 QQ.com,在当年 10 月"2004 年中国商业网站 100 强"的调查活动中,得票率超越新浪、搜狐、网易,名列第一。

2005 年,阿里巴巴旗下的淘宝网超越易趣,成为国内电子商务 C2C 的领军网站。百度代表中国本土搜索引擎,在国内的市场份额全面超过了谷歌(Google)。

⑦ Web2.0

2005 年,作为中国播客代表的土豆网创立,作为中国 SNS 代表的校内网成立。中国互联网开始进入 Web2.0 阶段。

2006 年,谷歌(Google)以 16.5 亿美元收购 YouTube;国内各大视频网站频获融资,发展迅猛;新浪网全面启动博客战略,各大门户纷纷应战;随之,威客、掘客、维客等带着 Web2.0 特征的各类网站应运而生。

2007 年 3 月,江南春创办的分众传媒成功收购好耶网,成为中国最大的数字化传媒集团。

2007 年 7 月开始,完美时空、金山、巨人、网龙等国内知名网络游戏公司先后顺利成功上市,从而加剧了国内网络游戏的市场竞争。

2007 年 11 月,电子商务的领军企业阿里巴巴在香港成功上市。

⑧ 移动互联

2008 年,开心网引领国内 SNS 网站成为当年最热门的网络应用,SNS 网站里的各种网页小游戏风靡一时,更引发了社会舆论的讨论。

2008 年 7 月,苹果公司为 iPhone 等硬件产品的使用专门创建了 App Store,提供各类应用软件产品的下载或网上销售,获得了飞速发展,App Store 成为手机软件业发展史上的一个重要里程碑。

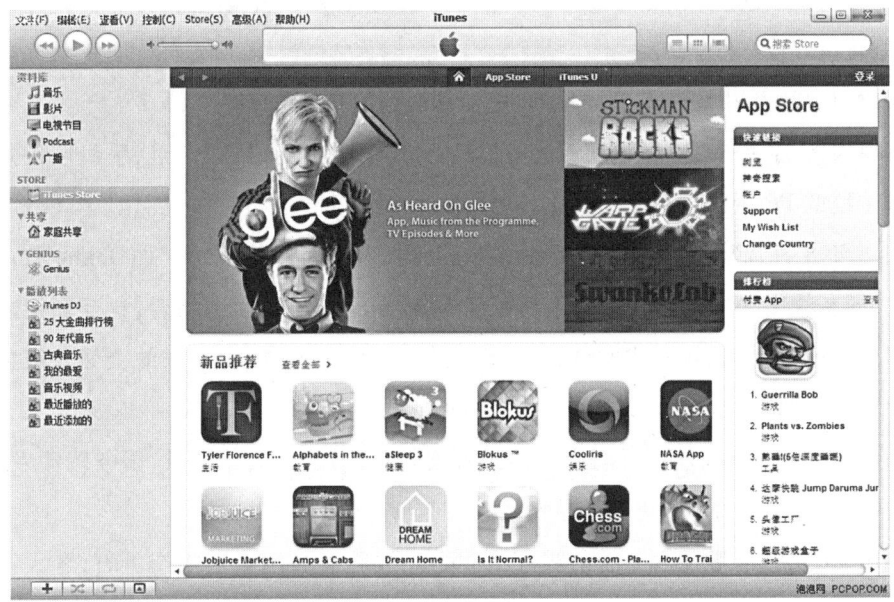

图 5-7　苹果公司的网上应用商店 App Store

2008 年 7 月,火狐(Firefox)浏览器市场份额首度超过 20%,而微软的 IE 浏览器市场份额开始跌破 70%。在此时机下,谷歌推出 Chrome 浏览器,引发了新一轮浏览器市场大战。

2009 年,国家工信部发放 3G 牌照,中国 3G 正式进入商用,移动互联网日趋成熟,云计算概念得到深入应用;而基于移动终端发布的 Twitter 应用红遍全球,新浪等网站在国内推出了微博服务。

⑨　社交变革

2009 年 8 月,新浪网上线社交媒体平台新浪微博,引发搜狐、网易、腾讯纷纷跟进微博战略。新浪微博最终更名为微博,并以独立公司的身份在美纳斯达克成功上市。

2010 年 3 月,以团购消费为服务方向的美团网成立,引发了全国各种团购网站的兴起,被称为"千团大战"的市场局面形成。

2010 年 11 月,奇虎 360 公司推出"扣扣保镖"对战腾讯 QQ,腾讯因此宣布所有电脑用户必须在 360 软件与 QQ 软件之间做出"二选一"的决定。该事件引发了双方的相互对抗乃至诉讼,被称为互联网反不正当竞争第一案的"3Q 大战"。

2011 年 1 月 21 日,腾讯公司推出移动手机即时通信应用程序微信,凭借语音、视频、朋友圈等功能,逐步发展成为用户最多的社交通信软件。

2012 年 8 月,京东商城挑起与家电商场之间的激烈价格战,开始改变中国的电商竞争格局。

2013年7月,小米电视发布;9月,乐视超级电视发布,中国电视行业开始进入智能化、网络化阶段。

2013年12月,中国工信部向移动、电信和联通发放4G牌照。

2014年6月30日,中国网民已达6.32亿,其中手机网民5.27亿,手机网民规模首次超越传统的PC网民规模。

2014年8月,滴滴出行(原名嘀嘀出行)上线,引发新一轮O2O(注:Online To Offline 的缩写,即在线离线/线上到线下,指将线下的商务机会与互联网结合,让互联网成为线下交易的平台)行业的爆发式发展,在移动支付、新型物流、社交关联的全面升级支持之下,O2O逐渐成为社会零售及服务消费的主流形式。

2015年3月,"互联网+"写入中国国家政府工作报告;同年7月,国务院印发了《关于积极推进"互联网+"行动的指导意见》。

2016年3月,谷歌的人工智能程序AlphaGo战胜世界围棋冠军李世石,各大互联网公司相继宣布开始在人工智能领域投入研发重兵。

2017年,以摩拜、ofo等共享单车领军品牌的高速发展为代表,大批共享充电宝、共享汽车等共享经济模式高速发展,但同时暴露出各种隐患与问题。

2018年,以比特币价格疯涨为代表事件的区块链产业被疯狂激活,随后产生出金融投资与底层能力两个发展方向。

2018年12月10日,工业和信息化部正式向4家运营商发放5G牌照。

三、技术对新媒体的推动

回首已逾五十年的发展历程,可以看到,技术的发展一次又一次地推动着互联网的不断更新、蜕变,新媒体从外形到内涵也在不断地被充实与完善。几个技术性的关键词,紧扣着传媒的命门,推动着传媒的革命。

01 网速:从Modem到5G

网速指通过网络传输信息的速度。在生活中,我们通常将此理解为电脑、手机等设备联网时信息上传和下载的速度。

网速以"字位"作为单位,即bit(简写成小写的b),而电脑中存取数据的单位却是"字节",即Byte(简写成大写的B),两者之间的换算关系是1Byte=8bit,或者1B=8b。电信业务中提到的网速1M、2M、3M、4M等都是指小b,而我们在电脑屏幕上看到的具体文件的大小却以大 B 作为单位。所以当电脑软件显示的下载速度为 100KB/秒的时候，实际上这时的带宽速率差不多等于 800bit。反过来理解，如果宽带的速率为 2M(bit)，那么理论上下载文件的最快速度能达到每秒 250KB。

在民用领域，较早的上网连接设备有 14.4K 和 36.6K 的 Modem，通过电话线拨号上网，缓慢的网速使得那时的网民用"小猫"这个昵称来称呼它。之后升级至 56K，网民就称其为"大猫"。应用 ISDN 及 DDN 技术后，网速可以提高到 128K。这一时期被总称为互联网的窄带时代，网速不仅慢，而且易受干扰、易断线。缓慢的网速极大地制约了互联网的发展。因此，当时网上的信息以文字为主，图片都会尽量压缩，更不要提音频与视频了。

通过有线电视同轴电缆线上网的 HFC(Hybird Fiber-Coaxial)技术出现后，它的理论带宽可以高达 1024M，实际应用的下行带宽最高能够达到 30M，互联网由此开始进入宽带时代。由于 HFC 在技术上的优势，其在欧美等国家拥有广泛的市场与众多的用户。而在国内，有线电视运营商早期只关注利润较高的有线电视节目传输，对宽带接入的市场推广、技术研究都较落后。此外，电信运营商却大力发展基于电话线传输的 DSL 宽带技术方案，最早投入运营的 ADSL 带宽从 512K 开始，逐步发展到 2M、4M 以至 8M，更为重要的是，它通过电信行业的整体综合优势，迅速占稳了互联网接入商的老大地位。

对于用户来说，网速快慢除了与根本性的技术方案应用有关之外，还存在着许多其他的制约与影响因素，这被称为"木桶效应"：盛水的木桶由很多块板组成，无论其中的绝大多数木板有多长，决定这只桶能盛多少水的是最短的那一块板。上网也是如此，从电脑到上网设备，从上网设备到运营商机房，从运营商机房到公众网，从公

图 5-8　网速中的木桶效应

众网到目的服务器，这其中任何一个环节的快慢都将决定最终网速的快慢。

无论是 HFC 还是 ADSL，它们都是不对等宽带，一般上行速度只有下载速度的一半甚至更少。之后，无论是有线电视还是电信，包括联通与移动，都开始大力发展拥有对等带宽的以太网宽带。通过将光纤铺到小区，再以五类线方式连接到用户家中，甚至在后期开始尝试用直接光纤联到用户，这样，民用宽带的网速可以提高到 100Mbit 甚至是 1Gbit，而且上传下载都具有相等的速度。

移动互联网出现之后,人们选择网速的目光开始从有线方案转向无线方案。2G(即第2代手机通信技术方案的简称)虽然解决了无线上网的问题,但仍然属于窄带的标准。之后从3G到4G,逐渐开始了手机通信的宽带化发展,到最新的第5代移动通信技术的5G网络,其网速最高可达每秒10Gbit,网络延迟时间已从4G时的30—70毫秒缩短到1毫秒。5G网络不仅能够直接为移动手机提供高质量的网络服务,而且还将成为一般性家庭和办公网络的提供商,成为各种有线网络提供商的强大竞争对手。

② 存储:从磁盘到云端

在计算机技术中,"存储"的含义指通过合理、有效的方法,将信息数据保存在合适的介质中,以保证用户可以持续对它进行访问;狭义的理解也可以专指这些保存数据的介质,比如硬盘、软盘、光盘,等等。

数字存储的第一大特点就是格式标准统一,不论是文字、照片,还是声音、视频,抑或动画多媒体,再复杂的信息表现形式都可以转化成计算机所理解的0与1的标准数据,从而避免了传统资料馆里那种分类复杂、要求不一的存储要求。第二,数字存储具有强大的复制、备份能力,确保了信息保存的安全性。第三,数字存储的再访问、再使用性非常高,用户可以在纷繁浩杂的存储库里非常方便地调用查看。

计算机技术在存储领域的发展方向就是更安全、更廉价、更快速、更便捷。

更安全是信息数据存储的首要大事。纸张等介质一旦发生物理性灭失便会产生不可挽回的情况,而数字存储除了能不断提高自身的抗摔打、防损坏的特性之外,还具备恢复及修复各种信息数据的技术,这也是它非常突出的一项优势。

更廉价的要求则是在数字存储需求呈几何级发展的态势下提出的。由于数字存储在安全性上具有极大的优势,越来越多的信息进入数字储存,用户对存储空间的要求与日俱增,成本问题开始凸显出来。从磁鼓到磁芯再到半导体,各种各样的新技术应用到数字存储上,其目的就是用更低的成本存储更多的信息。从IBM于1956年生产的足足有两只冰箱大小的5MB存储空间的硬盘开始;2010年日立公司推出了3.5寸标准大小的民用硬盘,其存储空间达到了2TB;2019年西部数据推出一款闪存盘,其体积缩小到了1元硬币大小,但存储空间却高达4TB。

更快速的要求是基于存储数据的读取方便性而言的。使用缓存技术、采用新型材料、改善存储结构等都是提升信息读取速度的有效方法。

更便捷的要求指向数据使用的方便性。无所不在的互联网把随身携带、随时使用变成了现实。把存储中心建在网上,这样用户就可以通过PC、手机以及多种移动设备随处随时读取存储内容。

信息存储的不断进步,正根本性地改变着人们对于信息传播与信息积累的传统理解。海量信息的快速复制与即时储存成为可能,存储成本不断降低,使得信息积累速度呈几何级别增长,人类社会的信息共享变得简单而又易得,个体对社会的影响力正在逐步加大。数字化生存、网络化生存正从陌生的名词演变成既成的现实,现代人信赖网络存储,同

图 5-9　图片中巨大如箱柜的硬盘,它的存储空间只有 5M

时又在不断充实发展着网络存储。更大的网络存储与更快的网速,似乎把整个世界浓缩成了一台超级电脑,一本包含几乎所有人类文明的大百科全书。

03　网络:从互联互通到万物互联

互联网的核心便是"互联",不同的电脑运行着不同的操作系统,甚至各自组成结构不同的局域网络,但是只要它们能够共同遵守互联网所设计的基本协议与规则,就可以相互连接在一起,它们之间的用户便可以相互通信,任何一个网络的用户都可享受另一个网络的服务。

不同的网络"对等开放、相互通联",这本是互联网的内核精神,但我国在互联网发展初期就产生了不同的网络运营商,他们各自在网内拥有一定的网络资源,然后通过互联互通节点与其他运营商的用户进行沟通交换。面对市场竞争,占据主导地位的运营商会更加关注自己付出的成本与收益之间的关系,从而有意放任甚至制造互联互通的"故障率",这样一来,使用自己网络的用户访问速度非常流畅,但使用其他运营商的用户的访问速度却又慢又容易中断,以达到打击竞争对手的商业目的。

对此,国家作出了诸多努力,一方面强化网间结算体系,设法调整新老运营商之间的利益得失;另一方面加强监管与法制管理力度,打击不正当竞争行为。只可惜限于当时的相关法制条款不到位、监管力度偏小,互联互通的各种障碍问题一直是那些年里各家运营商之间无法破解的难题。

网站以及提供网络游戏等各种服务的公司与机构无法放弃任何一种网络上的用户,于是,为了尽可能地保证所有用户都能有良好的访问效果,他们只能被迫选择双线、三线机房,也就是在同一处的机房里同时接入多家网络运营商的线路,有的还会使用 CDN(内容分发网络)服务,通过 CDN 技术将相同的服务信息尽量发送到离用户最近、最快的网络,让不同运营商的用户在访问自己的网站时都能达到良好的访问速度。但这种付出对

于全社会而言,是一种使用成本上的巨大浪费。

在几家运营商共同建设的互联网之外,还存在着电信公司所建设的电话通信网、广电所建设的有线电视网这两个更大概念上的全国性网络。它们在更高的层面上,同样限于不同机构、不同实体之间的利益纠纷,在大家的功能方向、技术方案以及市场目的不断趋同的情况下,彼此之间也会采用互相封杀、恶性竞争、修建壁垒等不正常手段。针对这些问题,一些有识之士提出了"三网融合"的口号,希望这三张最主要的全国性网络能够结束争斗、相互融合,共同为市场以及用户提供更加高质量、低成本的语音、数据、图像以及节目方面的多媒体通信业务。

虽然大家都很认同"三网融合"的最终方向,但是这种融合的结果,到底是通过"三张网络各自明确分工,再通过统一的规则、规范相互接入"这样的方式来逐步实现的,还是通过"三张网络放开限制,通过同步发展所有业务,并接受市场竞争"这样的方式最终实现同质化合并的?这两种思路中,后者又被称为"三网合一"。两种观点在学术层面上开始有了较为激烈的辩论。

1999年9月17日,由国务院办公厅发布的"国办发[1999]82号文件"要求:"电信部门不得从事广电业务,广电部门不得从事通信业务,双方必须坚决贯彻执行。"这一规定支持了第一种观点,暂时中止了学术上的辩论,但是却没能阻止双方在实际业务推广过程中各自向对方领域进行各种渗透的努力。在此期间,各地的电信与广电之间的局部冲突事件时有发生。

2001年的"十五"规划纲要与2006年的"十一五"规划纲要中连续两次重申"三网融合"的规划,要求"制定和完善网络标准,促进互联互通和资源共享"。

2010年1月13日,国务院常务会议决定加快推进电信网、广播电视网和互联网的"三网融合"。会议明确了"三网融合"的时间表,并且正式明确"三网融合"并非三大网络的物理融合,而是在更高业务层面上的融合,更准确地讲应该叫"三网渗透"。也就是说在一定的条件下,允许电信网做广播电视节目传输(目前具体的表现形式有"IPTV"等)、广电网做电信业务(电话通信等),以及在互联网上广泛地开展各种全业务(手机电视、网络电视、网络电话等)。

正是在这一"回归业务""回归市场"的正确决策之下,困惑中国互联网行业发展多年的互联互通问题逐渐得到了解决。而CDN服务技术的高速发展,也彻底解决了在互联互通中最后一道人为化的障碍。"三网融合"的实践努力,打破了原有体制带来的网络市场划分限制,冲破了不同行业之间人为设置的各种壁垒,促进了新媒体的实用信息传播发展,解放了新媒体无限的生命力与创造力。

之后,行业的发展开始从"网网互联"的低层面问题中走出来,对外上升至"万物互联",也就是从互联网基础上延伸和扩展而成的物联网发展。从技术角度而言,物联网主要是通过多种信息传感设备采集并获取所需要的信息,并通过所有可利用的网络接入与互联网相结合,由此形成一个巨大的网络,从而实现在任何时间、任何地点,人、机、物之间的互联互通。

从根本而言,物联网的核心和基础仍然是互联网,它是在互联网基础上延伸和扩展的网络。但是,物联网将其用户端延伸和扩展到了任何物品与物品之间,让它们都可以实现信息交换和通信,从而极其广泛地影响了互联网在工业、农业、环境、交通、物流、安保等几乎所有基础设施领域的应用,有效地推动了社会资源的更加合理的分配与使用,提高了各个行业的效率与效益,加快提升了人们在家居、医疗健康、教育、金融与服务、旅游等生活领域的使用感受,全面改进了服务质量,极大地提高了人们的生活质量。

04 云计算:从个体性到协作性

云计算原本被称为分布式计算机技术。计算机在追求更高速、更有效的计算速度的时候,产生了两种不同的思路:第一种思路是继续研发性能更强的超级计算机,第二种思路则是借鉴蚁群原理,通过应用程序将一项工作分解成非常多且非常小的单元,交由大量普通的计算机通过网络协调、各自处理,但最终却能够实现超强的计算性能,这就是云计算的思路雏形。

随着网络的高速发展,云计算的概念被谷歌公司再度扩展,把各种通过网络提供需求,再通过网络响应,以非常容易扩展的方式把强大的计算能力提供给最终用户使用的服务,均称为云计算。

在云计算模式下,用户的电脑或者其他终端的个体性能发展已经变得不再重要,只需要完成信息的输入与最终结果的接收即可,所有的繁杂运算过程全部交给网络及网络服务器,按照各自所需享受"云计算"平台的强大处理能力。

云计算的根本思想,就是在现代社会中不再单纯地依赖某一个个体的有限能力,而是聚积分散力量,有效地协调组织,联合成强大的中心,再将资源重新按需分配给相应的个体去使用。这也从思想上带给新媒体发展以根本性的启发。

05 人工智能:从自动化到智慧化

人工智能,英文原词为 Artificial Intelligence,习惯上缩写为 AI。从本质而言,在这个世界上,所有具有智慧并能自主运行的事物都是自然演化的。从植物生长、动物生存再到人类活动,这些高低不同的智能都是自然智能。人类几十万年进化而来并制造生产出的各种工具与机器,也只能做到不同程度的自动化而已。但是,自从计算机被发明以来,电脑计算能力高速发展,人类开始在机器人制造、自然语言理解、图像捕捉识别、电脑专家系统等方面不断取得新的突破,从而使得机器有可能对人的意识、思维的信息过程实现越来越多的模拟。这样的人工智能虽然还未实现对人脑功能的替代,但却开始拥有像人一样思考的能力,会在某些领域存在实现部分人脑智能的可能,甚至还有可能超过人的智能。

人工智能这个术语最早于 1956 年夏天,由麦卡赛(McCarthy)、明斯基(Hyman Minsky)、罗切斯特(Nathaniel Rochester)和申农(Claude Shannon)等人为首的一批年轻科学家在聚会时共同提出。它在社会上被大众所逐渐了解,得益于科技公司在棋类比赛领域发起的长期化的"人机大战"。

1997 年,IBM 公司的"深蓝"电脑击败人类的世界国际象棋冠军加里·卡斯帕罗夫(Garry Kasparov);2007 年,谷歌公司的人工智能程序 AlphaGo 战胜人类的世界围棋冠军李世石。这两件轰动全球的新闻,象征着人工智能技术在人类社会的两次里程碑式的突破与进步。

图 5-10 人工智能 AlphaGo 战胜人类棋手

相对于计算机时代之前就已经有的自动化机械而言,拥有人工智能技术的机器人主要解决的是脑力替代而不是体力替代问题。因此,落到实际应用领域,人工智能主要会沿着两种不同的思路快速发展。

第一种思路是对于人脑的增强。它所研究的是,在一些特定的场景与环境之下,人类脑力会受到限制与制约的一些工作,这时人工智能的替代实施,可以让人类更轻松地得到更完美的结果。这方面的具体应用主要有:金融行业的智能精算、安全领域的智能监控、生活领域的自动驾驶、工业领域的自动生产等。在此之中,科学家们相信,运用人工智能自动驾驶技术的汽车,将会是未来社会中的主流交通工具,它将会比人类自己驾驶汽车更加安全、更加高效。

第二种思路是通过对人脑的模拟,应用深度学习的原理,从而突破人类生理极限,实现人脑智慧的革命性突破。这方面的应用主要有:各种生物识别(指纹、视网膜、面部等)管理、大数据预测、全领域专家系统、海量信息智能检索等。它们中间,有的是人类工作以往所无法达到的高度与深度,有的是过去所不敢想象的地步。如果没有人工智能的推进与帮助,许多理论将只会停留在纸面上,更多的则会停留在实验室阶段。人工智能的研究与发展,将会彻底改变技术对现实生活提供的各种帮助与改变。

而在新媒体领域,人工智能在这两个思路上都有所发展,却又有着截然不同的初期反馈。在人脑增强这个思路上,新媒体报以一种积极的欢迎姿态。这是因为人工智能介入后,可以帮助新媒体实现全新的、更为高效的内容生产流程,应用更加智能、快捷的内容生产工具。2017年12月26日,新华社发布的中国第一个媒体人工智能平台"媒体大脑",提供了在新闻稿件写作、新闻分发、语音转换、版权监测、人脸核查等多个领域的智能化功能,这就是典型的新闻生产的工具增强型应用。而在人脑模拟这个思路上,一方面,新媒体的应用需要突破一定的技术障碍,因为就当前人工智能技术在媒体领域的应用程度来看,它离完全实现人脑的模拟或替代仍有不小的差距,在主观化、情感化以及逻辑化的作品创作中,尚不能超越人类作者。另一方面,人工智能介入媒体生产以及传播后,也将会对技术自身的缺陷与掌控技术的人力因素之间的区分原则,对技术过程透明度与传统道德判断能力的匹配原则,产生一些全新的挑战与影响。

06 技术与新媒体的互动

一方面,技术是引发媒体革命的先决条件。媒体革命,是新旧传播方式、传播理念的剧烈对抗,这种对抗的表现形式就是技术的发展与取代,就是以新技术的诞生与应用、以新技术的优势展现与旧技术退出舞台为最终的标志。

新媒体的诞生,未必是一鸣惊人的,最初网络传输的信息内容未必快过电报、电话,早期的网络视频也远差于传统电视。但是,技术的不断发展帮助新媒体发展得越来越精彩,这代表了新媒体不可逆转的发展趋势。

而新媒体在革传统媒体命的同时,也时时不忘继续革自己的命。从信息爆炸至产生大量冗余信息的Web1.0时代,到个人作用不断凸显、人人即媒体的Web2.0时代,新媒体通过技术的发展与演变,不断地否定着自己的过去,继续引发着一轮又一轮的新革命。

当人们已经习惯于把电脑视为新媒体的主导工具之时,谷歌创造性地推出了全新的手机操作Android系统,彻底改变了之前人们只把手机当成一种通信工具的看法;随后,苹果公司iPhone的推出又再度将手机推到了新媒体更新一代终端的舞台上,在人们面前展示了一个完全不同的手机世界,更展示了一个全新的新媒体载体。于是,新媒体无线上网、手机上网的革命悄然而至。

另一方面,技术验证着媒体革命的结果。技术在媒体革命背后为其提供动力的同时,也在前台展现出自己独特的魅力。无论是电脑上种种新的网络应用,还是手机中日益强大的新兴功能,从即时通信软件无比方便的人际沟通,到微博微信无所不在的影响,从网络购物贴心迅捷的服务能力,到电子政务高效简洁的实现能力,技术正在实践着新媒体革命之初的种种承诺与愿景,也在验证着新媒体革命的必然性与先进性。某种程度上,新媒体在理论方面的研究,可以被看成是为技术的发展与演化提供理论的需求与预言。为了验证这种需求与预言的正确性,新媒体技术发展日新月异,不断带给大家惊喜。

IBM 公司于 1996 年就开始提出电子商务的概念,提出利用简单、便携、低成本的新媒体传播手段与通信方式,实现各种商业和贸易活动。为了达到这一目的,新媒体在技术方面逐步实现了电子银行、网络支付、信息展示、在线交易等多个关键性环节的功能,使得当当、卓越、阿里巴巴、淘宝这些新一代优秀的电子商务网站走出了严冬,走进了发展的春天,走入了新媒体发展的最前沿阵地。

技术与产业的发展若不能同步,影响将会非常大。产业先行而技术滞后就会带来市场的困惑,人们感受到的东西由于技术实现的障碍,并没有出现之前想象中的那种效果,于是,公众担心、用户怀疑,先行者往往会成为"先烈",例如瀛海威、8848 网站,但是它们所留下的激情与梦想,正在被日后的技术所证实,并以足够的理由为后来者所景仰。

而技术先行但产业滞后,往往表现为经济生活中泡沫的破灭甚至股市的衰退。回顾 2001 年席卷全球的互联网第一次经济泡沫的破灭,我们可以清楚地看到,当时中国的三大门户尽管不同程度地出现了各种形式的危机,但是它们在基础信息内容的积累、新媒体理念的实践、新媒体架构的建设方面,都没有出现太大的过失,这也最终决定了,在资金投入不出现严重中断、人才结构不发生太大断层的条件下,它们依旧有着充分的机会重新崛起。因此,一旦无线增值、网络游戏以及电子商务各个领域的商机到来,它们所积累的技术与应用手段便可以在瞬间爆发,迅速打出一个漂亮的赢利翻身仗。先行的技术必有市场应用的价值,这一价值的真正体现之日,也就是新媒体占据市场主动权之日。

单元学习小结

新媒体的技术发展是伴随着互联网的发展而不断进步的。

互联网从起步到兴盛,走过了启蒙与普及时代,逐步走入了民用,从西方传到了东方,更从互动走向了移动。其技术的不断演化,是新媒体发展的强大驱动力。

新媒体的技术概念虽然深奥难懂,但其功能应用的方向更加关注受众需求、满足受众需求,这也是新媒体的发展方向。

本单元揭示出新媒体是一门传媒与技术完美结合的产业。

☞ **实训项目一**

实训项目：深入学习并解决自己以往在"新媒体技术"领域的一个知识盲点

实训方法：查找法、咨询法、实操法

实训条件：网络、笔记本电脑（学生自备）

项目要求：1. 学生分成多个小组，每组讨论后共同选择一个相对陌生的技术概念或名词；

2. 小组中的每位学生分头寻找资料，并分工准备说明材料；

3. 汇总并讨论、形成关于这个概念或名词的详细阐述文档。

实施步骤：1. 决定讨论对象；

2. 搜索并找寻相关资料；

3. 汇总并梳理条理结构；

4. 整理相关记录并形成电子文档。

成果描述：每组形成一个知识教案，在全班进行成果分享，要求条理清晰、分析到位。

成果评价：学生小组互评，教师点评，将评价等次（分数）记录在册。

☞ **实训项目二**

实训项目：分析"存储"技术的发展对新媒体的促进作用

实训方法：查找法、咨询法、实操法

实训条件：网络、笔记本电脑（学生自备）

项目内容：1. 查找"存储"技术演化进程中的相关知识点与数据；

2. 查找新媒体发展中对于"存储"的需求情况；

3. 认真分析这些需求与技术之间的相互作用关系；

4. 寻找"存储"技术发展促进新媒体发展的各种论证手段。

实施步骤：1. 查阅网络，积累资料与素材；

2. 整理相关资源并制定提纲与结构；

3. 完成上述要求的各项分析；

4. 整理相关内容并形成电子文档。

成果描述：以课程作业方式打印，要求个人独立完成，研究对象不少于1个，作业不少于1500字。

成果评价：学生互评，教师点评，将评价等次（分数）记录在册。

学习单元六
新媒体应用

学习目标

★知识目标

1. 不同时期各类新媒体应用的功能、特性与优缺点
2. 各类新媒体应用的代表
3. 各类新媒体应用的相关技术原理
4. 新媒体应用在不同时期的发展内因

★能力目标

1. 能准确判断并描述各类新媒体应用在传播中扮演的角色与承担的任务
2. 理解并分析新媒体应用从1.0时代向2.0时代发展的根本原因
3. 结合前几课的内容理解新媒体应用对于理念与技术的实践意义

任务描述

纷繁复杂的新媒体应用此起彼伏,各自不断演化与发展,但是,它们作为新媒体,还是具有明显的共性特征。

基于互联网技术的发展,业界将其分成1.0与2.0两个时代,从1.0时代的门户网站开始,再到2.0时代的BBS、博客,以及微博、微信。此外,还有贯穿这两个时代的即时通信工具和搜索引擎,以及自始至终不断积累发展的视频应用。通过全面学习,学生要了解并能分析这些应用的特点、作用与发展前景,客观并准确地判断它们在不同传播流程中扮演的角色与承担的任务,加深对这些应用在新媒体传播过程中的作用的认知。

应用指理论、技术或产品在实际社会生活中的使用。因此,它更是一种实践,一种检验其理论、技术与产品是否有价值的实践。

一、学习积累的1.0时代

起初并没有Web1.0这样的名字,只是在Web2.0的概念出现之后,人们给前一阶段补加的,主要指从浏览器诞生到2001年全球互联网经济泡沫破灭的那一阶段。

① 网页畅游,1.0时代的技术积累

互联网诞生之初,它是这样一种应用:在黑黑的屏幕上敲入一连串复杂而又晦涩难懂的字符指令,然后返回的有可能会是一大串更加晦涩难懂的字符指令。

但是,一切都在1989年的春天,被一个叫作蒂姆·伯纳斯·李(Tim Berners Lee)的人改变了。这年3月,他向自己工作的欧洲原子核研究会递交了一份立项建议书,建议采用超文本技术①把研究会内部的各个实验室连接起来,在系统建成后,将有可能会扩展到全世界。几经争取,蒂姆终于获得了一笔资金进行专项研究。这年仲夏,他在一台"NEXT"计算机上开发出了世界上第一个Web服

图6-1 万维网之父蒂姆·伯纳斯·李

务器和第一个Web客户机。虽然当时这个Web服务器非常简陋,它只允许用户进入主机查询,并直接在电脑屏幕上显示研究会里工作人员的电话号码,但这已经是一个非常

---

① 超文本(Hypertext)这一术语早在1965年就由德特·纳尔逊(Ted Nelson)提出。1981年,德特在其著作中具体描述了这一想法。20世纪80年代后期,超文本技术已经实现,当时还有国际间的超文本学术会议,每次都有上百篇关于超文本的论文问世,但却从来没有人想到把超文本技术应用到计算机网络上来。

伟大的创新了。1989年12月,蒂姆将他的发明正式定名为World Wide Web,即WWW,中文直译为"环球信息网",也称万维网。1991年,万维网在Internet上首次公开露面,立即引起轰动。科学家们发现,万维网不仅可以把网络上不同计算机内的信息有机地结合在一起,而且还可以通过超文本传输协议(HTTP)从一台Web服务器转到另一台Web服务器上检索信息,此外,Web服务器能发布各种图文并茂的信息,只要软件支持、带宽网速允许,还可以发布音频和视频信息。互联网的许多其他功能,如E-mail、Telnet、FTP、WAIS等都可以通过它集成实现。美国著名信息专家,《数字化生存》的作者尼葛洛庞帝(Nicholas Negroponte)教授认为,1989年是Internet发展史上一个划时代的分水岭。

蒂姆被人们称为"万维网之父",并不只是因为他的伟大发明,而在于他的伟大胸襟。万维网发明之后,只要蒂姆愿意,他可以拥有令人羡慕的专利,然后获得惊人的个人财富,但同时也会引起网络软件大战,万维网极有可能四分五裂,成为各个互不相通的技术势力相互竞争的场所。于是,他决定放弃自己的致富机会。1994年,蒂姆创建了非营利环球国际集团W3C(World Wide Web Consortium,即万维网理事会或万维网联盟),邀集Microsoft、Netscape、Sun、Apple、IBM等155家互联网著名公司致力于拟定万维网技术标准化协议,并进一步推动Web技术发展。蒂姆认为,W3C最基本的任务是维护互联网的对等性,让它保有最起码的秩序。在蒂姆的推动下,2003年万维网联盟决定所有由联盟提出的技术都是无偿的,所有人都可以免费使用。

万维网最基本的两个技术概念就是HTTP协议与HTML语言。

HTTP(HyperText Transfer Protocol)协议即"超文本传输协议",是万维网联盟和互联网工作小组(Internet Engineering Task Force)合作确定的一系列协议标准。标准化后,万维网上的信息传播更加高效和畅通。而所有遵循这一标准的网页都有一个显著的特征,即在浏览器的地址栏里都以http://开头。

HTML(HyperText Mark-up Language)即"超文本标记语言",是遵循HTTP协议编写万维网网页文档的标准语言,可以用来在浏览器中展示文字、图形、动画、声音、表格、链接等几乎所有要素。从1993年第一版标准确定以来,HTML已经历经多次扩展与改进,1999年确定了HTML4.01;2007年W3C接受HTML5草案,而HTML5的程序员也成为抢手人才之一。

❷ 门户网,1.0时代的霸王追求

由于HTML简洁易用,由大量网页构成的各种各样的网站开始雨后春笋般涌现出来。它们中间的先行者、强大者,开始利用已有优势以及后续投入,不断加强自身信息的综合性、服务内容的广泛性。能把网民所想要知道的信息、所能够找到的服务都集合在一起的网站被称为门户网,门户网就像网民进入互联网的大门,从这里进入,就可以领略到互联网大千世界的神奇。

早期的互联网上信息较少,而且非常分散,查找起来很不方便。1994年,杨致远和其同窗好友大卫·费洛(David Filo)开发了一套程序,将他们收集整理并不断更新的网站资料编入数据库,用图书馆书目管理的方式进行管理,然后发布在互联网上,这个网站就是名闻世界的雅虎(Yahoo.com)。虽然这个世界上最早的网络搜索引擎几乎都是通过人工收集数据并整理编目的,但是得益于它所处的绝佳时机以及那个时代网民对于网络导航的渴求,雅虎一举占据了世界互联网入口的门户位置,这个特殊的地位带给雅虎巨大的商业回报。1996年雅虎上市当天,股价就上涨了154%,杨致远的个人财产在一天内飞涨至1.7亿美元。巨大的影响力带给雅虎高额的广告费收入。2002年,雅虎的广告收入占全世界互联网广告总收入的四分之一;同时雅虎也买断了用户端上所有公司、团体与个人的因特网域名注册权,以此为公司持续创造稳定的新收入。随着网络环境的多元化,雅虎不断出击,首先买断了CNN和路透社等新闻机构的网络新闻发布权,掌握了网络新闻发布的源头,接着与亚马逊公司及音乐制品公司CDnow等达成交易,掌控了当时以图书、音像制品为主的网络电子商务平台,接着又扩展至电子邮件和聊天室领域,再进军娱乐业。雅虎在多年的发展中,用它持续不止的战斗力与永不停息的创新精神不断扩充着门户网的概念与规模,在全世界树立了一个新媒体时代奇迹制造者的模范形象,也成为互联网首批创业者争相模仿的对象。

1998年,在中国,网易、搜狐以及新浪先后建立,它们最初的发展模式都参照了雅虎:以中文网站的搜索引擎为切入点,打造网民与企业之间的桥梁,进而为用户提供各种新闻、资讯、信息以及商务服务。

从媒体建设上来说,Web1.0时代的门户网站创新不多。第一,这些网站一般都没有自己独立的新闻采编队伍,几乎所有的新闻资讯都来源于传统媒体尤其是报纸。当然,传统媒体也没有意识到互联网对自己的威胁,只是想借助这些门户网扩大自己的影响力,所以门户网对于传统媒体新闻资源的使用比较随意,成本也很低。

第二,在当时浏览器软件、HTML功能以及网速带宽这些客观条件的限制下,互联网的表现手法十分单调,其显示页面主要以文字与少量图片为主,版面甚至沿袭着平面报纸杂志的风格。

第三,从内容编排与策划的角度来讲,最早进入互联网的,多以计算机专业、网络专业的技术人才为主,他们虽然可以带给这一新媒体行业全新的视角与思路,但是他们缺少基础运营与策划组织的能力,因此新媒体在许多涉及内容细节的地方处理得并不是很专业。

第四，互联网作为新媒体出现之初，它所具有的社会公信力、影响力还十分薄弱，单独依靠自身的宣传手段、传播力量难以产生较大影响。门户网站还是沿袭传统媒体的大新闻思路，以更多的人力投入来面对互联网时代的海量信息需求，保持着"我播你看""以我为主"的传统媒体风格。

但是，不管怎样，Web1.0时代依旧是一个群雄并起、逐鹿网络的时代，旧有势力还未退出，技术新贵已跃跃欲试。乱世之中，不乏刀光剑影、兵戈相见的残酷竞争，凡是在这个时代最终站在舞台中央的各路霸王，都以鲜明的信息技术主导为特色，比如搜狐的搜索技术、腾讯的即时通信技术等。

然而，为了生存，它们都不约而同地走上了传统媒体的老路，通过巨大的点击流量换取广告收入，也就是所谓的"眼球经济"。所以在各大门户的竞争中，点击率、访问量、用户等等，一直是短兵相接的滩头阵地，为了上市或融资，大家增加点击率，提高访问量，扩充用户数，发布更详细、更丰富、更及时的新闻信息；做涵盖娱乐、财经、汽车、房产等生活领域的专业频道；提供电子邮箱、聊天室、个人主页、网络游戏、在线相册等几乎当时所能想到的所有网络应用，同质化现象十分严重。做综合门户网的"老大"，是Web1.0时代每一个网站的不二梦想，因为最初的网络用户对于快速及时的新闻以及海量全面的生活信息有着极大的兴趣。开门户网站只有具备这样的用户基础，才有可能打开广阔的赢利空间，才有可能接触到稍纵即逝的新赢利方式。只有占据最普遍的网站平台，才可以更加有效地实现自己的增值意图，并将自己的努力范围延伸到各种主营业务之外的相关服务领域。

当然，Web1.0时代在众多网站殊途同归之时，新媒体不断探索新兴产业运营方向的努力并没有停止。2002年前后，以手机短信、彩信为主的无线增值业务突然爆发，这是新媒体时代第一个成熟的收费赢利模式，这得益于移动通信运营商试行SP商代理模式[①]与小额手机扣费的机制。

此时的"小额手机扣费"与之后的"小额手机支付"有着根本性的区别：一是手机支付涉及金融概念，必须经过国家金融行业主管部门的协调与规范，而2002年前后的新媒体网站并不具备这方面的条件以及相应需要做的工作；二是支付应该是由用户自愿并主动发起的行为，但扣费却是运营商可以单方面发起的行为，用户有可能知道，也有可能不知道。很显然，在相关的法律、规范不完善的情况下，小额手机扣费打着"小额"的旗号，在执行过程中强制扣费、非透明扣费、多扣费、错扣费等现象屡见不鲜。在用户利益被大

---

① Service Provider(SP)即服务提供商。中国的移动通信行业在移动增值业务推广时，采用了一种新型市场合作开发模式：移动运营商只负责网络提供、运营与收费，将增值业务的内容服务交给某专业公司，例如掌握着内容资讯的门户网站，然后双方对收费进行分成。

量侵犯的前提下,凡是应用了小额手机扣费的各大门户网纷纷赚得了关键的第一桶金,只是这一桶金并不光彩,中间夹杂了那几年手机用户的愤怒与无奈。

虽说利润来得不是太光彩,但各大门户网站毕竟幸运地度过了产业发展的第一个也是最大的风险期,并顺利地与接下来的网络游戏、电子商务衔接起来。搜狐、新浪及网易陆续在2003年宣布实现赢利,度过严冬期。值得一提的是,在这一时期,也有一些中小网站虽然赶上了第一次无线增值业务爆发的黄金期,但在赚取了这笔看似很轻松却不怎么规范的收入之后,没有能够及时调整方向,寻找正确的、有发展前景的主营产品,在国家相关部委陆续发文严格规范无线业务模式、重拳整顿市场乱象之后,不约而同地迅速衰落,被市场无情地淘汰。

03 动态网页,1.0时代的梦想突破

在互联网刚刚出现的时候,浏览器上能观看到的每一个页面在服务器端都会有一个相应的网页文件,这样的网页被称为静态网页。静态网页的优点是容易被智能搜索引擎搜到并收录。但缺点也明显:效率低下,缺乏变化,无法与用户交流。

于是,设计师首先把版式外观与内容进行分离:版式做成模板文件,内容记录进网站数据库中。网站接到用户访问请求后,调出与网页对应的模板,再到数据库中把各个部分需要的内容读出,自动生成最终我们看到的网页,这样的网页就是动态的。采用动态网页技术的网站改版变得非常简单:只需要修改模板文件即可,剩下的工作可以交给电脑去自动生成。而且,外观与内容一旦分离,信息交叉共享便成为现实,同样的信息可以通过不同的模板、不同的调用标准出现在不同的页面上。

为了实现动态网页,在 HTML 语言基础上出现了更高级的编程语言,用来满足用户的访问需求,实现执行交互功能。早期用的动态网页语言是 CGI 语言,由于效率低下逐渐被淘汰。之后,ASP 语言、JSP 语言以及 PHP 语言开始兴起,它们各有特色,还在不断发展中。对于学习者来说,它们之间又颇有共性,很容易相互借鉴贯通。通过编程语言,网站的服务器可以因为不同的访问者、不同的访问用户,展现出不同的页面。互联网的魅力与趣味性一下子被大大提高了。

很快,设计人员又发现,即使是动态网页,相同框架的网页中还是有很多重复内容,这些重复内容的调用与显示不仅占用了大部分的网络带宽,还会影响服务器的执行效率,让网页的显示速度变慢。为了解决上述问题,1998年后出现了 AJAX 技术,它在更新页面时,只更新其中必需的少量数据,同时它使用新的技术手段,将原先每一次都需要远端服务器进行的工作尽可能地交由本地电脑来运行。这样,用户访问网页的速度得到提高,访问体验也大大改善。

动态网页技术的应用,带给 Web1.0 时代更多美好与大胆的遐想,也带来了更多理念上的冲击。技术上的进步与积累,使得互联网这一新媒体将"考虑用户需要,重视用户需要"的内在理念充分释放出来,并成功地向前发展。

二、渴求突破的 2.0 时代(准备期)

以模仿传统媒体运行模式为主的 Web1.0 时代之后,在技术推动与网络内在发展源动力的驱使下,Web2.0 时代终于到来。相对于 Web1.0 时代,Web2.0 时代的网站的身份已从内容提供者转向网站管理者,用户开始成为主要的内容提供者,网站通过完善的机制与合适的技术来促进不同用户之间的内容交流。同时,标准化技术与规范促进了 Web2.0 跨越不同的软件系统、硬件设备,使之与现实生活更加紧密关联。

当然,1.0 与 2.0 之间并没有一条清晰明显的分界线,正是过渡阶段积累变化的各种应用,突破了 Web1.0 的时代局限,成为 Web2.0 的先头部队。

01 BBS 虚拟社区

BBS 在国内被称为论坛,它的英文是 Bulletin Board System,直译为"电子公告板"。其诞生的本意只是希望通过电脑等电子设备显示一些重要公告、通知。早期的 BBS 是计算机爱好者之间互通信息与交流技术的工具,后来逐渐发展为各种讨论、争论发生的场所,也因而获得了"论坛"这样富有学术气息的名称。

(1)从高校走向公众社区

国内互联网刚刚兴起的时候,由于高校率先拥有较为稀缺的计算机设备与上网环境,同时又集聚了大量渴求学习计算机应用的大学生人群,因此早期的知名 BBS 大多数都诞生并发展于各大高校,例如清华大学的"水木清华"、天津大学的"天大求实"、南京大学的"小百合"以及北京大学的"一塌糊涂",等等。这些 BBS 成为高校学子相互交流沟通的新渠道,更成为他们业余时间不可或缺的一份网络精神食粮。

然而,由于中国互联网发展的特殊状况,全国各大高校网络最终构成的中国教育网,却难以与之后中国电信建设的、真正互联全国的中国公众信息网(ChinaNet)沟通,从而使得教育网几乎孤立于社会之外,曾经名闻天下的 BBS 也只能成为一道独特的校园文化风景。

真正把 BBS 带入中国公众视野的应该是新浪网的前身"四通利方论坛"。1997 年 11

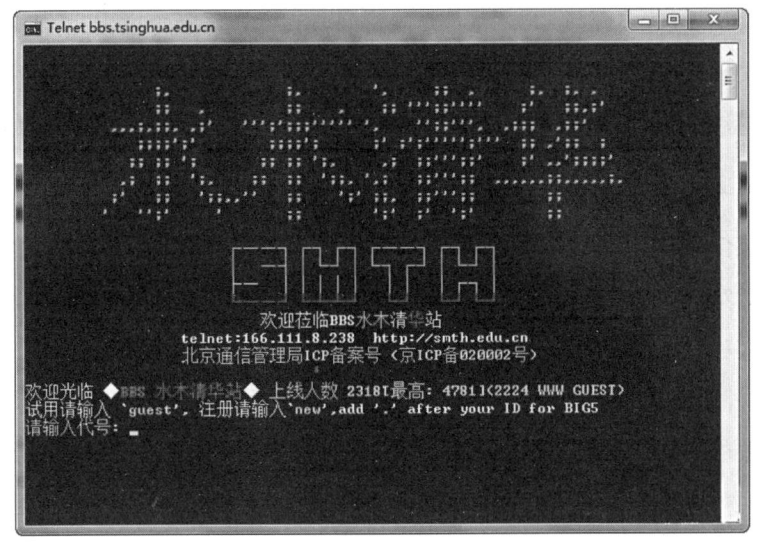

图 6-2 早期 BBS 多以 Telnet 协议为基础建立

月 2 日,网友老榕[①]把自己与孩子从福建赶往大连去观看中国国家足球队惨败于卡塔尔比赛的亲历感想写成了一篇名为《大连金州没有眼泪》的帖文,在该论坛上发表后瞬间感动了无数网民,仅仅 48 小时,帖文就被阅读了两万余次,这在当时的网民数量与网络环境下,不能不说是一个奇迹。再加上之后又被其他网站和传统媒介争相转载,此帖一度被认为是"全球最有影响的中文帖子",这也是网络文章,尤其是 BBS 帖子首次以鲜明、高昂的姿态正式进入公众视野。

当时中国的另一大门户网站网易,同样是从 BBS 起家的。1997 年,网易 BBS 成立,最初和教育网一样,也是基于 Telnet 的 BBS,使用者需要了解并掌握比较复杂的联网技术和指令,当时的站长就是丁磊。1999 年 1 月,网易 BBS 的 Web 版正式推出,网民只需要打开网页就可以轻松使用。网易 BBS 同时在线人数不过数百人,但这些人却是当时整个网络受众中的精英分子,其中出现了许多重量级网络写手和不少质量很高的帖子,网络虚拟社区的概念开始形成并被其他网站仿效。

而 BBS 进化为网络虚拟社区的主要特征,就是在 BBS 中强化了"用户"以及"分版"的概念。要参与 BBS 的讨论,必须先注册用户名,其他用户就会通过这个用户名所发表的帖文与言论,猜测、了解并熟悉这个用户的习惯、好恶以及性格。这个结果有可能与用户的真实身份相符,也有可能不相符。因此,这样的网络用户带有一定的虚拟性。根据用户不同的需求,BBS 会相应地划分出各种分类的版面用以讨论不同的话题,每一个版

[①] 老榕(网名),原名王峻涛,1962 年出生,从 1999 年起正式参与我国的互联网事业,中国 B2C 电子商务的早期探索者,被公认为中国电子商务的领军人物,有"中国电子商务之父"之称。

面有相应的管理员、规章制度以及发展方向,同样有一定数量的稳定用户。用户在不同版面里相互交流,从而形成了相对固定的群体,推动信息更为复杂地流动,形成一个相似于现实社会、且越来越影响现实社会的虚拟人际圈子,这就是网络虚拟社区的概念。

(2) BBS 里的管理体系

在虚拟社区中,用户有不同的级别。不同的社区 BBS,管理分级与体系的称呼不同,其本质相似。第一层面是站长,为 BBS 的所有者与主管者,可称为创始人、超级管理员,这一层面的人一般着眼于 BBS 的系统运行以及整体战略规划,更多地倾向于网站运营资金的筹措、对外联系以及公关沟通等工作。当然,站长并不一定是一个人,也可能是一个相对比较完善的团队。站长实际上代表着所有方对 BBS 实施最终管理的组织机构。

第二层面为版务人员,为 BBS 的实际管理者。按照 BBS 的规模不同,他们细分为数量不等的各种级别,一般从高到低有管理员、超级版主、分区版主、版主、版副。版务人员大多是兼职人员或者义务工作者,出于个人喜好以及网络理想而进入 BBS。

最后一层便是用户,用户原本都是平等的,但在实际运行中却会产生种种层级。一方面是由于论坛为了鼓励用户多登录、发帖与讨论,在程序中建立了一整套升级体系,给予用户不同的积分,对应出相应的论坛级别。不同的级别不仅在 BBS 中的标识有明显区别,使用权限往往也不同。另一方面,用户自身在 BBS 中的不同行为特征,也会形成不同角色并造成群体的分化,主要包括意见领袖、灌水王、潜水员、转帖机器以及活动家等个性鲜明的角色。

在一个良性发展的 BBS,意见领袖往往会与管理方处于一种非常微妙的平衡关系中。如果意见领袖不够活跃,BBS 不仅会显得过于沉闷,而且会让管理方过于专权,从而丧失发展的活力。但如果意见领袖过于强势,BBS 的风格也会陷入各种纷争与混乱之中。一个好的 BBS 站长层,一方面会巧妙地利用意见领袖来监督、制约版务人员的管理行为,另一方面又会谨慎地通过版务人员来合理地约束并规范意见领袖的相关作用与影响。

灌水王这一角色源于"灌水"一词,在 BBS 里,网民把那些没有什么实质内容的帖子称为水帖,发这种水帖的行为则被称为"灌水"。因此,热衷于灌水行为的网民被称为"灌水王"或者"水王"。虽然从一般人的角度来看,我们很难理解他们只在乎数量却不在乎内容的行为。但水王却是 BBS 中不可缺少的中坚力量,他们带来的不仅仅是不断高升的发帖量,更是一种独特的网络行为艺术。

潜水者,又称潜水员,来自"潜水"一词,与灌水相对立,指那种登录后只看帖文自己却不回帖的用户。他们十分关注 BBS,甚至是比较忠诚执着的那种,只是由于种种原因,从不发表评论,更不会发起或参与讨论。潜水者群体的存在往往对于 BBS 管理方有着重要的评估价值,因为这一群体其实就是BBS发展壮大用户群的重要后备资源。一个良性发展的论坛往往会通过不断的发展,持续刺激一批批潜水员走向前台去发帖,并再次吸纳新的潜水者,从而保证论坛忠实用户的持续增长。

转帖机器则更有特点,他们每天登录论坛所做的事,就是乐此不疲地从其他各个网站搜罗并转发各种有意思、有趣味以及他们认为有价值的文章。和灌水王不一样,他们对BBS各个版块的定位、方向以及需要什么样的帖子都颇有研究,转发的帖子也颇有看头,但是相比意见领袖,他们又没有什么原创能力,只是转发或重复别人的文章与观点。转帖机器为BBS带来了丰富的新鲜内容,更在一定程度上替代了许多门户网站的一些功能,在他们的辛勤耕耘下,许多用户觉得在BBS上也能及时看到信息。而且,转帖机器一旦与意见领袖很好地结合或配合,就会让一个BBS具有充足、长久并具个性的看点。

活动家在网上的热心程度不亚于灌水王与转帖机器,但是他们较少发帖,他们把更多的精力花在网络之外的现实生活中,热衷于在网上发起各种各样的线下网友聚会活动,除了提升个人网络名气之外,往往没有什么利益追求,甚至有时会为活动倒贴费用。活动家在一个BBS中的良性作用更为明显,他们促进了网友之间的情感联系,并带动了BBS整体公众形象的提升。一旦活动家与意见领袖相结合,这方面的促进作用将更为明显。

(3) 门户化BBS的出现

早期的BBS都是作为门户网站的附属频道或附属栏目出现的,是门户网站提供大而全的综合网络服务项目中的一项。但是根植于BBS内涵深处的互动元素以及丰富独特的个性特征使得BBS越来越彰显出与门户网站难以统一之处,少数BBS开始尝试不再依赖门户网站,而独自开山立派,这就是完全自立的门户化BBS,其中最具代表性的有三家。

◎西祠胡同

1998年,网民响马[①]开发出了一款BBS论坛程序,命名为"西祠胡同"。新诞生的西祠胡同开创了一种全新的社区运营理念:管理方并不规划任何版面与方向,而是允许"任何用户自由开版",并对这些大量出现的版面以"综合人气自由竞争"的规则来促进其共同繁荣。其实质是从根本上打破常规媒体发展管理体制的约束,彻底解放并推动用户的创造力。这一理念一下子带给了西祠胡同以巨大的系统压力——十几万个版面的开发情况震惊了当时所有的BBS程序员,可见其受欢迎程度之高。西祠胡同让任何一种意见都有可能在BBS中拥有自己的阵地、发出自己的声音,从而成为一个率先在国内诠释互联网内涵精髓的应用网站,也是最早实践Web2.0精神的网站之一。1999年底,西祠胡

---

① 响马(网名),原名刘琥,曾是中专学校老师,利用业余时间开发出最初的BBS程序,并与好友陈辉民一起创办了西祠胡同,同时也是该BBS的管理员。2000年他将西祠胡同卖给了艺龙旅行网。

同已经发展到同时在线人数上百万的庞大规模,程序员出身的响马深感个人再也无法支撑这一平台,于是以 200 万元的价格将其转让给了已在纳斯达克上市的艺龙旅行网。

◎天涯社区

1999 年成立,因位于有"天涯海角"之称的海南岛而得名。天涯 BBS 以商业运营公司作为实体,起初并无特色,只是运作相对规范,体制相对完善。当年,国内一批有思想、文笔不错的网民大多聚集在四通聊天室,之后由于聊天室的服务不正常,他们中的一大批优秀聊客选择来到天涯,并驻留了下来,为今后天涯 BBS 的风格与网民群体素质奠定了独特的基础。当年 10 月 5 日,天涯通过第三方统计宣布它的访问总数达到 10 万人次。同年年底,天涯被《电脑报》评为中国"最有人情味社区"。天涯 BBS 开始向人文思考方向发展,对"9·11"事件的大讨论更进一步抬升了社区的人气与其在国内网络界的知名度。之后,天涯便走出了人文思想、文学创作以及社会热点三足并进的良性发展之路,凭借着旗下最优秀的用户资源,通过人文社会的独有角度,造就了中文 BBS 领域的高水平论坛。

◎猫扑

1997 年,猫扑大杂烩论坛创立时,只是一个以讨论电视游戏为主的 BBS 网站。但正是因为聚集了相对比较前卫时尚的游戏迷们,越来越多的网络流行元素开始从猫扑孕育、繁衍并推广出去。2004 年,猫扑网以股价交换的方式被千橡互动集团收购,发展成为包括猫扑大杂烩、猫扑贴贴论坛、猫扑资讯中心、猫扑游戏等产品的综合性富媒体娱乐互动平台。

扩张后的猫扑并没有减弱原先的新锐力度,继续保持着自己独特的风格,并逐渐成为公众舆论的策源地和扩散平台。猫扑网从一开始就把主要用户群体锁定在了 18—35 岁、生活在经济发达地区、拥有较高消费力、喜欢新颖奇特事物、思维灵活、张扬个性追求的年轻人中。以至于在最初的发展时期,局外人一直把猫扑当成非主流文化的聚集地。但是,随着互联网多元化思想的传播,猫扑网诞生出的网络新兴流行词以及流行文化不断地渗入公众的现实生活之中,从而使猫扑成了互联网流行文化的缔造者与风向标。

西祠胡同、天涯社区与猫扑网代表了当时国内最具特色的三种类型的门户型 BBS 社区网站,它们的发展与兴盛,意味着 BBS 网站已经走出单纯的技术应用,开始挖掘用户价值、注重用户互动、追求用户价值体现,这也使得 BBS 不再是综合门户网站中的一个栏目、一个频道、一项应用,而是真正开始具有自己独立的文化、价值与发展方向的平台,为 Web2.0 时代的全面到来积蓄着能量。

(4)中文 BBS 的独特文化

互联网催生了各种全新的价值观念、审美情趣以及思维方式,而人们习惯上把这些聚合在一起的表现称为网络文化。在门户网时期,单向化的信息传播以及初期的网络受众群体难成气候。网络文化的真正起步,是随着 BBS 的流行和用户群体的规模化以及虚拟社区体系的最终建立开始形成的。

◎鲜明的等级制

等级制,看似与互联网所倡导的平等、自由理念相冲突,却在中文 BBS 环境中大行其道。BBS 的积分升级模式也开始逐渐扩散到邮箱、空间、网店以及网络游戏等一切需要用户名的应用中。

> **案例分析**
>
> 2004 年,腾讯公司推出了 QQ 在线升级制度,以小时为单位,按 QQ 在线时间换算出相应的 QQ 等级,然后获得太阳、月亮与星星三种图标组合的标识。应该说,除了在别人面前炫耀一下"看,我有 3 个太阳"之外,这一形式并没有其他任何益处。但就是这样一种小小的等级制,却让无数的 QQ 用户为此没日没夜地不关电脑,将 QQ 挂在线上以图获得高等级,甚至还催生了许多收费代挂 QQ 等级的软件以及相关服务。国内众多媒体开始指责腾讯这一制度在无形中导致大量电力与带宽的浪费。在舆论压力之下,腾讯多次调整升级制度,但依旧无法根除网民疯狂挂机升级的需求,这也再次证明了升级制对于中国网民的巨大吸引力。 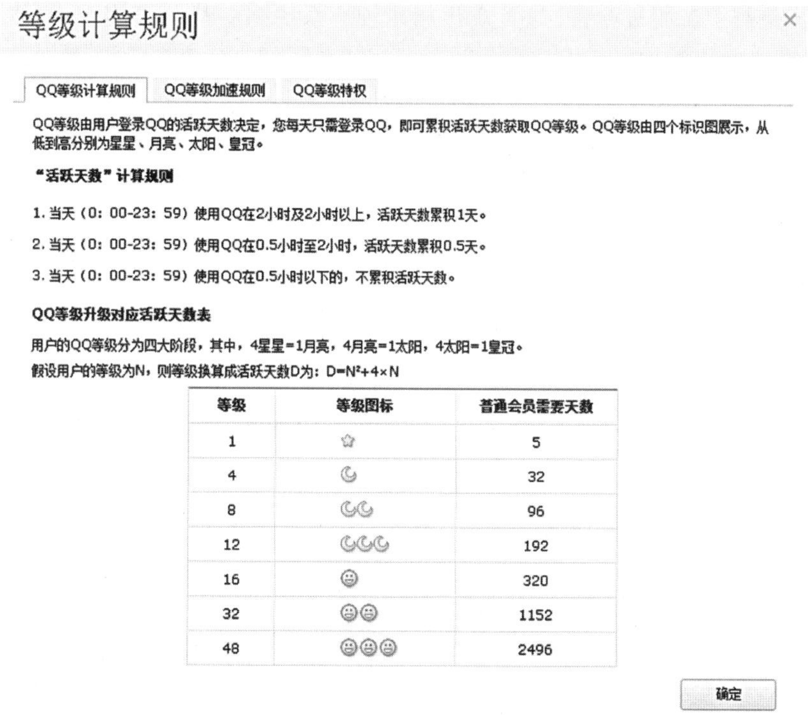
>
> **等级计算规则**
>
> QQ等级计算规则　QQ等级加速规则　QQ等级特权
>
> QQ等级由用户登录QQ的活跃天数决定,您每天只需登录QQ,即可累积活跃天数获取QQ等级。QQ等级由四个标识图展示,从低到高分别为星星、月亮、太阳、皇冠。
>
> **"活跃天数"计算规则**
>
> 1. 当天(0:00-23:59)使用QQ在2小时及2小时以上,活跃天数累积1天。
> 2. 当天(0:00-23:59)使用QQ在0.5小时至2小时,活跃天数累积0.5天。
> 3. 当天(0:00-23:59)使用QQ在0.5小时以下的,不累积活跃天数。
>
> **QQ等级升级对应活跃天数表**
>
> 用户的QQ等级分为四大阶段,其中,4星星=1月亮,4月亮=1太阳,4太阳=1皇冠。
> 假设用户的等级为N,则等级换算成活跃天数D为:$D = N^2 + 4 \times N$
>
> | 等级 | 等级图标 | 普通会员需要天数 |
> |---|---|---|
> | 1 | ☆ | 5 |
> | 4 | ☾ | 32 |
> | 8 | ☾☾ | 96 |
> | 12 | ☾☾☾ | 192 |
> | 16 | ☀ | 320 |
> | 32 | ☀☀ | 1152 |
> | 48 | ☀☀☀ | 2496 |
>
> 图 6-3　QQ 升级示意图

虽然网上升级会获得一些奖励,但这些奖励往往与用户为提升等级而付出的代价完全不成正比,因此不能单纯地从利益驱动的角度来解释。人们在虚拟社区里渴望重新规划、体验自己的人生,梦想实现现实社会中不能实现的目标。因此,网上的等级首先是解构了现实社会中传统身份地位的差别,使大家都重新处于一个同样的起点。相对于现实社会,这个等级制的升级过程更显得容易与公平,从而赢得了网民的认可。

◎ 质疑的心态

BBS 应该是首个能够让普通民众公开发言的新媒体应用。这对于之前缺少类似平台与渠道的普通受众来说,无疑充满了巨大的诱惑力。因此,新闻评述往往成为各大 BBS 异常火热的领域。只是它们中的大多话题都集中于各种投诉、曝光、质疑与批判,传统媒体中的正面新闻,常常在这里被冷嘲热讽,而尖锐粗糙的观点却往往能得到喝彩与认同。这一方面是由于面对传统媒体长期的正面宣教风格,BBS 难免会出现矫枉过正的情绪;另一方面,率先进入互联网的 BBS 人群多以普通网民为主,他们的言论立场与出发点,是质疑先行,这种质疑并不是简单的否定与批评,而是提出疑问,期待解决。当质疑与解决能够并行的时候,我们就会发现 BBS 中对于现实社会的反映与折射将会越来越客观、越来越真实。

◎ 放大的非主流倾向

非主流是与主流相对而言,与大众化相比较小众的那一块。事实上,网络在诞生之初,就被归入非主流一脉。

在 BBS 的发展过程中,非主流的主要表现有几个:一是在发帖行文中出现各种新兴流行语。其中有各种谐音错别字的使用,像木有(没有)、神马(什么)等;利用字母、数字新造词汇,像 LZ(楼主)、RPWT(人品问题)等;还有在 BBS 中出现的诸如灌水、顶帖、马甲等一类词语。二是对于现实主流观点的逆向操作。例如各种恶搞创作、图片 PS 搞怪以及以丑、怪、野为噱头的另类出名方式。三是创造并推广各种令人难以理解的网络行为艺术。例如,互不相识的网友会将一句十分普通平常的话在 BBS 的一个帖子里不断地重复发帖,并称之为"盖楼"或"挖坑",又如按照一定的格式大家模仿造句,称之为"排队",等等。

其实并非是 BBS 对非主流情有独钟,而是非主流发现了 BBS 这一非常适合生存和发展的好去处,并且还能借助互联网这一新兴媒体不断扩展的影响力,使非主流倾向得以放大。许多当初比较另类、新鲜甚至有点晦涩难懂的网络流行语通过 BBS 传播,也开始为大众所熟悉并接受。像"给力""神马都是浮云"这样的词句也开始频繁见诸报端、荧屏。这也从侧面说明了非主流与主流原本就是相对的概念,昨天的非主流,也有可能在明天成为主流,而 BBS 加速了这种转变的实现。

（5）中文 BBS 的地方化战略

由于与新媒体受众之间具有天然的亲密性与接近性，当中国互联网环境逐渐成熟之后，BBS 在地方网络市场上迎来了美好的发展前景。2005 年前后，一大批以聚集本地网民、关注地方经济、指引生活消费为目的的 BBS 开始在中国东部城市成批量地出现。而在技术层面，先后有基于 CGI 语言的雷傲论坛、基于 ASP 语言的动网论坛以及之后基于 PHP 语言的 DZ、PW 等论坛出现，最关键的是这些先后出现的论坛程序都以开源、免费的方式向全社会公开提供，从而将开办论坛的技术门槛降低到了极限，一个网民只要稍稍有点网络知识，都可以在一夜之间建设起一个功能全面、性能颇优的论坛网站。历经市场的洗礼与运营竞争的淘汰，几乎每个城市都陆续稳定下来一个或少数几个具有代表性的地方社区 BBS。相对于当地的一些门户网站，这些地方社区 BBS 大致都具有以下几点共性：

首先，它们注册用户众多，活跃程度较高，论坛与用户之间的互动性良好，而且以与用户经常性举办线下活动为特色。

其次，它们大多以地方特色为中心，话题及用户的黏着度相当高，极易形成话题效应。BBS 中的热门话题与评论不断对当地主流新闻媒体形成冲击与影响，不少地区的传统媒体也开始对其重视，甚至主动与之进行合作，或者自行开设类似的 BBS 去制约它们或与之抗衡。

最后，它们更加关注本地区之内的购物、旅游、住房、买车、求职、交友、休闲、娱乐等生活消费领域的经验交流与信息沟通，成为一个地区掌握普通网民生活消费方向与细节的重要领域。而随着网民群体的不断扩大，地方 BBS 已经成为一个地区普通民众生活消费的风向标，越来越多的地方生活消费商业领域开始重视地方 BBS，并愿意对其投入大量的广告费用。地方社区 BBS 出人意料地成为地方新媒体率先实现商业化赢利的应用，其年营收能力根据所处城市发达程度的不同从数百万元级到数千万元级不等。

② Blog 博客

Blog 是一个合成词，它是由表示网页的 Web 一词与表示日志的 log 一词合在一起而造出的一个新词，本义就是网络日志或网络日记。2002 年，喜欢词游戏以及研究词源学的 Peter Merholz 决定把 Weblog 的发音改为 wee-blog，进而缩写为 Blog，没想到，Blog 这一新词就这样迅速地被大众接受并流行开来。Blog 虽然是 Web2.0 时代的突出应用，但事实上，它的发展史却和万维网一样悠久。

（1）Blog 的含义

也许从表面上看，Blog 与最初的个人主页、个人社区、微型门户并没有太大的差别，它同样是应用万维网技术,使用大量超链接的一种网络应用,而且它的内容五花八门,完全体现出作者的个性化特征。其最终表现特点为:内容即时更新;主体按时间倒序排列,之后辅以一些专题、分类的手段;标准化的网页展现技术;以及首次采用了基于 RSS 技术的外部程序应用。

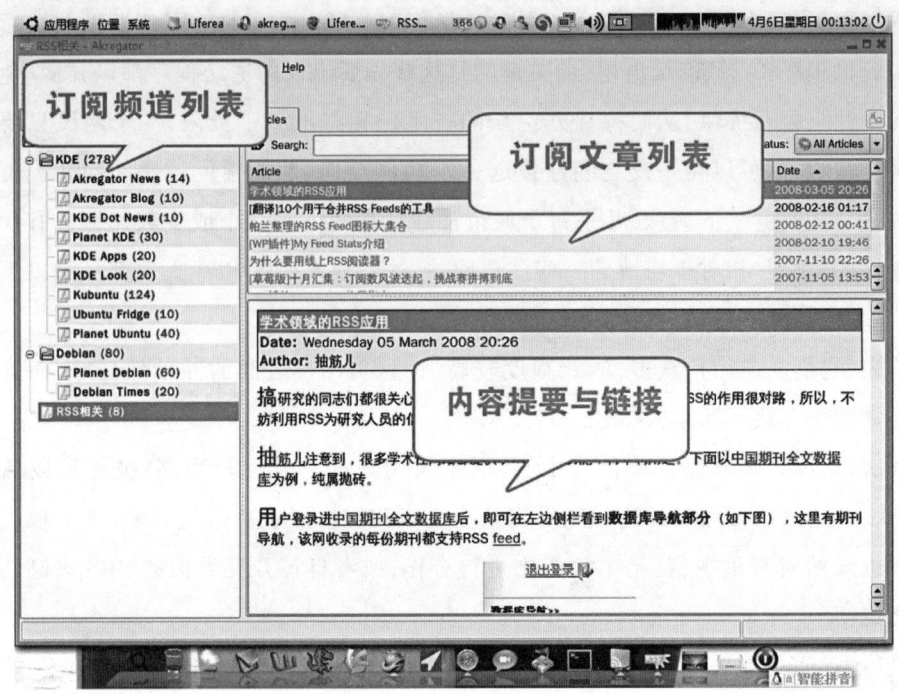

图 6-4　常见的 RSS 阅读器

RSS 也叫聚合内容(Really Simple Syndication),它是建立在标准化的 XML 网页语言基础之上,推动互联网内容资源共享的一种应用技术。简单来说,RSS 就是将一个网站的类型、概要以及网站中经常更新的、需要对外通知发送的内容及其提要按照统一标准,封装到某个站点的 RSS 文件中,以供其他的站点、专门的 RSS 阅读软件、邮件列表调用读取。RSS 的优势与作用就在于,第一,它具有极强的跨平台能力,用户不仅可以在 PC 电脑中读取,同样可以在手机、平板及其他手持设备中读取;第二,它时效性极强,只要发布站点有内容更新,RSS 的内容阅读端就会立即自动更新;第三,来源广泛,由于技术简单易行,越来越多的 Blog 及其他应用选择采用它,从而使得信息来源越来越全面;第四,它支持完全由用户发起的阅读需求,可以最大限度地避免不请自来的垃圾信息与无效信息;第五,RSS 只是给用户提供了内容概要,真正的阅读还需要用户链接到原始的网页去访问才能完成。也正是因为这一点,这项新兴的技术并不会影响原本以访问量为生命的 Web1.0 网站的利益,后者反而由于被 RSS 收录可以获得巨大的流量,这使得绝大多数网站开始接受并应用 RSS 技术。

RSS 与 Blog 有着天然的亲近性,由于有了 RSS,Blog 在搭载近乎零成本的发布平台之后,又获得了一个近乎零成本的推广渠道。分散的 Blog 就像一只只微小的蚂蚁,有了 RSS 等技术的聚合作用,与蚂蚁数量不断增长的蚁群一样,它们的力量开始呈几何级别地爆发。

(2) Blog 的发展

对 Blog 发展起着重要作用的大事件当属美国的"9·11"恐怖袭击,这场震惊全球的巨大灾难引发了无数人对于生命的脆弱、人性的回归、沟通的渴望等深层问题的反思,尤其在国家、民族领域,全球性的思想沟通需求达到了一个新的高度。恰恰在此时,Blog 的基本技术已经成型,灾难 Blog、战争 Blog 率先开始繁荣。回头看可以发现:对于那时的一场场灾难、一次次战役,最生动的描述、最深刻的反思、最真挚的感情,并不是在广播、电视、报纸以及大量转载它们的门户网站中,而是在一个个灾难、战争幸存者的 Blog 中,表露于他们最朴实、最诚恳的笔端下。

方兴东[①]将 Blog 引入中国,他同时也是中国 Web2.0 的积极倡导者。2002 年从国外学习归来的方兴东带回了 Blog,并和王俊秀一起将它音译为"博客"。这个译名寄托了他们对这一新型应用的美好期望;同时,中文里的"博客"一词还一并代表了在 Blog 上写作的人"Blogger"。在中国台湾地区,Blog 则被翻译为"部落格",Blogger 被另外翻译成"部落客"。方兴东不仅把博客的概念带到了中国,并且还身体力行地创立了博客中国网站,2005 年更名为博客网。而之前传统的门户网站新浪、搜狐、网易也在观望一段时间后,纷纷开始杀入博客领域,为吸引最大限度的用户关注与参与,展开了中国互联网发展史上的首轮名人博客资源的争夺大战。

这一阶段,无论是国内还是国外,博客的发展都非常迅猛。2006 年 2 月,方兴东的博客网宣布其注册用户已经突破千万。而根据国际网络日志搜索公司泰克诺拉蒂(Technorati)同年提供的数据,这一年,全世界平均每天新建的 Blog 有 75000 多个,Blogger 们每天发布的新日志数量达到了 120 万篇。数量巨大且无所不包的内容更是吸引了无数的阅读者与访问者。

(3) Blog 的发展困境

如果说,BBS 让普通民众首次获得了在互联网上发言的权利,那么 Blog 则让这些互联网上的草根平民拥有了走向精英的可能,从而进一步追求到更大的话语权。因为,Blog 更加注重个人思想的释放,更具有个性张扬的特征,这也是其飞速扩大规模与用户群的根本原因,Blog 也因此而成为网络意见领袖更加符合自我利益的新阵地。

---

① 方兴东,Web2.0 倡导者,互联网实验室、博客中国和义乌全球网共同创始人兼董事长,曾出版《21 世纪的书》《IT 史记》《博客》《起来——挑战微软霸权》等著作。

有传统媒体惊呼,博客时代,是一个人、一支笔可以挑战整个媒体的时代。新浪、搜狐这些 Web1.0 的门户网站显然看清了这一关键点,为了夺回自己在这一领域的优势,它们明确地实施了名人战略,即请各类社会名人来开博客、写博客,利用他们本来就具有的光环,争取更多的关注。

但是,喧闹之后草根人群寂寞依旧:每个人都可以轻松地建立一个 Blog,但这并不代表每个人都能建设好一个 Blog。快速增长的草根 Blogger 人群并不具备太多的原创力量,他们只会转发一些自己认同的内容,然后这些内容迅速被淹没在大量严重同质化、娱乐化的垃圾信息中。最终网民们发现,期望中的草根力量并没有出现,把握话语权的人虽然更换了一批,但是主导群体的性质并没有变化。同时,博客网如何赢利的难题一直未能解决,要想获得当时唯一可见到现金的广告收入,博客网站只能依靠庞大的编辑力量,走回 Web1.0 门户网站的老路。

03 Podcasting 播客

Podcasting 这个词由苹果(Apple)公司的音乐播放器 iPod 与广播的英文单词 broadcasting 合成而来。播客最初的设计方向是通过相应的电脑软件,搜索互联网上可供下载的网络电台节目与音频文件。由于采用了 RSS 技术发布这些节目与文件,因此,电脑软件可以根据我们选择的方向与类别实现自动更新与自动下载。这一程序并没有强求一定要使用 iPod 或其他数字音频播放器,电脑也可以使用,因此,这项技术推广至互联网发布、下载并分享音频文件,2004 年下半年开始支持视频文件。

(1)播客概念的形成

从新媒体传播的角度来看,在基于文字、图片传播的 Blog 流行之后,传播音频与视频的 Podcasting 的出现是顺理成章的事情,所需要的只是网络带宽的适应。恰恰在 2005 年前后,世界各国的互联网基础网络建设如火如荼。因此,人们开始把 Podcasting 称为"有声博客""视频博客",进而顺其自然地将其音译为"播客"。

除去传播内容从音频到视频的发展,播客本身的概念也在不断地发展。最初的播客是一种全新的网络广播节目制作形式,它应用了 Web2.0 的概念,将传统广播的被动收听状态改变成通过 Podcasting 软件来自主决定收听范围、收听内容以及收听时间的形式,更重要的是,听众还可以随时将自己喜欢的节目推荐给朋友。

博客的发展也带给播客很多有益的借鉴。RSS 的介入最终将播客的自动更新、主动推送、方便拉取、随时分享的理念表现得淋漓尽致。越来越多的广播电台、电视台发现,利用播客可以极大地提高自己的节目传播面与知名度,内容的制作与提供已经不再是最主要的方面,分享与传播应用体验开始成为主流。中国最早的播客网站土豆网的口号就是"每个人都是生活的导演",随后出现的优酷网也在一开始提出"拍客无处不在",倡导"谁都可以做拍客"。但是,随着大批模仿跟风的播客网站的出现,优酷网立即意识到良好的用户体验才是决胜的关键,因此迅速提出"快速播放,快速发布,快速搜索"的产品标准,最终形成了"世界都在看"的企业文化理念。优酷本身的发展轨迹,恰恰演绎着播客概念在中国的具体实践过程。

(2) 播客面临的困境

与博客一样,对于这场全民发动的 Web2.0 战役,内容就是战斗的粮草或弹药,相比文字内容的原创,音视频内容的原创压力更大一些。土豆网鼓励"生活导演",优酷网倡导"拍客",虽然其发展速度超乎以往,并一度创作出了许多创意独特、制作精细、令人耳目一新的优秀音视频节目,但效果依旧未能尽如人意。

> **案例分析**
>
> 2005 年 12 月,陈凯歌导演的新作《无极》在全国各地上映后,口碑、票房均不是很理想。当时一个名不见经传的自由职业者胡戈看完后,决定改编这部电影。他花了大约 10 天时间,在自己的个人电脑上,将电影《无极》的部分片段与央视《中国法制报道》的某期镜头进行了剪辑合成,并重新编辑配录了对白,以《一个馒头引发的血案》为名在网络上发布,全片只有 20 分钟,但其荒诞夸张的剧情改编、无厘头的对白、滑稽的视频片段剪接、搞笑另类的穿插广告,使该改编在网络上一炮走红,该恶搞视频作品的下载率竟远远高于《无极》本身。

但优秀的作品终究是可遇不可求的,各个播客网上的原创作品总体上呈现出一种粗糙化、低俗化、简单化、重复化的不良倾向。

原创之外的分享更是面临着内容版权的巨大法律风险与资金压力。互联网上最受欢迎的视频内容莫过于影视剧了。如果要购买版权许可,这对已经在服务器与带宽上投入巨资的播客网站来说,无疑又是一笔难以承担的资金。而如果直接盗版播放,等待它们的则会是日趋严厉的版权官司。

(3) 播客网站的核心价值

播客网站同样摆脱不了赢利的难题,广告收入虽然尚可,但是对于比之前任何一项互联网应用都更烧钱的播客来说,这些收入实在是杯水车薪。

☞ **案例分析**

图6-5 全球最大的播客网站 YouTube

2006年10月,谷歌以16.5亿美元的价格收购了YouTube。作为新兴的网络巨人,广告收入几乎占据了谷歌收入的全部,而它在这一领域制胜的法宝就是基于数据分析的精确广告投放。同时,谷歌的高管们也注意到,在过去的一年中,美国电视广告的市场规模在610亿美元左右,而同时期的网络广告市场规模只有80亿美元。如此巨大的差额使得他们无法按捺住自己进军电视广告或者准确来讲视频广告的意愿,去研发出"有针对性的、可量化的电视广告"。当然,生硬地将互联网上的一些做法直接搬到广播电视中显然很不合适,现有的广播电视业没有这样做,谷歌也不会愚蠢地这样做。他们把目光投向了此时声称每月浏览量几乎达到1亿人次的YouTube。收购之后,最直接的回报就是在那1亿次视频播放后加播的视频广告,更有价值的是与之关联的近10亿个页面的访问数据以及这些数据所反映出来的庞大用户行为。有了这些数据分析,结合视频广告的效果评测,谷歌就可以有选择地在电视、电台和印刷品上预先购买那些肯定具有巨大价值的广告位,然后将测试过的相关广告投放过去。表面上,谷歌在传统的广播电视广告领域除了买卖广告位,并没有多做些什么,但实际上它已经从根源上垄断了最有价值的位置。因此,在传统媒体广告者悲观彷徨的时候,在其他新媒体广告商忙碌思考的时候,谷歌早已提前部署两者结合的战略了。

可以这样理解,播客网站最有价值的东西并不是它能够赚取多少财富,而是它可以占据赚取未来财富的有利地势。有分析家指出,视频网站已经成为新媒体时代最能吸引用户的应用。从 2006 年开始,视频用户的规模、覆盖面以及流量翻了好几番,播客网站已经越过了靠内容吸引用户的阶段,反过来已经靠着用户吸引内容、吸引资金、吸引所需要的一切。大家意识到,播客网站已经成了一个渠道,越来越多的传统音视频内容制作机构、提供机构开始尝试与它们合作,从而产生了许多非常成功的推广与共赢模式。

三、百花齐放的 2.0 时代(繁荣期)

准备期之后,Web2.0 不再只是预言家和学者夸夸其谈的文字概念了,而是实实在在地成了现实。用户互动成了网络应用的必备要求,通过网络,人们不再是孤独的探索者,而是彼此可以协作的关联者了。

① WiKi 维基

Wiki 一词来源于夏威夷语的"wee kee wee kee",意思是"快点快点"。在中文里被音译为"维基",而参与维基编辑工作的人员则被称为"维客"。

(1)维基源于协作精神

每一个人在互联网上如饥似渴地寻找某个知识点时,同时也会有着向网络贡献自己所知的隐藏冲动。

在向着 Web2.0 方向前进的途中,互联网不断解放的每一个人都可能成为新媒体的创作者,只是由于缺乏好的协作表现机制,他们堆砌了太多的重复信息甚至杂音与垃圾信息,而维基则提供了一个良好的协作机制与平台。

(2)维基在技术层面的实现

维基应用了万维网的底层技术,它也是一个超文本系统,通过超链接实现各种有价值信息的关联。它真正地允许任何一个人随时浏览、创建并修改内容,为了避免错误的、无意义的甚至恶意破坏的情况发生,维基为此制定并实现了以下的重要规范:

第一,保留版本:维基网站中的页面每一次更新,其版本都会被系统保留。现在,存储空间目前已经不再成为问题,这样一来,即使有某个维客将整个页面删掉,管理者也会很方便地从保留记录中恢复出最正确的版本。

第二,页面锁定:当我们充分确信某些页面的内容正确时,就可以将其锁定,不再接受新的编辑了。

第三,版本对比:在保留版本的基础上,维基站点会有专门的程序对更新前后的不同版本进行对比,并且依照一定的计算模式自动找出其差别,方便用户判别。

第四,更新描述:每一个维客在修改、更新一个页面时,要在描述栏中写上自己操作的依据和说明,这样维基的管理人员便可以有效区分出负责任的维客与破坏者,增加不负责者的破坏成本。

第五,IP禁止:尽管维基倡导"人之初,性本善",人人都可参与维客工作,但不可否认的是,总有一些破坏者、恶作剧者存在。维基的管理人员可以通过IP地址记录和封锁、禁止的功能,至少对明目张胆的破坏行为有所扼制。

第六,沙箱测试:沙箱(Sand Box)是"新手练习"的意思。维基站点一般会建有一个Sand Box页面,让初次参与的人先来此进行练习,它具有正式页面里的一切功能,在此可以随意练习操作,这样新手们在正式页面的操作中就可以最大限度地避免误操作的发生。

第七,编辑规则:不同类型的维基站点会在一些共性编辑原则基础上,再增加一些专业的编辑规则,比如采用标准、命名标准以及可约定的一些书写规范,这样便可以大大提高效率。

事实上,上述这七条原则,在BBS与Blog的多年实践中,已不再是什么需要技术攻关的难题,只需要把这些珠子串在一起,美丽的维基项链就会闪亮地展现在人们眼前。

(3) 维基的成功

维基面对几乎所有Web2.0应用都束手无策的赢利难题的态度是:为何要赢利? 不赢利同样能生存!

以人的自豪和自我体现为动力,把人类已有的杂乱信息进行数据结构化,形成可免费共享的知识体系,这是维基的核心精神价值所在。而对于网站运行的必要经济成本,维基的解决之道有两个。

第一,以知识共享为目的的公益行动,最能激发起维客自愿地、无偿地参与其中,从而最大限度地减少并抵消维基网站的运营成本。

第二,维基网站向世界证明:如果能充分利用组织里每个人的智慧,它的能量将无比惊人! 许多成熟的传统公司正在从维基模式中受益,因此无论是出于公益目的,还是出于未来发展的商业目的,都会有一定的捐赠与资助金额流向相关的维基网站。

维基网站的成功运作,也在实践上解决了信息在大众传播中的一个猜想:传播在广度与深度都能得到保证的前提下,具有极强的自我修复与校正功能,关键只在于我们是否能够建立起有效而恰当的制度。维基在这方面的成功实践,也解决了Web2.0应用探索的另一大难题:如何过滤充分互动中所产生的垃圾与冗余信息。

(4) 维基的局限

当然,维基网站不会是 Web2.0 中的终极应用,它只是朝着某个方向的一次成功尝试,维基网站的主要特征制约了它的应用范围。

维基网站注定无法应用于商业目的,因为创造它的价值来源于互联网用户无私的智力劳动,这种贡献导致维基管理者不能随意用其牟利。

从发展上来看,维基与博客是两个不同方向发展的新媒体应用,博客倡导更加自由、更加个性的创作风格,而维基却要求大家遵循必要的规则,在严格的标准制度下向着完整、充分与权威的方向不断修正,它最终所需要的是一个共性的、稳定的东西,是能够留给未来的沉淀产品。但无论是维基还是博客,它们的共性都是共享与开放,这也是 Web2.0 始终追求的中心原则。

02 SNS 社交网站

SNS,全称 Social Networking Services,即社会性网络服务,专指帮助人们建立社会性人际关系交流的互联网应用服务,一般简称为"社交网站"。

互联网的出现,完全改变了原有的社会体系。人们发现,借助于网络,可以方便地结识许多原来根本不可能认识的朋友,给生活带来新鲜与奇妙的体验。借助于网络,人们更发现,之前对于熟人社交资源的开发利用率,竟然低得可怜。而熟人社交的巨大潜力,在"六度空间"理论(详见本书第二单元第三节)中已有过惊人的展示,这是社交网络的最基础理论。熟人社交恰恰可以解决生人社交所产生的大量无效、干扰信息的困扰,"通过熟人找到熟人",便成为社交网站一开始的简单口号。

(1) 真实的价值

新媒体刚出现时,媒体人一直在做加法,即通过各种办法,尽可能地增加用户数,增加被关注的深度与广度,然而最后却发现,一味放大音箱音量,各种噪音与杂音也同步被放大并形成干扰,总体效果会下降。在过滤噪音与杂音的方法上,Web1.0 时代所想到的是,通过不断增强的编辑力量,在传播前尽可能地滤掉无效信息,力求提供给用户一个尽可能完美的结果。但面对海量的用户,有效与无效的标准很难划定,单方面的过滤与筛选又与新媒体的自由开放精神完全背离。Web2.0 时代的新媒体开始意识到,并不存在绝对无效的信息,把相应的信息传送给需要的用户,才是真正的关键。

为何不能在网络中借用现实社会里的人际交往形式呢?大家通过自己熟悉的朋友,去认识朋友的朋友,这样形成的社交关系具有简易与可靠的双重优点。而且,SNS 还在无意中解决了国内互联网言论管理中多年悬而未决的实名制难题,因为,在 SNS 中要找到日常生活中熟悉的朋友,真实姓名是必要条件。而且,由于大家都是真实的朋友,一则说话时不需要设计或伪装一个虚拟的身份,二则因为彼此相识,每个人在发言的时候会比在用虚拟网络身份时多一些顾忌、多一些责任,言论更加谨慎。

真实社交并非现实关系的简单翻版,SNS 带来的是一种基于网络手段的全新关系圈。再来看看"六度空间"理论,事实上这一理论在真实社会中缺乏实践的可能,只有到了互联网环境下,借助于 SNS 这样的 Web2.0 网络工具,理论才成了触手可及的现实。带着对熟人朋友的信任,通过系统提供的标签、简介以及交流内容,人们可以建立各种不同类型的新朋友关系;可以根据相同话题凝聚在一起,如豆瓣网;可以根据爱好凝聚在一起,如 Fexion 网;可以根据学习经历、所在学校关系凝聚在一起,如 Facebook、校内网(后改名为人人网);可以根据出行的路线凝聚在一起,如拼车网、驴友网,等等。有了最初熟人朋友的基础,再加上共性特征的凝聚,大家的关系变得更加真实而有效。

(2)游戏化的扭曲

"淮南为橘淮北为枳"的故事在互联网中发生得太多了。当红红火火的 SNS 远渡重洋来到中国并成功地复制出开心网等一批早期优秀的 SNS 网站之后,真正让它们走进大众视野里的,居然是几个简单至近乎无聊的网页小游戏。

图 6-6 风靡整个网络的"偷菜"游戏

网页游戏只是 SNS 网站众多应用中的一项,其设计本意是希望通过这种简单易玩的小应用来加强用户之间的交流。由于 SNS 网站上相互联系的大多数人都是彼此熟悉的好朋友,因此无论抢车位还是买卖好友、偷菜,这一类游戏都带有一些朋友间恶作剧与开玩笑的性质,从而迅速在网络中得到了热烈的响应。

SNS 游戏的流行正是对网络游戏未覆盖的市场的一次扫荡。网络游戏毕竟有一定的操作门槛,许多人又会因各种负面评价而退避三舍。但 SNS 上的游戏则不同,基于网页访问的游戏操作非常简单,人们怀着社交目的而来,在和朋友交流之余玩玩游戏,社交氛围显得非常轻松与自然。

之后,这些网页游戏逐渐吸取了网络游戏的运行思路,通过永无止境的升级与虚拟积分、虚拟货币的积累,不断刺激用户的好胜心与攀比心,具有刺激成瘾的所有要素。

网页游戏的火爆带给国内 SNS 发展一个虚假繁荣的外表。因为游戏吸引来的大批注册用户只停留在游戏中,用户之间交往的活跃度反而有所弱化。许多人进入 SNS 的唯一目的变成了寻找好玩的游戏,为了防止玩腻一款游戏的用户离开,网站的经营者们不得不投入更多的人力、财力去开发更多的游戏。仅靠网页游戏所带来的广告收入,既不能承载 SNS 持续不断的投入,也从根本上违背了 SNS 网站的运营思路,这是大部分经过短期繁荣之后迅速走向衰落的国内中小型 SNS 网站的共有轨迹。

(3) 开放的前景

好在 SNS 网站建立起了开放平台的概念,这使得其从技术层面上成了众多 Web2.0 网站应用的集合体。除了完善的用户资料与社交关系之外,SNS 网站还提供相册、讨论版(BBS)、日志(Blog)、网盘等服务,并建有对外部各类网站信息引用的开放式接口。因此,确切地说,SNS 已经不再是某一个单独的网络应用,它是一个平台,一个可以提供各种应用的平台。

相对成熟的腾讯、盛大网络、新浪、谷歌、淘宝等互联网公司都已经在前期投入了海量的硬件投资和人力运营成本,都坚守着各自的阵地,时刻警惕对手内容的渗透,但 SNS 开放的平台建设宗旨却毫无顾忌地将这些内容以"拿来主义"的原则引入。而对于前者来说,一方面它们不可能放弃既得利益,与 SNS 网站来到同一层次上竞争;另一方面它们也从 SNS 成熟的网络社交关系中得到了大量有效的访问流量与关注,形成了双赢的态势。这使得 SNS 网站躲过了新来者极易被原有市场占领者联合绞杀的危险。

SNS 的开放平台模式更带给了新一代软件从业人员广阔的天地。事实上人们发现,软件的创新能力并没有随着公司与团队的日益庞大而增长,许多伟大的软件一开始都只是由一两个人开发出的,而日趋庞大的帝国式软件公司正在成为扼杀编程天才的坟墓,幸好这时有了 SNS 平台,让这些潜在的、未来的 IT 英雄有了出头的希望。

SNS 是从关系网络中重新验证 P2P[①] 理论的运营平台,是完善点对点传播效能的试验场。P2P 可以更加激发互联网创造信息的能力,并通过人际关系网络去有效地自动过滤传播过程中的垃圾信息与无效广告信息。用户不再只是信息的消费者,而成为信息的传播者、校正者甚至创造者,这才是 SNS 网站所期望发展的正确方向。而那些天才程序开发员也发现,在这样一个点对点的推广环境中,自己的原始思想更容易得到用户的理解,并且可以在用户的帮助下不断挖掘它的潜力,从而获得再次起飞的机会。

③ 微博

微博的英文原词为 Miniblog 或 Micro-blog,开始被直译为迷你博客或微博客,新浪将其引入国内后开始称其为"微博",并取了一个谐音昵称"围脖",既突出它的草根性,又

---

① P2P,英文 Peer-to-Peer 的简称,可译为"点对点"或"对等"技术,它是一种网络新技术,它依赖于网络中参与者的计算能力和带宽,而不是把焦点都聚集在较少的几台服务器上。

图6-7 微博红人李开复在博鳌年会主席台上也不忘用手机发微博

突出它的易用性。从字面意义可以看出,微博源自博客,同时融合了 SNS 中的社交关系脉络特征,并借助于手机等各类移动终端设备的技术支持,以短小精悍的内容实现信息的即时分享、传播与获取。

最初在 SNS 网站中出现过微博的雏形,一般命名为"心情"或者"记录",用户通过一两句话的形式来记录自己在 SNS 网站中的各种心情、状态以及零碎的想法。最早也是最著名的独立微博网站是成立于 2006 年的推特网(Twitter),到 2011 年 1 月 12 日,该网站声称其全球用户已经超过 2 亿人。2007 年 5 月,人人网的创始人王兴创办了国内第一家微博网站饭否网。2009 年 8 月,中国最大的门户网站新浪网推出微博内测版,微博正式进入中文上网主流人群的视野。

(1) 微内容

最初的 Twitter 的定位是:使用短信告诉别人自己在做什么。因为美国的单条短信字符数最多为 160 个,再考虑到一条微博还需要加载用户名以及其他基本信息,Twitter 决定把每条微博内容的字符数量限制在 140 个以内。当微博开始被引入国内时,中国的创业者分析,每个中文字符相当于 2 个英文字符,换算出的 70 个中文字符达不到 140 个英文字符所能表达的信息量。再者国内通信运营商的单条短信字符还比国外少 20 个,不如索性抛弃这层顾虑,于是中文微博就把上限扩展为"140 个中文字符",实际上相当于 280 个英文字符。之后网易推出微博时,就制订了单条网易微博可以容纳 163 个中文字符的标准,用以强化自己的 163.com 的域名特征;而搜狐在推出微博时索性去掉了字数的限制,理由是短内容的理念已经深入用户,技术上的限制已如鸡肋可有可无。

但控制内容长度的微创作思路却保持了下来,并带来了革命性的奇迹。

◎平民化

从 BBS 到 Blog,多少次传媒的平民化努力最终都败在了新崛起的草根精英的脚下,创作门槛的存在,永远会把草根与精英分隔开。微博诞生后,140 字的限制将平民和莎士比亚拉到了同一水平线上,微博将文字的表达还原至基本信息的表达,从而从根本上最大限度地刺激了民众创造信息的激情。

◎即时化

微博内容短小,无须经过过多思考并组织语言。即使现场没有互联网,通过手机短信、手机上网或者语音电话,用户都可以将信息即时地、方便地、自由地发表出来。

◎快餐化

互联网时代的海量信息已经让人们无所适从,微博的出现无疑成了一个最好的信息快速分拣工具。在快节奏的现代生活中,我们可以利用各种零碎的、间歇的时间,通过微博来浏览、获知甚至发布最新最快的资讯,并同时决定是否愿意通过微博的外部链接去延伸阅读。

(2)单向关注

在人际传播中,为了确保信息的传播效率,人们非常注重朋友关系链的双向对接性,即人际网络中的两个人要建立起联系,必须要经过双向的握手确认。不可否认,这种联系相对比较牢固,信息在他们之间传播的效率相对较高。但是,绝对的、不加限制的、双向的朋友关系有时带给我们的并非是效率,也有可能是灾难。假设每个人交30个双向联系的朋友,那么按照"六度空间"理论,信息经过六度后就是30的6次方,就是7.29亿,如果这样的六度连接都是双向信任而没有任何流动阻力的话,可以想象我们会处于一个怎样的信息轰炸的恐怖状态中。在日常生活中,一个人的身份越高、名气越大,那么关注并加他为好友的人就越多,他确认这样关系的次数反而会越少。否则人人都能联系到他们,就会给他们带来困扰。因此,确保"六度空间"理论在现实中发挥巨大作用的关键就在于,越是有效的联系就越是单向的。

这种单向的交流可以称为"背对脸的交流",就像你是一个专心致志的画家正在路边作画,无数从你身后路过的人被你的画作吸引而驻足观看,甚至也会评点几句,而你是否愿意回头与背后的人交流取决于你的心情与需要,且并不影响这些人对你的画、你的状态的传播。

这种单向的关系与新媒体的互动本质并不矛盾,因为它截取的只是一个侧面、一个瞬间的状态。因为新媒体让我们既是媒体也是受众,所以当一条微博被发布的时候,发布者是媒体,发布者接受别人的关注;但是换成围观一条微博的时候,观看者是受众,正在关注他人的传播。无数的微博创作者之间组成了史上最复杂的犬牙交错式的全互动关系。

因为采取了单向的原则,微博的传播价值得到了最大限度的发挥,越来越多的名人、企业找到了可以实现自主控制的宣传途径,越来越多的草根平民找到了属于自己的表达平台,越来越多的思想观念找到了可以交流的自由阵地。

因为确立了单向的规定,人们发觉自己越来越喜欢这种从背后研究别人的心态,由于用户关注的都是自己感兴趣的人,对于信息的甄别标准不再受社会主流与他人观念的影响,因此用户体验的黏性越来越强。

> **案例分析**
>
> 2010年11月20日11点11分,著名海派清口笑星周立波在新浪微博上说:"网络是一个泄'私粪'的地方,当'私粪'达到一定量的时候,就会变成'公粪',那么,网络也就是实际意义上的公共厕所!大家也就有空来拉拉!!"短短几句话发表后的几小时内,数千条评论就向周立波涌去,并引发了网友与周立波的几轮骂战,周立波的新浪微博关注人数也因此骤减了20万。

一度高高在上的政府公务机关一旦接受微博的理念,改变过去的那种官腔官调,充分考虑、关注自己的人群的理解能力与兴趣点,尝试着采取他们所能接受、所愿接受甚至希望接受的方式方法去发表观点、传播信息时,就能得到出乎意料的巨大的传播效果。

> **案例分析**
>
> 2011年清明节期间,上海警方根据电信诈骗案高发的现状,专门赶制了一批网络上流行的凡客体宣传海报,用幽默生动的凡客体这样描述海报中的骗子形象:"爱打电话,爱发短信,爱装警察,爱装法官,爱装检察官,也爱说电话欠费、法院传票、银行转账、恶意透支、涉及洗钱、安全账户……我不是神马,也不是浮云,我是电讯骗子,警察一直在找我,如果我找你,马上拨打110。"海报被市民拍下照片发到微博上,再经过姚晨与李开复的转发,瞬间走红网络。

(3)即时刷新

我们不能简单地把微博看成是缩小版的博客,它真正引发革命意义的举措在于移动终端的介入。网络早期的一句流行语"我不在上网,就是在去上网的路上",意指网络占领了人们除在路上以外的时间。而微博则借助移动终端,把"在路上"也牢牢地占据了。

网络写手和菜头[①]表示,在BBS发帖,在Blog写博,门槛其实都很高。但是,哪怕是一个没有受过严格中文训练的人,只要会发短信,就能使用微博:用它记载自己某一刻的心情、某一瞬的感悟或者某一条可供分享和收藏的信息。奇妙的是,尽管信息已经高度碎片化,但是它们能自发组织,完成对某个事件的完整报道和传播,也能够记录一个普通人生活

---

① 和菜头,网络写手,网文行文风格弱智夸张,意旨则犀利刻薄,极尽挖苦讽刺之能事。

中所有的点滴,以至于整体看下来,一个人的微博似乎是一部由俳句组成的个人史。

正是由于信息的高度碎片化,信息传播与流动的速度才大大提升,整个微博媒体呈现出一种令人激动的"即时刷新"的信息更新状态,大量的内容被爆发式地创造出来,其动力与能力超过了历史上的任何一种媒体。

图6-8 几乎包含了所有智能手机类型的某微博手机客户端

几乎与此同时,飞速发展的智能手机技术解决了微内容发布的各种技术瓶颈。最早是手机短信,经过 WAP 网站,再到速度更快、用户体验更佳的各类智能手机客户端程序,可以真正针对手机的屏幕大小、输入习惯、对带宽流量节省的需求以及各种实用功能而设置。手机微博应用越来越方便,成为微博最佳、最主要的发布工具。

传统媒体对新闻事件的同步记录、同步直播,在技术上并没有什么难点可言,问题在于它必须要有充足的准备与预知性,这与新闻事件的突发性、不可预知性产生了根本的矛盾。对此,手机微博却提供了新的解决思路:让每个角落都有新闻报道者存在,人人都可以通过微博汇集起海量的信息,单向关注的过滤机制有条不紊地将它们各就各位,真正引领着信息喷发时代的到来。

(4)生态平台

微博是一个整合了微关系,聚合了微内容,创造了微社交的大众传播工具,有人将其称为"微媒体",其实质是新媒体发展过程中一个里程碑式的应用工具,它解决的重点是及时与互动。真正使它摆脱了其他 Web2.0 时代产品面临的困惑的是:它开创了一个全新的生态平台。

微博因其天生"细微短小"的特点,对已有互联网产品有着天然的"亲近性",它们相互之间的竞争关系较弱,或者更准确地讲,没有谁会把它看成是竞争对手。

在 RSS 技术、SNS 理念的铺垫下,微博将开放的策略实施得更加彻底。它将自己的网站服务封装成一系列应用编程接口,并开放给第三方开发者使用,这被称为开放网站的 API(Application Programming Interface)。相比其他网络应用,简单的微博更能吸引第三方开发人员的兴趣。

☞ **案例分析**

春秋航空是国内一家以提供廉价机票为特色的航空公司,在介入微博应用之后,它们发现,单一的主动发布很难体现出微博即时互动的特点。因此,它们通过第三方开发的软件,实现了微博查询低价机票的功能:任何微博用户,只需要按照"出发点 + 目的地 + 出发年月日 + @春秋航空"的格式发布一条微博,就会在几秒钟之内收到春秋航空官方微博的回复,获知符合这些条件的最低票价的查询结果。

有一个中国联通的用户在北京用手机上网时,因为信号连续几次意外中断而发表了一条微博抱怨,在微博发出不到一分钟的时间内,他就收到了中国联通客服官方微博账号的私信,对其问题作出回应。原来联通使用了第三方扫描工具对微博用户有关服务的意见与话题进行实时跟踪分析,只要信息具有共性或代表性,就可以排入优先关注之列,并保证第一时间对其作出回应。

图 6-9　2010 年 11 月 16 日,中国首届微博开发者大会在北京举行,新浪携手红杉资本、IDG 资本、创新工场、云锋基金、德丰杰五大顶级投资机构,正式启动中国微博开发者创新基金,一期规模为 2 亿人民币,这也是国内首个专门针对微博应用开发的基金。

这些针对 API 接口的第三方开发者并不需要庞大的硬件与技术投资，而且绝大多数只需要一两个人就可以轻松快捷地创业，微博庞大的用户平台正好是他们绝佳的试验场所，一旦成功，他们就可能获得无限的商机及财富。此外，第三方给微博带来了更具趣味性与实用性的应用，平台运营商可以获得更多的流量与市场份额，这恰恰达到了双赢的目的。微博开放 API 是大平台发展、共享的途径，它可以让开发者在开发一个有价值的应用时付出更少的成本，获得更多的成功机会。

到 2009 年年底，Twitter 的 API 上已有了 5 万多款注册应用。2010 年 4 月，Twitter API 的日均访问量为 30 亿次，已经接近雅虎。

微博所创造的平台系统已经不只是简单的平台与开发者之间的双赢了，它体现了"大企业做平台，中间企业做应用，小企业做周边的服务"[①]的一整套生态链。微博的平台系统呈现出一种自给自足、相互倚撑、良性循环的发展状态，在整个系统中，不论大企业小企业，均能找到自我生存与自我发展的位置，微博的平台系统因此被称为生态系统。

04 微信公众号

微信公众号是建立在微信聊天产品基础上的一个平台化的新媒体产品，它与先期成功的"微信聊天"及其衍生的"微信朋友圈"、后续的"微信支付"等功能，一起构成了一个庞大、复杂且相互促进的新媒体生态。它完全打破了社会对媒体的固有概念与范畴的认知，将媒体必须符合用户需求的理念进一步发挥到极致。

首先，微信公众号完全满足了用户对个性化信息的需求。微信公众号的订阅机制近似于半封闭的圈子，信息发布者可以与用户保持较为深度且长期的互动关系，以便相对深入地了解每一个用户的信息需求，并能够把这种情感共鸣性的信息传播特性发挥到极致。微信公众号依赖于微信聊天交流的社交关系，用户关注或订阅某个公众号，绝大多数是因为好友的推荐与分享，在这种交流分享过程之下，埋藏着大家共同的兴趣、共同的经历或者诉求，由此形成的认同感可以紧紧绑住公众号与订阅用户之间的关系。大量的企业、机构甚至过去的所有媒体，都发现了公众号的强大魅力，纷纷在平台上开设账号、联系用户、发展关系、推送内容。

其次，微信公众号更好地诠释了信息碎片化发布的价值。虽然公众号的平台支持当下几乎所有的信息内容表达形式，但是就单独的推送内容来说，微信公众平台都会选择相对简洁的模式，可以是一篇文章、一张图片、一段语音、一段视频，或者它们中任意两三者的组合。内容的高度碎片化特征非常符合用户在手机端利用碎片时间随时随地阅读

---

① 胡延平.新浪何以引领中国互联网开放潮流[EB/OL].(2010-11-16)[2012-04-11]. http://tech.sina.com.cn/i/18494872229.shtml.

的需求,这种碎片化的信息在推送发布之后,更加利用了订阅者在移动互联网上的及时分享,从而获得了连锁式的更大范围的传播。

再者,微信公众号的平台化生存环境造就了它极强的营销优势。前面提到过,微信公众号与微信聊天、朋友圈、微信支付以及后来的微信小程序共同组成了一个功能几乎包容一切的庞大生态环境。公众号平台向发布者提供了大量灵活的对外接口,让公众号不仅可以向订阅用户发布信息,还可以通过接口程序实现各种查询、问答、订购、缴费等涉及民生、商务、社会生活等丰富领域的功能。更重要的一点是,几乎每一个公众号的背后,都会建有相应的微信交流群,用户在自主选择的前提下可以获得更好的互动沟通。它打通了移动通信与互联网之间的桥接点,并通过开放合作,让越来越多的单位与个人可以借助微信的平台,成就自己宣传与营销推广的目的,并不断出现各种成功的范例。

> **案例分析**
>
> 2011年11月,蒋烨受朋友影响开始使用微信,他通过定位查找附近的微信网友,主动和他们打招呼,推销服务。不久,就有一些网友主动联系他。很快,"预约送机"逐渐火了起来。乘客们只要提早三四个小时通过微信预约,告知航班时间、接人地点,蒋烨便会准时、安全地把客人送到机场。2012年3月3日,蒋烨和另外20多位的哥组建了"杭州出租车预约微信车队"。现在,车队已拥有100辆出租车,每位的哥都有自己的编号。"再碰到同时预约的情况,大家就在微信上喊一嗓子,就近的队友会前去服务。既省时,又省事。"蒋烨说。2012年5月初,微信车队的网站成立,粉丝数量猛增。蒋烨微信号码簿里的乘客数量也从当时的几十人扩展到了500多人。蒋师傅的微信叫车服务一下子成了许多媒体关注的焦点,成为早期利用微信开展自发式服务的一个成功典范。[①]

2017年,微信正式推出小程序,利用微信已经在社交领域取得的极大成功,进一步降低了移动互联网功能应用的普及成本,让人们仅通过微信一个App就可以随时对接各种网络应用,实现"随时可用,用完即走"的目的。从腾讯公司的角度来看,微信小程序进一步巩固了它移动互联网的霸主地位,是一个成功的战略级产品;而从整个互联网市场的发展来看,小程序让互联网工具回归到了满足用户需求的服务本质,以更轻更合理的形态直接到达目的地,它是一种突破性的产品进化,是互联网服务用户生活、满足用户需求的集中体现。

---

① 马悦."万元的哥"是怎么炼成的——微信预约出租车[N].浙江日报,2012-09-25.

四、圈地而居的跨时代新霸主

除了冠以新媒体面貌出现的博客、微博、微信等应用之外，互联网时代更是出现了一些功能单一却能跨越 Web1.0 与 Web2.0 两个时代的新霸主，让人不得不感慨技术发展的神奇之力。

① 即时通信工具

即时通信（Instant Messenger，简称 IM）指能够即时发送和接收互联网消息的业务，它的表现形式一般是若干个终端服务软件通过一个通讯网络的服务器相互进行即时的信息联系。

（1）霸主地位的形成

最早的 IM 发明者是三个以色列青年维格斯（Sefi Vigiser）、瓦迪（Yossi Vardi）和高德芬格（Yair Goldfinger）。1996 年，他们决定开发一种使人与人在互联网上能够快速直接交流的软件，并为它取名为 ICQ，就是"I Seek You（我找你）"的意思。ICQ 支持在 Internet 上聊天、发送消息、传递文件等功能。6 个月后，ICQ 宣布自己已经成为当时世界上用户量最大的即时通信软件，第 7 个月的正式用户数超过 100 万。1998 年，ICQ 在注册用户数达到 1200 万时，被美国在线（AOL）收购。其主要市场在美洲和欧洲，是当时世界上最大的即时通信系统。

图 6-10　最早的 IM 软件 ICQ

1997 年，马化腾接触到 ICQ，决心与伙伴自主开发一款同类型的中文软件，并将其卖给有实力的大企业。软件开发成功了，但投标却失败了。商量过后，马化腾与大学时的同班同学张志东决定注册成立"深圳市腾讯计算机系统有限公司"，自己来运营这款软件，并将其命名为 OICQ，以表示对模仿的 ICQ 软件的尊重。2000 年，OICQ 几乎占据了中国即时通信软件 100% 的市场，在 ICQ"名称侵权"的诉讼之下，腾讯将软件更名为 QQ。根据中国市场的特性，QQ 陆续开发了手机聊天、BP机网上寻呼、聊天室、点对点断点续传文件、共享文件、QQ邮箱、网络收藏夹、发送贺卡等附加功能，并不断整合腾讯公司的门户网站、网络游戏、电子商务、网页Game、搜索、空间、微博等一切可以想到的内容与应用功能。2010年3月5日，腾讯宣布QQ同时在线用户突破1亿，其注册用户总数早已超过10亿，成为互联网界的一个巨无霸。

1995年，微软推出了网络服务（Microsoft Service Network，简称MSN），1999年开始推出自己的即时通信软件MSN Messenger，中国网民习惯上直接把它叫作MSN。借助于微软的强大品牌优势以及MSN软件自身的优势，其用户规模迅速发展，到2003年，MSN每月的活跃用户已突破1亿，超过了雅虎的Yahoo Messenger，在国外仅次于ICQ，在国内仅次于腾讯QQ。

随着腾讯QQ与微软MSN的迅速发展，国内各大门户网站也感受到了即时通信市场的诱惑，纷纷进入这一领域。新浪于2004年收购UC即时通信服务，将其更名为新浪UC；2002年11月，网易推出了自主开发的免费即时通信工具网易泡泡（POPO），一度以免费给手机发短信服务吸引了不少的注册用户；为了促进自己的电子商务发展，阿里巴巴于2002年9月推出阿里贸易通，2004年1月推出淘宝旺旺，这两款专门服务于商务贸易的即时通信软件在之后又合并升级为阿里旺旺，借助于电子商务的蓬勃发展，用户激增；百度也于2008年推出了自己的即时通信工具百度Hi；就连移动通信运营商巨头中国移动也无法按捺自己对这一市场的渴求，于2007年正式推出了中国移动飞信，力图以PC与手机之间的互联与资费优惠优势分得一块市场份额。其他进入国内的即时通信软件还有搜狐的搜Q、雅虎的雅虎通、盛大的圈圈等。但2012年年底微软停止MSN Messenger服务后，腾讯QQ的一家独大之势便更加难以被阻挡了。

（2）无限接近用户的传播功能

各种新媒体应用往往在起步阶段的解释说明比较费力，然而，即时通信工具关于"网上免费对话"的功能却让人一听就明白。

从习惯上来说，即时通信工具是一款点对点的软件产品，虽然从技术结构上来看，所有信息都会有服务器处理与中转的环节，但毕竟从应用形式上来讲，它依旧表现为每一个单独的人与人之间的联系，每一个客户端程序都会对应一个用户，它是对于用户使用习惯与使用感受最敏感的应用。因为每天在用、随手在用，即时通信工具更明白用户需要什么。即使在严格保护用户隐私的前提下，仅在表面上对用户的使用行为进行分析也可以让即时通信工具运营商获得一笔巨大的财富。

即时通信工具是新媒体时代最接近人际传播的一款应用。在整合了文字、语音、视频等多媒体信息传送技术之后，它尽可能地将人际传播所具有的信息符号丰富、刺激力强以及传送直接、反馈及时等优点发挥得淋漓尽致。同时，我们又再次感受到它在人际传播基础上所融入的大众化特色:我们在使用即时通信工具时,并不是只与一个人交流,而是同时与两个甚至与多个人交流,聊天群、对话组、一键转发、好友推荐,这些不断增强的功能正在逐步弥补原先人际传播中出现的信息量有限、传播速度慢、影响范围小的缺陷,而且即时通信工具的数据转发机制也基本上解决了信息丢失率高、错误率高的问题。人们以往经常说"口说无凭",但即时通信工具却以聊天记录的方式留下了凭据。在国内多起民事纠纷案件中,多数法官认为,在能够证明 QQ 用户名与当事人形成关联,并能证明聊天记录未曾修改、伪造的前提下,聊天记录可作为定案证据使用。

可以说,即时通信工具是新媒体时代最富大众化特色的人际传播方式。

(3) 强者恒强的扩展现状

即时通信工具能否真正被大众接受,取决于它是否好用与有用。好用体现在软件产品的易用程度上,而是否有用则必须要看它所覆盖的用户。作为一个即时通信软件,最重要的是可以找到想找的人。因此,用户越多、覆盖面越广的通信软件,越能够对新用户产生吸引力。

鉴于市场竞争的考虑,几乎所有的即时通信工具在开发之初就确定了不同产品之间不能互联互通的原则,因此在这一市场上"先入为主"的"马太效应"显得尤为突出。即使由于市场形势所逼,出现过处于竞争劣势位置的弱者联合的情况,例如 2004 年网易泡泡与 MSN 实现互通,2006 年雅虎通与 MSN 实现互通,但事实却证明,这种弱弱互通的努力并没有对既有市场格局产生明显的影响。

☞ 案例分析

2010 年,由于腾讯高调杀入安全软件市场,引起了此时原本占据该市场老大位置的奇虎 360 的强烈不满。10 月 29 日,奇虎 360 推出一款名为"扣扣保镖"的软件,专门监管控制 QQ 软件的功能运行,甚至还可以过滤、屏蔽 QQ 的广告、弹窗。此举激起了腾讯方面的迅速反应。2010 年 11 月 3 日,腾讯发布公告,以一个"艰难的决定"宣布:在装有 360 软件的电脑上停止运行 QQ 软件。此举引发了业界震动,之后工信部、公安部以及互联网协会介入此事,以行政指令要求双方停止对抗,以双方软件最终宣布兼容结束。业界称之为"3Q 大战"。①

"3Q 大战"反映出中国互联网的市场竞争情况十分复杂,也涉及更为复杂的商业利益关系。从新媒体传播的角度来看,原先作为网络环境下对人际传播进行革命性推动的即时通信工具,在巨大的商业利益与健康的产业发展之间产生了严重的矛盾。

---

① 详见新浪网专题网页:http://tech.sina.com.cn/z/qihuvsqq/index.shtml。

> 对于既有市场的占有者来说,一个封闭的产品链更加有利于自身利益的最大化;而对于整个媒体市场而言,开放与竞争却又是唯一的出路。有关"3Q大战"的观点与争议颇多,网民有着一个共同的观点:我们不希望产生绝对的垄断者,腾讯在即时通信领域的独霸地位使得它无须再去进行什么研究、寻求什么创新,但凡有人在某一方面小有成就,就会被拿来模仿与复制,QQ追求的不再是作为新媒体工具所必须关注的用户需求,而是企业对利润有需求,便立即增加功能面板,进行用户捆绑。大战所暴露出的更是对于这个行业来说非常实际的艰难抉择:依托庞大用户数的扩张之心是否永远有效?面对互联网市场的未来,创新与复制,究竟哪一条才是正途?事实上,这一点对于成长中的奇虎360来说依然有效。也有人指出,面对市场占有率的提高,如果没有一个清晰明了的发展思路,仅仅着眼于对商业经济的追逐,假如奇虎360或另外一家企业同样达到了腾讯这样的市场霸主地位,会不会再次衍生出一个新的封闭式产品链呢?

在移动互联网兴起之后,市场上开始出现一些针对不同的手机使用环境开发的IM产品,比如KIK、米聊,等等,它们具备了挑战并替代QQ的一些可能性。只是腾讯公司迅速反应过来,自我革命,另起炉灶,于2011年推出了微信聊天应用,一举压过其他的竞争对手,完成了超越QQ、替代QQ的历史重任。2020年的最新数据显示,微信用户已经突破11亿,成长为全球最大、最成功的IM产品。而对于腾讯公司而言,这只能是对"强者恒强"的事实的佐证。

阿里巴巴也在IM产品领域屡败屡战式地不断进行尝试,在旺旺、来往等产品先后夭折之后,2015年上线的钉钉终因其针对企事业单位在商务沟通与工作协调方面的特点,以其独特的应用领域与专业化的功能服务,逐渐成长为国内市场地位第二的IM产品。

② 搜索引擎

最早的搜索引擎只能称为一种搜索服务,它随着互联网第一门户雅虎的建立而兴盛,其实质只是一种由人工整理维护的目录式服务。它通过人工方法精选整理互联网上的各个优秀网站并进行编目,然后通过简单的数据库程序对关键信息实现检索,是以网站为主体的搜索,并且信息的增减与修正都需要人工来操作完成,信息的滞后性较明显。

(1) 技术的价值

真正意义上的搜索引擎指根据一定的策略,运用特定的计算机程序从互联网上迅速而海量地抓取采集信息,对于采集到的信息再进行系统化的组织和处理后,为用户提供全方位的各种检索服务,并将检索到的相关信息按照特定的规则与排序展示给用户的一整套系统。

因此,为了真正实现搜索引擎的智能化、精准化,必须从技术上解决两大难题。第一,网页信息的搜集。搜索引擎一般都通过专门的搜索程序自动扫描整个互联网中的所有页面,网民常把它称为"蜘蛛"程序或"爬虫"程序,有时也会直接称之为"抓取机器人"。它们会以极高的效率与科学的排班算法,不知疲倦地"爬"遍网页,并且自动建立起数据库,以方便结果从搜索中产出。第二,对收集来的信息进行处理。其中最重要的是提取关键词、建立索引文件,然后对比分析去除重复网页、分词①处理、判断网页类型、分析超链接、计算网页的重要性与丰富度等,以提供最终检索结果,方便用户综合判断,这将会极大地提高我们最终搜索结果的准确性。

搜索引擎利用分词词典、同义词典、同音词典等材料改善检索效果,通过这些词典处理形成一个知识体系或概念网络,当用户搜索"电脑"时,搜索引擎会询问他是否需要同时搜索"计算机";而当用户打出错别字时,比如输入"天锡良缘"进行搜索时,系统就会询问他是不是想搜索"天赐良缘",甚至还会根据已有的搜索热词热句,当用户只输入一个或少量几个字时就出现以此字段开头的其他热门搜索条件,从而给予用户智能提示,最终帮助用户获得最好的检索效果。

之后,搜索引擎开始分成两个方向继续深入发展。第一是面对大众方向,以谷歌为代表,它以大众的搜索行为为基准,通过具有一定科学性的内部算法判断网页的重要性,用以最终确立搜索结果的排序。由于建立在广大网民普遍的搜索习惯上,这样的标准具有广泛的通用性,

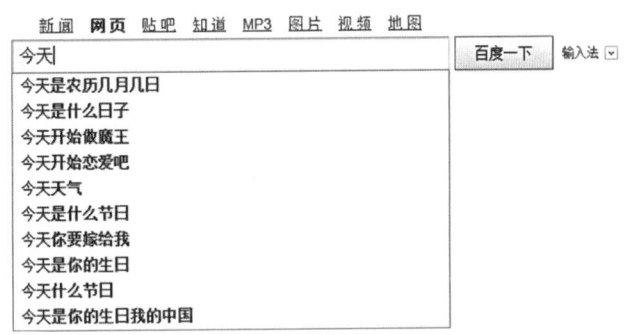

图 6-11 在电脑进行搜索操作时的界面截图

也有利于最终结果的准确显示。第二是个性化方向,通过用户系统、登录机制积累并熟悉用户的日常习惯,然后在搜索引擎的基础信息管理库中引入个人因素,并以此来修改调整不同搜索结果中的权重与排序。这样一来,相同的搜索要求搜索出的结果会针对不同搜索者的个人特点而不同,这样的结果与用户的关联度更深,相对个人来说准确度也更高。

---

① 分词:这里的分词指在互联网技术领域对于中文语句的电脑智能断词断句技术开发。

(2) 海量与碎片的和谐

在互联网完成了初始阶段的建设之后,网络信息的丰富度不仅大大地完善,更以前所未有的速度惊人地增加,仅以2009年谷歌在英国的一次应诉中所称的"不应该为自己收录的390亿网页负责"一语我们便可以看出,持续加速积累的互联网网页数量早已超出了人类人工识别的极限,这种真正海量化的概念让任意一张网页上的信息都成了令人难以把握的碎片。在这浩瀚无际的信息海洋中,信息要准确传播给需要的对象,用户要迅速寻找到需要了解的信息,必须依赖搜索引擎,它已成为互联网航行者不可缺失的指南针与灯塔。

如果没有搜索引擎,信息无止境的高度积累将会成为一种带有副作用的数据堆砌,人们迎来的将会是一个信息泛滥的时代。单个信息的碎片化,在总体信息的海量化下,往往会出现有效信息找不到阅读者,而需求者找不到有效信息这种不对称的情况。

如果说,互联网是在发掘每一个网民之间的弱连接关系,那么搜索引擎的技术解决方案就是发掘并建立所有碎片化信息之间的弱连接关系,甚至它们与网民之间的跨界连接关系。这是一种突破了以往所有模式的连接关系,它最大限度地解放了信息中所蕴含的价值与生产力,从而真正地彻底引发了我们经常提及的信息革命。搜索引擎让每一个网民的信息获取渠道变得更加便捷、高效、成本更低。因此,使用并依赖于搜索引擎的用户数量飞速增长,不可小觑。

(3) 价值与产值的统一

由于拥有了庞大的用户群,在"流量就是王道"的互联网领域,搜索引擎的巨大经济价值由此产生。所有的广告主都愿意为自己的碎片化信息付费以期望在海量的互联网信息世界中占据一个制高点,由网络用户、搜索引擎网站、中小网站组成的搜索引擎网站联盟、广告主以及服务于搜索营销的广告代理公司等各环节组成了一个完整的产业链。

以谷歌、百度这样的成功搜索引擎为代表,它们提供的搜索功能非常强大而且免费,这些优质的网络应用为它们吸引了大量的优质网民和用户。搜索引擎乘胜追击,开发了其他大量有价值的服务,将这些网民留下,以期从这种"停留"下来的网民中挖掘出可观的价值。从这个角度可以诠释搜索引擎在互联网信息链中所承担的与发动机相类似的"引领和发动"作用。

用户基础庞大,赢利模式清晰,这使得搜索引擎行业成为目前最具投资价值的领域。虽然在传统大众搜索领域存在固有霸主,但刚刚兴起的垂直搜索与移动搜索却拥有更为广阔的应用市场。它们对不同的搜索范围与搜索应用进行了更为精准的搜索定位,解决了通用搜索引擎信息量大、查询不准确、深度不够等问题,从而使得服务更加专注、具体和深入。

此外,搜索引擎对于一个国家的文化、历史的价值更是不可忽视,搜索引擎的立场与倾向性不可避免。占据了这个制高点,等于占据了最有话语权的位置,这对于推动本民族文化在世界的传播具有高度的意义。

五、厚积薄发的视频应用

从习惯上来讲,视频只是内容表现的多种形式之一;从时间线上来看,网络视频也几乎是随着互联网发展的每个阶段始终如一地伴随着发展的。但是,视频却因其对信息的独特表达及传播特性而积蓄起了日益强大的表现能力,最终在新媒体应用中占据了一个令人无法忽视的制高点。

01 困惑中的缓慢突破

视频并非为新媒体所专有,传统媒体时代,正是因为能够集视听为一体的优秀表现,以视频内容为核心的电视媒体才成为当时的传媒之王,影响力与用户覆盖能力远远超过报纸与电台媒体。所以,互联网从诞生之初决心改变传媒格局的时候,自然也不会忽视视频内容的表现与发展。

(1)格式之扰

视频格式实际上指视频编码的格式,它在互联网之前的影像视频数字化时期就开始受到重视了。技术人员发现,直接从模拟视频信号采集下来的文件存储空间大得惊人,不到 10 秒的影像,其存储空间就几乎接近 1 个 G。如此巨大的空间占用量,势必会影响视频信息的传播与交流。经过努力,研究人员通过特定的编码技术,可以将视频图像数据中的大量冗余信息过滤掉,并改变一些不太重要的像素值,这样只需要在用户容忍范围内稍微损失一些清晰度,就可以把整个视频文件压缩到原大小的 1/10、1/100 甚至 1/1000。正是在"尽可能小的清晰度损失换取尽可能大的压缩效果"的指导思想之下,百花齐放的视频编码格式开始层出不穷,从基础上开始解决视频信息从本地走向网络的最大障碍。

在发展的过程中,一些在该领域技术相对领先以及市场份额较大的公司,凭借其自身的影响优势推广了自己开发的视频编码格式:比如 Real Networks 公司的 RM 格式、微软公司的 WMV 格式、Adobe 公司的 FLV 格式,以及苹果公司的 MOV 格式,等等,它们都曾在一定的阶段内先后占据市场的主流地位。但是这些单独来看都非常优秀的编码格式,却存在着一个极其重要的先天缺陷,就是它们之间相互不兼容。这就导致了以下几个问题:第一,每种编码格式的视频都只能使用自己公司的播放器软件播放;第二,互联网上的浏览器都必须加载、配置多种不同的专门编解码器的插件;第三,相互之间的格式转换方法不仅烦琐而且极易损失大量图像质量。这其中,最大的原因就是商业利益,因为谁都想尽可能地推广自己的格式,同时打压并期望淘汰其他公司的格式。

之后,为了真正充分利用先进科学的新视频技术,避免浪费社会资源,相关国际组织开始推动制定一系列视频数据编码标准,从而不断减少了流行编码格式的数量,更有效地推动了视频信息的交换与传播。这里最为重要的编码标准包括国际运动图像专家组推出的 MPEG 格式,并从 MPEG-1 一直发展到 MPEG-4,很多场合下简称为 MP4;国际电联视频编码专家组与国际标准化组织运动图像专家组联合组建的联合视频组(JVT)共同制定的 H.264 标准;以及在 2013 年获得批准的 H.265 标准。这些新兴的视频编码格式以更快的处理速度、更小的存储空间,全面适应高清图像的实时编码。在这期间,虽然许多著名公司都还在继续力推广自己的视频编码格式,但总体而言,他们都开始主动与主流编码格式进行兼容,这种发展思路已经成为一种共识。

值得补充的是,音频编码格式的发展路径大抵相似,并几乎随着视频编码格式的发展进步而同时推进,甚至许多视频编码格式中就完全包含了对音频部分的统一处理。

进入移动互联网时代的 2008 年之后,视频格式给互联网带来的困扰已经基本不复存在,视频信息内容在互联网上的传播也开始进入发展的高潮阶段。

(2)带宽之限

视频编码格式虽然成功地压缩了大部分冗余信息,使得视频文件越来越小,但即使经过最优秀的编码压缩,视频文件所占的容量依然比图片、文本文件大得多,依然需要足够的网络带宽支撑。而互联网传播带宽的实际表现就是指网速(详见学习单元五的三/01 部分),它取决于一个国家及地区的骨干网建设、接入网建设以及用户上网终端设备的共同升级与发展进步。

因此,我们就会看到,对于具体用户而言,无论是只有几十 K 的 Modem,还是最大 512K 的 ISDN 设备,都不足以支撑网络视频所需的基本带宽。在被称为互联网"窄带"的时期,互联网视频唯有"削足适履",尽可能地缩减视频文件大小或采用视频缓冲技术来改良并克服这一问题。

为了适应较窄的带宽条件,早期的互联网视频大多只能采用较小的画面尺寸、更低的图像像素,甚至降低图像的帧率[①]。虽然这样的视频质量可以用"惨不忍睹"来形容,但它毕竟使视频在较窄的网络带宽中播放变成了现实,这是从无到有的一个飞跃。

---

① 常规图像帧率为每秒 25 幅或 24 幅,降低帧率之后的视频就会产生类似动画片一样的卡顿效果。

视频缓冲技术也是为了保证视频在窄带网络上能够正常播放的一个重要解决手法。因为早期的网速还会出现忽快忽慢的不稳定现象,所以大多数播放器就采取了边下载边播放的策略,先在本地电脑上建立一个缓冲的临时文件区用以存储已经下载下来的视频文件,然后再从这个缓冲区里读取文件进行播放。这样,网速快的时候就多储存一些可以支持正常播放更长的时间。一般来说,较长的视频文件也只需要在开始时多缓存一些就可以支持长时间的不间断播放了。

事实上,随着互联网基础建设的愈发完善、光纤到户、5G 开通这些大的技术的应用推广,互联网的平均网速已越来越快,网络视频也开始从低码流提升到高码流,从模糊画质提升到精细画质,再到令人眩目的高清画质,而视频缓冲技术却一直保持着应用状态,因为它是确保视频在各种网络实际环境下都能实现流畅播放的一个重要技术手段。

02 演进中的阶梯飞跃

根据不同阶段的互联网带宽状况,网络视频的内容产业呈现出极其明显的跳跃式发展变化轨迹:

◎1996 年至 2004 年,互联网窄带时代,视频内容做着各种各样的谨慎尝试;

◎2005 年至 2018 年,互联网宽带时代,网络视频应用开始全面拓展,并催生了一大批应用网站;

◎2019 年开始,在向 5G 时代快速前进的过程中,网络视频应用全面爆发,"内容为王"的口号声之外,频频出现"视频为王"的声音。

(1) 窄带视频,开荒尝试

在互联网窄带时代,人们对于网络视频的关注点,更多地集中于"能不能放""可不可以看"这些方面,基本还没有出现专门提供视频服务的网站,一些较有实力的网站都还是以提供图文信息内容为主,偶尔有一些视频内容,也只是用来点缀与补充,以彰显自己在技术与手段上的相对领先地位而已。更重要的两点原因分别是,国内对于网络带宽的双向收费制度,以及视频内容的存储成本这两方面的限制。用户通过互联网访问内容需要支付一定的上网费用,这点大家都很清楚。但一般人不了解的是,提供信息内容服务的互联网网站也需要根据用户访问量的大小,向网络运营商支付相应的带宽费用。因此,相对于图文信息,提供视频服务的流量成本也就大得惊人了。而且,用以存储视频信息内容的规模,也是相对应的图文信息内容的数百倍甚至更大,这在存储设备成本还未能大幅降低的时候,同样是制约视频服务网站发展的重要障碍。

即便如此,视频内容在互联网领域里开荒式的种种尝试仍然不可阻挡。当然,驱动网络视频内容发展的市场化元素尚未形成,此时的动力更多的是来自与视频相关的行业业务宣传的需求。比较突出的一种是各级电视台官方网站,既然电视台的主体业务就是提供视频节目内容服务,那么在官网上也就要以提供视频内容服务为主。压缩转码比较烦琐,那就挑选少部分较短的精品栏目上网;直播消耗的网络带宽较大,那就尽可能选择某一个频道、甚至某些特定时段进行网络播放。另外一种就是各级互联网运营商的网站,对于它们而言,一方面,网络带宽的成本无须考虑,而且还得保证最优质的网络响应;另一方面,运营商自然希望能够介绍并推广这种可以大量消耗带宽,从而给自己带来更多收益的网络服务业务。

只是,受限于整体网络环境与软硬件的条件,这一阶段的互联网用户对于网络视频的普遍感受只能是"雾里看花,美却模糊"。

(2)宽带视频,全面拓展

2000年之后,中国电信开始全面推行ADSL[①]上网业务,而与之竞争的联通、网通、移动等运营商则针对网吧客户展开宽带业务的竞争。与此同时,传统的计时或计量的上网收费方式也得到改变,包月制开始成为主流。此次竞争不仅提升了中国网民的上网网速,更是降低了上网的成本,宽带环境解开了视频内容传播的束缚。

2005年,借鉴美国Youtube吸引用户创造生产内容为主的方式,国内以土豆网的创立为标志,56网、激动网、PPTV、PPS纷纷上线运营,随后的2006年,优酷、酷6、爆米花等又一批视频网站先后成立,原先走门户网站路线的新浪、网易、搜狐等也趁势开始以视频频道为重点发力抢占市场。数百家视频网站开始扎堆出现,它们借助播客的产品概念来解决早期的内容生产来源问题,之后又借鉴在美国凭正版影视内容获得成功的视频网站Hulu,辅以各种影视剧集的购买发行,然后再通过用户聚集来吸引网络广告收入从而实现收支平衡。这一发展热潮一直持续到2008年前后,随着国家确立视频网站经营牌照许可制度[②],以及这一时期开始出现的全球性金融危机,大批视频网站遇到发展瓶颈,有400多家视频网站陷入"融资困难"危机。经历了一番相互之间的整合、并购操作,有的网站选择了上市募集发展资金之路。从2010年6月到2011年8月,酷6、乐视、优酷、土豆等先后在美国纳斯达克、国内创业板以及美国纽交所等地上市,从而解决了可持续发展的资金问题,并奠定了它们各自在视频网站这一领域的领先地位。

此后,由于视频产业的资金、成本高消耗特点,视频网站的兼并、整合贯穿始终。2012年8月,优酷与土豆宣布完成合并,虽然地位持续下降,但优酷土豆依靠这样的强行

[①] Asymmetric Digital Subscriber Line,非对称数字用户线路的字母缩写,它的特征是上下行速度不对称,上行速度一般只有1Mbps,而下行速度目前最快已经达到24Mbps,非常符合用户日常上网的需求。

[②] 2007年12月20日,国家新闻出版广电总局和信息产业部联合发布第56号令,颁布《互联网视听节目服务管理规定》,明确所有从事互联网视听节目服务的媒体与机构,均须依照本规定取得广播电影电视主管部门颁发的"信息网络传播视听节目许可证"。

整合,勉强保住了自己领先的地位;2013年5月,百度旗下的爱奇艺并购PPS后,发展势头一路上升,于2018年独立在美纳斯达克上市;而曾经领先的一大批视频网站,如PPTV、酷6、56、乐视等,虽历经多次努力,仍然无可奈何地退出了一线阵营,有的甚至直接下线停止运营。而相对较晚,到2011年才最后入场的腾讯视频,却因依靠集团化的用户、流量以及资金优势,强势逆袭,一路赶超对手,进入第一阵营。最终,网络视频市场形成了腾讯视频、爱奇艺与优酷土豆三强鼎立的局面。

就在这一轮优胜劣汰之中,最初的用户生产内容的播客模式逐渐萎缩,正版影视剧集长视频内容的采购发行比重不断上升。这一方面快速推动了网络视频内容正版化的进程;另一方面,居高不下的内容版权采购压力也转化为这些视频网站进入内容自制领域的动力。各种网络自制影片、自制剧集开始不断涌现,其内容范围涵盖了影视、综艺、娱乐、时政、军事、文化等各个领域。这些风格不一、丰富多彩的自制内容,首先帮助视频网站省下了大笔内容采购经费;其次也成为各家网站树立自我品牌、实现差异化竞争的重要因素;最后更可以促成对外销售版权或直接吸引用户付费的新商业模式的成形。

(3)移动视频,整合爆发

在视频网站行业洗牌破局的过程中,除了各个实体基本的资金、策略与手法方面的差别之外,整个互联网市场环境的变化因素也不可忽视。其中最突出的一个重大变化就是:越来越多的网络用户逐渐抛弃PC电脑终端,转而开始依赖手机、平板这些可移动的智能终端上网。这使得原先基本成形的市场格局,开始出现翻天覆地的变化,更是给新入局者提供了全新的市场机会。

首先,智能手机的技术进步与产品换代催化了整个互联网的移动化进程。以2007年苹果公司发布iPhone手机为标志,手机从通信功能向智能功能的转型,不仅颠覆了手机这一硬件产品行业,更是革新了整个互联网行业。因为,随着智能手机的屏幕越来越大、分辨率越来越清晰、网络支持越来越流畅以及芯片性能的飞速提升,凡是PC电脑所能具备的功能,手机都在一项一项地攻克并具备——网民开始发现,在手机上几乎可以做在电脑上做的一切工作,尤其是过去只能通过电视大屏、电脑显示器才能欣赏与应用的视频信息,于是整个互联网用户向移动端迁移发展的潮流就变得不可阻挡了。到2018年第二季度,中国智能手机网民规模已达7.87亿人,比2014年第二季度首次超越PC网民时的5.27亿人[①]增长了接近50%。大批智能手机用户体验着通过手机上网、查新闻、看视频的方便性与快捷性,这种随时随地的阅读观看习惯极大地刺激了整个视频市场对信息内容的需求,不仅让先前已经抢滩于这一市场的优酷、土豆、爱奇艺们信心倍增,也吸引

---

① 见本书第97页学习单元五,二/09。

着更多的传统广播电视机构纷纷转型进入这一市场。这其中,以 2014 年湖南广电上线成立的芒果 TV 为代表,它开创性地以其优质综艺节目全网独播的策略,成功杀入互联网视频行业头部领域,浙江、上海、北京等强势广电机构以及央视,也开始各自制定不同的策略进行布局。

其次,互联网运营商竞争格局的改变,基本解决了困扰网民观看视频内容的费用担忧。从 2006 年开始商用 3G、2013 年开始商用 4G,直到 2019 年年底 5G 牌照正式发放,原先互联网上中国电信一家独大的垄断局面被打破,网络互联互通的难症基本消除,充分的市场化竞争开始让广大网民受益:在无线网络速度越来越快的同时,上网的资费也在不断下降,各种形式的套餐开始让越来越多的网民不再纠结于"手机流量够不够""手机看视频贵不贵"等昔日面临的问题。在地铁上、广场中,拿着手机"追剧"、看电影的现象随处可见。

最终,在终端技术与资费基础的双重推动之下,视频产业在互联网环境下诞生了两大特色应用形式:手机直播与短视频。

2015 年起,以 YY、映客、花椒等一批直播平台的快速崛起为标志,移动直播市场以惊人的势头发展起来。它们脱胎于之前在 PC 端的秀场直播,但是因为智能手机在主播端以及用户端的双向更新替代,移动手机直播变得更具娱乐吸引力、更具市场影响力。而此时已经成熟的移动支付手段也恰逢其时地帮助手机直播产业完成了其商业赢利模式的闭环打造:直播平台提供技术及网络基础条件,主播们使尽浑身解数吸引更多的用户与粉丝来观看;在不同的发展阶段,或者通过大量粉丝直接给主播打赏,或者有商业品牌给深受欢迎的直播节目提供广告赞助,又或者主播们通过直播带货得到销售分成,等等,最终主播与平台都可以得到比例不等的高额收益。

短视频则是除各类综艺节目、电影、电视剧这些节目之外的视频短片作品,最初,它们以 UGC(用户创造内容)为主,之后开始慢慢吸引了越来越多的专业内容创作者及生产机构的加入,短视频相对更适合在移动互联网环境下播放、观看和分享传播。它充分体现了移动互联网环境下快速创作、即时分享、高效传播的三大特性。

短视频的发展经历了"一波三折"的过程:

短视频实际上早在互联网的窄带时期就已经开始起步。那时的"短"是网络环境差、网络速度慢所导致的,与"时间长度短"相伴而生的"画面质量差"与"生产内容少",直接制约了它的发展前景。这一时期的土豆网、优酷网,最终只能转向采购优质影视剧内容与专业电视节目,走长视频的版权播映之路。

从 2013 年开始,先后上线的秒拍、美拍、小咖秀等移动化的短视频平台开始充分利用此时智能手机在拍摄制作方面的基础优势,以自身软件提供的专业功能为特色,专注于发展音乐与特效剪辑的趣味短片,吸引用户使用、制作并分享给更多的人群。它们在短时间内迅速吸引了大量的用户,从而引发了短视频的第二轮发展。但是,因为这一类作品风格相似、类型狭窄,很容易引起用户的审美疲劳,流行一段时间之后,也就逐渐淡出了公众视野。

2013年,原本只是用于制作GIF图片的一款工具软件快手,正式宣布转型为短小视频内容平台。虽然它的市场策略一直被许多人嘲笑是专门发展六七线小城市及广大乡镇地区用户的,但是谁也没有意识到,恰恰是这种下沉市场里的用户,蕴藏着对信息视频化与移动化的惊人需求。仅在2015年到2016年一年时间内,快手用户就从1亿跃升到了3亿,2017年注册用户更是增长到了7亿,日活用户超过1亿,一跃而成短视频内容的头部平台之一。

同样是因为关注到了短视频的市场机会,已经在新闻分发平台确立了领先地位的今日头条,于2016年9月上线了抖音。它从音乐短视频入手,并借助今日头条的全线资源予以强力推广,用户增长势头迅猛,2017年用户过亿,2018年更是全线数据一路赶超快手。其结果,便形成了双强齐驾并驱的竞争局面。

此外,以哔哩哔哩(Bilibili)网站为代表的BBS类短视频,以陌陌、微信朋友圈内分享为代表的社交类短视频,以淘宝、京东为代表的电商推广类短视频也在飞速发展,并在发展过程中不断相互冲击、相互影响甚至相互交融。

随着国家与整个行业监管层面的重视,短视频从2018年开始逐渐步入规范发展阶段。一方面,行业内部洗牌效应出现,在整体内容生产质量不断提升的同时,大批先天不足的运营者被淘汰出局,以新华社、人民日报社与央视为代表的媒体"国家队"也开始涉足短视频生产领域。另一方面,整体环境的优化创造出了极富想象空间的市场前景,越来越多的商业品牌、企事业单位甚至政府部门都开始关注、重视并入驻短视频平台,以共享其强大的宣传能力、传播效果与用户影响面。

◎3 整合中的本质回归

从最初的在线流媒体,到后来的移动短视频,包括贯穿全程的网络直播、互动直播,等等,这些互联网视频应用的种种表现手段,正以其强大、全面的影响力,逐渐揭示出一个真相:视频并非是信息表现的多种形式之一,而是有别于之前多种形式的最高级状态。它的兴起与流行,并非只是对传统信息表现形式的淘汰与替换,而是在原有的文字、图片及语音基础上的全面整合式的升级。

(1)传播是视频应用的根本目的

对于视频,曾经有过关于它到底属于工具类还是娱乐类的争论。实际上,那些都只是不同视频应用的局部功能的体现。视频内容自诞生的第一天起,就是为了使人类更加准确、全面且及时地传播信息而服务的。因为视频的表现形式,实质上能够相对全面地包含以往各种形式的核心特点,以其声画合一的优势,更加接近于信息内容本身。互联网时代对于视频手段的应用也不仅限于新闻报道、文化普及、娱乐分享这些主要领域,而是更为广泛地服务于通信联系、教育培训、安全监管、医疗保障等一切需要信息传播、信息沟通的领域。

互联网环境下的视频应用不应该被视为一种单一表现形式,而应该是所有信息表现形式的一种能力基础。正如电脑刚被发明出现时,会有专门的"电脑操作员"岗位,而当电脑成为几乎所有工作都必须具备的基本工具时,那个岗位也就不复存在了,操作电脑就成了现代就业者的必要工作能力。因此,在不远的将来,无论是长视频还是短视频,无论是视频直播还是视频互动,这些应用都将会根据其传播信息的具体内容及目的,相应融入并成为其基础能力,例如融入电商领域的直播导购、融入教育领域的在线课堂、融入通信领域的视频会议,等等。传播效果与传播价值的最大化,是推动视频应用快速发展的最重要原因。

(2)技术是视频应用的主推力量

回顾以往,从几十 K 的拨号窄带上网,发展到百兆千兆的光纤宽带与 5G 接入;从笨重不堪的 PC 电脑,到随身携带的智能手机;从昂贵稀少的专业视频软件,到海量免费的 App 应用,互联网科技的每一次变革与进步,都在不断将视频应用的性能与功能向前推进一大步。当 4G、5G 网络全面普及,运营商再配合推出大幅降低流量收费的政策后,再也没有人担心视频应用的市场需求限制问题;当一部千元上下的智能手机就几乎可以完成以往数十万元的专业视频设备才能做出的内容与效果时,再也没有人担心视频应用的内容生产潜力障碍问题;当 App 开发市场开始进入到"没有做不到、只有想不到"的发展阶段时,再也没有人担心视频应用的表现手法停滞问题。

而互联网的技术进步支持又不仅限于此。各种大数据算法及分发技术的进步与应用,将会更加高精准地提供用户画像能力,以促进视频内容的更高效发布与更有效到达;各种 AR、VR[①] 技术的发明,则赋予视频应用以更加强大的表现能力;各种人工智能技术的普及、区块链技术的突破、物联网技术的叠加,还有云计算能力的无限扩展,让视频应用终于成功跨越了以往一道道看似不可逾越的难关,从而让新媒体的内涵与表现能力不断成熟、不断发展、不断提升。

---

① 分别是增强现实(Augmented Reality)技术与虚拟现实(Virtual Reality)技术的英文缩写简称。AR 指通过计算机生成虚拟仿真信息并与真实世界实现巧妙融合,而 VR 则指通过计算机模拟生成出虚拟环境,从而带给使用者以更好的环境沉浸感。

（3）移动是视频应用的爆发关键

移动视频应用的发展，看似只是整体视频应用的一个局部，实质上它是整个行业与技术领域产生爆发式发展的关键。传统媒体时代，电视因为掌握与应用了视频手段，从而成为当时的"媒体之王"，但是这一媒体应用的巨大投资成本只能让电视保留在报纸、电台时期的垄断发展方式，从而依旧是传统媒体中的一员。然而，移动互联网的诞生与发展，首先改变了受众接收视频信息的习惯与方式，让人们随时随地接受并欣赏视频内容成为可能；其次它改变了视频内容生产的来源与成本，几乎人手一只的智能手机，足以替代早年昂贵无比的摄像设备与剪辑设备，可

图6-12　一只手机足以替代过去繁杂专业的视频拍摄设备

以让每一个人都有可能拍到、拍出并且制作生产出具有价值的视频信息内容产品。而此时的媒体工作者只需要通过一定的核实、审核流程，加以必要的剪辑、加工等处理环节，就可以实现更加丰富、真实、及时的视频信息内容的最终传播。

从移动化生产到移动化传播，再到移动化接收、移动化的视频内容传播，新媒体终于可以最大限度地去除视频信息内容身上的技术元素，让其尽可能地回归信息本身，以创造并达到最佳的信息传播效果。

视频应用必将是新媒体发展的真正未来。

单元学习小结

新媒体的应用经历了两个突出的时期，即Web1.0时代与Web2.0时代，其关键性的区别是受众在新媒体内容提供中的地位与作用不同。

Web1.0时代实质只是用互联网技术武装新媒体的时期，或者说是新媒体用互联网技术重新展示信息资源的时期。

Web2.0时代则是新媒体真正思考自我特色、自我需求的时期，从BBS到博客，再到播客，从维基到SNS，再到微博微信，它们不断解放受众的信息内容生产力，引领新媒体的革命。

在这两个时期内，还有真正根植于新媒体受众最基本需求的应用长期存在：即时通信与搜索引擎，由于它们真正关注受众的需求，从而成了最具竞争力的跨时代新媒体霸主。

最终，所有的信息传播都会逐渐演变升级至最高的表现形式——视频，并由此衍生发展出各类视频应用。

☞ **实训项目一**

实训项目：查询并探究某个门户网站从辉煌走向衰败的内在原因

实训方法：查找法、咨询法、实操法

实训条件：网络、笔记本电脑（学生自备）

项目要求：1. 学生分成多个小组，每组对应选择一个合适的媒体（如 TOM、中华网等）；

    2. 小组中的每位学生分工协作完成相关资料的收集汇总工作；

    3. 根据汇总资料，应用相关知识进行分析。

实施步骤：1. 小组讨论，老师给出相应指导，明确各自的调查对象；

    2. 网上搜索相关资料；

    3. 资料汇总后，分组讨论并挑选有代表性的事例；

    4. 整理分析结果并组织结构，形成结论。

成果描述：根据本章的相关理论将分析结论形成书面报告。

成果评价：学生小组互评，教师点评，将评价等次（分数）记录在册。

☞ **实训项目二**

实训项目：完成对本地最知名的 BBS 的实践体会

实训方法：体会法、咨询法、实操法

实训条件：网络、电脑（学生自备）

项目要求：1. 熟悉该 BBS 里的各项操作；

    2. 了解该 BBS 里不同层次人群的大致情况及代表人物；

    3. 了解该 BBS 的主要发展历程与相关事件；

    4. 尝试分析并预测该 BBS 的发展趋势。

实施步骤：1. 注册进入该 BBS，在各版发帖并尝试参与其中的主要互动讨论；

    2. 查阅与该 BBS 相关的各类资料与情况；

    3. 完成上述各项内容并收集整理；

    4. 尝试运用本章知识分析相关的内容并形成调查报告。

成果描述：完成《某某 BBS 独立调查报告》，要求不少于 2000 字。

成果评价：学生、教师课堂上讨论交流，教师点评，将评价等次（分数）记录在册。

☞ **实训项目三**

实训项目：调查时下微博中一个热点话题的产生与传播过程,认识微博的特点

实训方法：查找法、咨询法、实操法、分析法

实训条件：网络、笔记本电脑(学生自备)

项目要求：1. 微博热点话题多,学生各自选择汇报后由教师协调分配,尽可能做到不一样；

2. 每位学生独立完成相关资料的收集汇总；

3. 根据汇总资料,应用课上知识分析并完成报告。

实施步骤：1. 先期准备,明确各自调查的话题；

2. 网上搜索相关资料；

3. 应用本章知识分析这些话题传播在微博中与其他媒体中的不同；

4. 整理分析结果并最终形成对微博的新认识。

成果描述：进一步理解微博的本质特点并结合热点话题形成过程的分析,形成书面报告。

成果评价：学生小组互评,教师点评,将评价等次(分数)记录在册。

☞ **实训项目四**

实训项目：展开"百度是否比腾讯更封闭、更垄断"辩论会

实训方法：查找法、咨询法、辩论法

实训条件：网络、电脑(学生自备)、现场辩论会

项目要求：1. 相关背景资料的搜集准备；

2. 独立思考,确定自己的辩论倾向,并为该倾向准备素材；

3. 以各自的方式参与辩论；

4. 根据实际辩论情况整理、完善自己的观点。

实施步骤：1. 学生分成正反方,各自熟悉辩论话题并完成相关背景资料的准备；

2. 每组推选四名主辩进行辩论准备；

3. 召开辩论会进行现场实辩,其他学生记录并做现场裁判；

4. 每位学生最后写观看体会报告或参加辩论体会报告。

成果描述：完成《百度、腾讯谁更封闭垄断之我见》,要求不少于2000字。

成果评价：有条件的话将辩论会录像,教师点评,将评价等次(分数)记录在册。

学习单元七
新媒体战略

学习目标

★ 知识目标

1. 蓝海战略、品牌观念
2. 实践运用中的合适即美、极致制胜、马太效应等原理
3. 新媒体发展中的竞争与合作
4. 新媒体的公信力、创造力与实力

★ 能力目标

1. 掌握这些战略观念的基本原理
2. 能够利用这些原理进行实例分析
3. 善用新媒体竞争合作的原理评价具体事件

任务描述

新媒体的发展处于正在进行的状态,各个不同的实体正在市场中使出浑身解数,但这些不同的招数、对策,其本质包括在本单元所学的各种原理、观念之中。请结合本单元所学,尝试分析某一特定的新媒体发展战略的优劣得失。

新媒体时代的到来,更多的是那种"随风潜入夜、润物细无声"的状态,而新媒体受众的需要也有较长的激活与培养期。这一时期,往往就是智者运筹帷幄的最佳时期,我们通常把这种思考称为战略。

一、全局规划

01 寻找蓝海

蓝海战略(Blue Ocean Strategy)最早是由 W. 钱·金(W. Chan Kim)和勒妮·莫博涅(Renée Mauborgne)于 2005 年 2 月在二人合著的《蓝海战略》一书中提出的。他们把整个市场想象成一片广阔的海洋,那些资源丰富、被高度开发,同时也竞争激烈的区域被称为红海。而在红海之外,便是广阔的蓝海。蓝海战略认为,在红海中开拓事业,就等于接受在现有商战中已经形成的各种限制性的规则与因素,即在一个有限的环境中进行竞争,把所有的精力都集中放在如何与竞争对手纠缠、厮杀并消耗上,而忽视了开发市场本是为了满足市场中用户需求这一根本目的。蓝海战略希望,企业的视线应该从超越竞争对手转向如何更好地适应用户的需求,从现有的竞争格局中跳出来,站在更高的高度,将不同市场的用户价值元素筛选出来并重新排序,从给定结构下的定位选择向改变市场结构本身转变。在适应用户需求方面,蓝海战略与新媒体之间找到了共同点,并开始结缘。

而关于蓝海战略的延伸理论更进一步说明,随着红海中竞争的加剧,环境的进一步恶化,红海逐渐进入完全无规则、残酷、你死我活的恶性竞争局面,这时,红海便成了黑海。黑海中的最后胜利者虽然可以维持一家独大的短暂局面,但终究无法改变生态环境被破坏后所引发的生存环境恶化之势,黑海最终演变成死海。同时我们也应该注意到,过去曾经未知的蓝海区域,一旦被先行者捷足先登,尤其是取得首战成功后,必然会被蜂拥而至的竞争者、模仿者所覆盖,从而成为新的红海。而一度被忽视、被丢弃的红海水域,若真能度过较长的沉默期、恢复期,一旦客观条件成熟,开发的思路转变,也有可能转而成为新的蓝海。

进入 21 世纪,媒体的发展已经达到了一个前所未有的成熟阶段。假如把这片市场视为一个完整的地球,我们会发现:在地球卫星的全区域覆盖下,如果仅仅以从未曾发现过的概念来衡量,这样的蓝海已经无处可寻了。任何一片水域都已被发现,任何一个角落都存在着无数激烈的竞争。平面媒体包含了月刊、日报甚至早晚报,广播电视实现了全天候播出,再去表面寻找所谓的空白市场、未开发市场,那是难上加难。

但蓝海永远存在,它的首要特征就是非直观性。简而言之,如果人人都可以轻易找到,那么蓝海将不再是蓝海。对于市场而言,蓝海的价值是找到用户的需要,而用户的需要不会简单地写在他们脸上。市场营销中有一句名言:顾客不是要买钻头,顾客要买的是钻头钻出的洞。支付宝首席产品设计师白鸦(本名朱宁)曾在微博上对此深入评论说:"顾客要买的不是洞,而是要把网线穿过桌面;顾客要买的不是网线穿过桌面,而是需要上网……越往下挖,离真正的需求越近。碰到了,就做对了。"做对了,就找到了真正的蓝海。

蓝海的第二大特征就是非完整性,也可称之为碎片性。用户真正的需求往往会被表象的需求分拆得支离破碎,而正是这种碎片性,使它们难以被发现并开发。

☞ **案例分析**

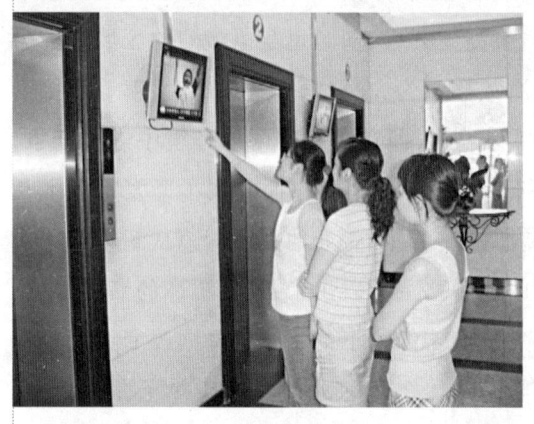

图7-1 楼宇电视抓住了人们等候电梯时的碎片时间

被称为中国最大的户外数字营销平台分众传媒,在面对当时已经被电视开发殆尽的24小时,并未想过到这样的红海市场里去折腾,而是注意到了都市人群在站台等地铁、在写字楼里等电梯、在卖场等结账时的这些零碎时间。这些零碎的时间都具有一个共同的特点,那就是等候者的无聊心态。在此之前,这些空闲时间一直就在那里,每个人都看得到,但是却没有人去尝试解决处于这些空闲时间的人们对于资讯获取的需要,也从未想过用哪种手段去满足这种需要。当这些时间被那些分布于地铁、楼宇以及超市里的一台台液晶电视机串联起来后,视频广告的蓝海市场出现了,分众传媒的价值也就被真正地发掘出来了。

当然,发现蓝海与获得成功之间并不能画等号,这也是蓝海的第三大特征:非必赢性,或可称之为未知风险性。如今人们一谈到早期的个人电脑,想到的往往是IBM和苹果,却很少有人知道,率先发明个人电脑的却是MITS公司,只是在之后的运作中该公司因经营不善而破产。谈到互联网音乐,我们会想到网易云音乐。但是早在1998年,美国大学生肖恩·范宁(Shawn Fanning)就编写了一个可以让人方便地从网上下载音乐的程序Napster,令互联网上的音乐爱好者美梦成真,无数人在一夜之间开始使用Napster,肖恩由此找对了自己的事业蓝海并成立了Napster公司。但是之后他并没有找对在这片蓝海里遨游的正确方法。当这个软件发展得如日中天时,公司却因为忽视版权问题而被美国五大唱片公司起诉,巨额的赔款令Napster公司最终宣布破产。所以,发现蓝海只意味着一个好的开始,在进入蓝海后,还需要准确周密地判断蓝海中的风险系数,面对蓝海中要克服的困难。如何找到正确的方法来发掘和利用蓝海的核心价值,并让这种价值得到应有的经济回报,这才是蓝海战略中最重要的事。

02 塑造品牌

(1) 注意力经济的关键

品牌是得到了消费者与用户认可的产品或者服务的标识,反映了产品和服务在市场上的被认可度,也是吸引用户眼球的要素之一。新媒体作为媒体中的一员,其基本的经济运行模式可以被称为"眼球经济"或"注意力经济",也就是依靠吸引公众注意力获取经济效益的一种经济活动。传统媒体的主要收入来自广告主的赞助,而决定广告主是否投放的标准就是媒体的被关注度,具体表现为报纸发行量、电台收听率、电视收视率、网站访问量等。迈克尔·H.戈德哈伯(Michael H. Goldhaber)1997年在美国发表了一篇题为《注意力购买者》的文章,指出获得注意力就是获得一种持久的财富。在新经济下,这种形式的财富可以让人在获取任何东西时都处于优先位置。财富能够延续,有时还能累加,这就是我们所谓的财产。因此,在新经济下,注意力本身就是财富。

媒体获得注意力的渠道与方法有很多,在新闻时事中,对突发新闻的快速报道、对社会问题的深度报道、对身边事件的持续报道,这三点要诀,可以总结为"更快、更深、更贴近";在传播手段上,可以尝试变换不同的传播形式,利用多种传播渠道提升公众的兴趣度;在市场推广上,可以通过分析用户行为,提升媒体信息传播的针对性,等等。把这些努力的成果与媒体自身形象形成关联,这就是品牌。

从根本上来说,品牌是消费者与经营者共同作用的结果。对于注意力经济,品牌具有强烈的核心催化作用。

首先,品牌本身就是注意力经济的一种集中表现形式。一个品牌一旦形成,就带有巨大的经济价值。像《焦点访谈》《奇葩说》《新浪娱乐》这些传统媒体和新媒体的名牌栏目长期以来形成的知名度,就可以直接带来可观的冠名广告或特约广告,之后在与外界的合作中,品牌同样可以起到谈判筹码的作用。

其次，品牌所起到的带动作用非常强烈。哪怕是全新的、人们从未尝试过的产品或服务，只要冠以熟悉的品牌，消费者大多愿意将以往的消费感受复制过来，无条件地接入，这在不断推陈出新的新媒体身上表现得更为明显。在互联网的发展历程中，我们会发现，对于知名的大网站来说，尽管它们在许多新领域并不是第一个迈出步伐的，但是依靠之前已经形成的品牌效应，无论是在博客还是在自媒体平台，或是在短视频平台等方面，它们总能后发而先至，迅速占据竞争的有利地位。

最后，品牌是固化既有投入的最有效方法。在新媒体发展的过程中，基于不同的需求，往往需要不同的投入与培育，如果这些投入缺少一个明确的指向，就会给受众造成东一榔头西一棒的感觉，受众的兴趣点极易在这种变化中发生转移。只有围绕着品牌的投入，才可以不断地反复加深受众的认知感，不断积累起受众对于新媒体整体的关注度。

（2）创新是形成品牌的捷径

品牌的常规成长途径往往需要较长的时间积累与高额的投入，这显然并非新媒体所长。虽然"烧钱"的概念出自网络新媒体，但这只是一种夸张的比喻，在实际发展中也只能是一个短暂的阶段性行为。相对于传统媒体多年的持续投入而言，新媒体在投入概念与规模上其实是远不能及传统媒体的。

新媒体本身就以"新"字冠名，以创新为特征培育出来的品牌更容易被用户接受，而且可以最大限度地加速品牌成长速度。

> ☞ **案例分析**
>
> 新浪网从2009年8月开始推出新浪微博，在Twitter原本的创新基础上，针对中国网民的特色注入了更多的创新元素，以短、新、奇、趣、快等一系列特点及其惯用的名人策略，在短短两年中吸引的用户数就突破了5000万，打造成了中国微博第一品牌。相比之前"广播积累5000万用户花了30年，电视花了13年，互联网花了5年"的速度来说，新浪微博的创新性对其品牌的形成起到了非常关键的作用。品牌一旦形成，其用户增长速度与市场扩展速度更是惊人，仅仅4个月后，这一纪录再次被刷新：新浪微博宣布其用户数再翻一番，突破1亿。到2012年年底，新浪微博的注册用户数已超过5亿。

（3）品牌分化，规避风险

值得注意的是，品牌并不单有正面的意义，也可能产生负面作用。当经营者与用户的共同作用力错位之时，品牌就成为拥有者的噩梦；而当共同作用力相互抵消之时，品牌就开始被大众遗忘。因此,在一个良好的品牌形成之初,进行有效的品牌分化是一个明智之举。

用户需求的多样性使得单一的品牌无法满足用户的所有需求,而分化成多个子品牌之后,企业既可以借力于母品牌,又可以进行针对性的细化操作,一旦形成规模,子品牌的成功又可以促进母品牌的壮大。万一某个子品牌出现了失误,也不至于影响到整个市场。这正应了一句俗语:"不要把鸡蛋都放到一只篮子里。"

品牌分化更进一步的战略意义在于,用户市场的不断细分往往意味着更多的市场机会的出现,品牌分化实际上是在拓展企业原有品牌的生存空间,创造更多的成功机会,甚至是完成原有品牌转型发展的重要手段。在现实发展中,分化出来的子品牌最终超越原品牌的案例比比皆是。例如,原以生产VCD等家用电器为主的步步高集团,为应对智能手机市场,分化培育出来的OPPO与VIVO两个智能手机新品牌,无论其市场地位、规模价值还是产业前景,早已超越了原有的步步高品牌。

03 建立门槛

整体而言,新媒体大幅降低了整个行业的准入门槛,以至于到Web2.0时代后,任何一个人无须投入太多就可以建成一个自媒体。但是,随着业态的成熟,自媒体的发展门槛也在不断提高。

首先,门槛是一个行业规模化发展的前提。一个门槛很低的行业必然会造成一哄而上、鱼龙混杂的局面,投资方必然会对此持谨慎观望的态度。国内的网络游戏行业中,最早的网络游戏是一种叫MUD的文字游戏,维护开发人员(一般为游戏管理员自己)只需要一台服务器、很小的带宽、稍懂点C语言,摸索一两天就可以建起一个独立的站点。因此,虽然全国风起云涌地出现了成百上千个MUD站点,却没有一个站点可以实现赢利。后来图形MUD开始出现,由于需要图像引擎的开发、海量图形界面的设计创作,还需要昂贵并不断增加的服务器与带宽的支出。这些不断攀升的技术与成本门槛,一方面滤掉了大量没有价值的低质竞争,一方面激发起了专业研发者的原动力与市场运作潜力,迅速推动了国内网络游戏产业的成熟与发展,成为国内互联网企业最重要的赢利项目。

其次,树立门槛,并非是把企业导向"大与全",而是让企业抓住自己的特色与擅长之处,做别人没有或无法做到的"门槛"。打个比方,门槛所用的木料再好,如果没有固定用的铁钉和防磨铁皮,很快就会被踢坏踩烂。在产业发展竞争中,技术的创新往往就是在制造那些最有价值的铁钉、铁皮。谷歌与百度在智能搜索引擎核心算法上的领先、YouTube及Hulu在视频转码优化及网络流量负载控制方面的独到、阿里巴巴在网银接口电子支付领域的率先研发,都为它们在门槛上加上了各自领域最为关键的铁钉与铁皮。当然，还会有人才、机遇以及团队管理等环节，它们让之后不断融入与增加的资金投入起到稳定作用，共同筑起防御竞争与威胁的门槛。

当然，如果这种防范不设边界，就会把门槛修成门板，对内故步自封，对外垄断竞争，会影响甚至扼杀竞争者的机会，实质上对自身及行业的发展具有较坏的影响。对此，规范的行业监管与必要的反垄断法律法规可以起到相应的积极制约作用。

最后，门槛可以区别其他，保护好自己。因为新媒体市场的竞争环境异常激烈，成功者必然会引起无数竞争者的疯狂模仿甚至复制，没有门槛的蓝海必然会在很短的时间内迅速变成红海、黑海甚至死海，而门槛则成为成功者在模仿大军、复制大军中最鲜明地彰显自己、区别他人的要素。在2000年前后出现的门户网竞争大潮中，新浪以鲜明而独特的网络新闻理念与运作手法在惊涛骇浪之中傲立潮头；在2003年前后出现的网络订房订票热中，携程网凭借自己在线下酒店机场行业中的扎实根基筑起了门槛，虽然历经几轮大浪淘沙，仍然长期立于不败之地。这些，都是重视竞争门槛建设的成功案例。

二、实践运用

新媒体引发了整个行业对于新理念的思考与追求，更在新媒体的建设运营中得到了最广泛的实践与运用。

01 极致制胜与合适即美

"极致制胜"与"合适即美"貌似矛盾，实际上它们是分别从战略与战术两个不同角度出发得出的对立统一的观点。

从新媒体宏观战略看，极致制胜是基于全局的追求。分工日显极致，市场日益细分，个性化的要求既给后来者提供了更多的创业与发展机会，也在相应的狭小领域中提出了更高更突出的要求。如果没有把事情做到极致的思想认识与决心，就不要冒失地冲进任何一个领域。

而一旦落实到具体进程中的战术操作时，一定要提倡合适即美。提醒人们在合适的时间做合适的事情：在品牌还未形成的时候不要急于广告推广；在客服未曾巩固与壮大的时候不要急于提高市场覆盖率；在新的增长点还未找到之前不要急于全盘投入。恰到好处、因地制宜、与时俱进，这才是真正市场化的、灵活可行的观念。

合适即美是极致制胜的实现步骤。千里之行始于足下，只有每一步踏踏实实，才会有通向远大目标的可能。而极致制胜是对于合适即美的终极要求,实际上每一次的合适即美本身也是一种对发展模式的完美化、极致化表现。

02 马太效应与跟跑战术

互联网领域也存在着自己的丛林法则,在弱肉强食的大趋势下,"强者愈强、弱者愈弱"的马太效应得到了最充分的体现。互联网领域广为流传的一句名言是"早起的鸟儿有虫吃",因为起得早,吃到了第一批虫子,拥有了较强的体力与实力,在接下来的发展中就获得了更大的优势,可以不断拉大与后来者之间的差距,从而最终确保自己不可撼动的领先地位。同时,借助已经取得的优势市场地位,"早起的鸟儿"可以更加方便地在各类新业务、新领域中及时借力、轻松布局。

但与"早起的鸟儿有虫吃"相对的还有一句"早起的虫儿被鸟吃"。回顾互联网的发展史,像瀛海威、8848、亿唐、博客网这些最早的一批早起者,它们在勤奋努力之后却最终惨败于市场竞争之中。原因就在于新媒体所面临的都是未知之路,冲在最前面的人不仅要直面所有的未知风险,也要承担最大的发展阻力。如果自身的实力不是很强大,不如选择"跟跑战术",让最强的竞争对手跑在自己的前面,让他们去应对各种未知的风险与阻力,自己则动员所有的力量一直保持跟跑状态,而不是被远远地甩开。

实践证实,新媒体中的成功者从一开始往往都是聪明的跟跑者,清楚在什么时间里积蓄力量,又应该在什么样的合适机会发力加速。

03 开水定律与环球法则

每个人在生活中都有过烧开水的经验,水从平静烧到沸腾,并不是一个均匀变化的过程,绝大多数时间水面都平静如初,往往一直要等到接近于烧开的时候,才会在极短的时间里产生大量的气泡,并迅速聚集增多,进而一下子进入满壶沸腾的状态。这种生活中的物理现象往往可以用来类比新媒体投入发展过程中"行百里者半九十"的道理:我们在开始的建设与不断投入过程中,往往会焦急于项目不见起色,就像心急的小孩一样,反反复复地打开水壶的盖子去检查,殊不知这样的无用功反而会导致水温下降,实际上会延长水烧开的时间。也有人在漫长的等待时间中,对于水能否烧开的结果产生怀疑,于是熄灭了炉火,停止了投资。只有那些有足够耐心并拥有足够燃料的人,才能看到水温从90度烧至100度时那种让人激情四溢的沸腾状态。新媒体的影响力、赢利能力、复制发展能力等就在这一时期突然喷发,并在沸腾之后保持足够长久的成功状态,或者借助热量再上一个新的台阶。"开水定律"让我们明白,只要加热方法正确,不必在乎建设初期的寂寞,要相信水温一直在积攒并上升,成功的曙光会在突破一个水温临界点之后显现。

而与此相对的"环球法则"则取意于哥伦布航海的初衷：不论向东还是向西，只要一直保持航行，就一定可以到达位于遥远东方的印度。新媒体独特的生存环境对逆向思维向来是最为支持的，其问题在于我们是否能不被孤独的行程所动摇，不被反复的犹豫所左右。所以，"环球法则"最重要的并不在于选择哪一个方向，而在于对目标的明确和对过程的坚持。众多传统社区网站都把吸引更多新用户注册当作头等大事，为此而不断简化注册方法，降低注册门槛。但开心网这样的SNS网站却采取了只能由好友邀请注册的逆向思维，在始终如一的坚持之下，半封闭的注册环境保证了注册用户的质量，继而提升了邀请注册的成功率，使得SNS网站的用户增长速度远远高于其他类型的网站。而类似雅虎中国、MSN以及易趣这样的国际巨头公司进入中国市场之后，经常会因为最初的决策遇到一些问题而心存疑虑，反复变更在中国市场上的策略方向，这种忽左忽右的战略措施，其实也成了它们在中国最终黯淡离场的一个重要原因。

这一对理念在手法上相互对立，但在核心思想上却是一致的，那就是"坚持"。新媒体的成功会有很多种原因，有方向看对、资金充足、时机把准、人才到位等，但失败的原因中有一条：未能坚持到最后！

三、竞争合作

作为一个新生事物，最大限度地寻找合作伙伴、寻找战略同盟，这是新媒体不可忽视的重要任务。当然，在这个领域，竞争的存在是不可避免的。而不同的新媒体个体之间，既要面对传统媒体的竞争，还要顾及同行间的相互比拼。在竞争中进行合作，在合作中保持竞争，构成了新媒体建设过程中经常被人提及的"竞合"概念。

01 静态的合作，动态的竞争

新媒体发展的终极目的是为了最大限度地满足受众的需要：信息的充分传递。社会化分工的存在使得哪一家媒体都不可能包揽任何一个事件与信息的全部传播过程，必然需要新、老媒体之间甚至媒体与受众之间进行有深度、有广度的合作，以最大限度地保证满足受众的信息需要。从新媒体本身的发展来看，要想在短时间之内占据市场的主导地位，合作发展无疑是不二选择。

放到整个媒体发展的动态过程中来看，新媒体本身生存在一个时刻竞争的环境中，在媒体合作进行信息传播时如何凸显出自身的特征与优势？在相互联盟协作的过程中如何把成果应用于下一轮的比拼里？在市场份额的切割博弈中如何争取利益的最大化？

这些都是新媒体建设发展过程中无法回避的现实环境问题。可以说,一切相对静态的合作都是为了相对动态的竞争。而对于许多新媒体个体来说,有效的竞争力也是它们最终可以获得与合作伙伴进行谈判的有力筹码。由于发展时间较短,运行思路比较前卫,新媒体机构往往不易受重视,甚至处于被漠视、轻视或者忽视的位置。此时,通过积极的竞争去获得市场的认可,是新媒体在建设初期要做的必要功课。

02 寻找异业合作,突破同业竞争

合作与竞争的统一并不意味着重点与方向的完全等同,它们之间存在着相应的要点区别,那就是在条件相同的情况下,尽可能地寻找异业合作,以突破同业竞争。所谓异业合作,指两个或两个以上不同行业或企业通过分享市场营销中的资源,从而降低成本、提高效率、增强市场竞争力的一种营销发展策略。在自然界中,有一种示蜜鸟,它找到蜂巢后,先去引领蜜獾来摧毁蜂巢,蜜獾毛厚不怕蜂蜇,等到蜜蜂散尽后,剩余的残蜜也足够示蜜鸟饱餐了,这就是市场策略中异业合作的自然模型。异业合作的重点在于合作各方直接目的的差异化,其次是彼此之间的相互协作与相互促进。

新媒体之间的异业合作存在着极为广阔的前景,这是因为借助互联网化的先进工具,新媒体本身揭开了所有事物之间的弱联系并将之放大,比如说碳酸饮料与流行歌曲唱片虽然分属于饮食业与娱乐业,但却都面临着共同的年轻消费群体;同一商业区内的快餐店与电影院提供的服务各不相同,但会因地理位置的接近而存在着消费之间的关联性;专业化的婚恋交友网站与家庭装修网站貌似差距挺大,但它们在用户消费过程中的先后承接关系,注定了它们之间的合作价值远远大于想象。

> **案例分析**
>
> 2005年10月18日,娃哈哈与腾讯签订战略合作协议,首期娃哈哈的两亿瓶"营养快线"饮料上将打上腾讯游戏产品的图标,而腾讯为此提供总计1.5亿小时的游戏时长。双方的合作中没有任何现金交易。这一合作的背景是可口可乐与第九城市之间的合作、百事可乐与盛大网络之间的合作。这些异业合作不仅提高了饮料产品在年轻人群中的市场占有率,更使新推出的网络游戏在年轻人中掀起了更高的浪潮。

新媒体发展的历程较短,一旦有了较为成功的赢利模式之后,就会在同行业之间形成相对单一的市场空间与营销渠道,极易陷入产品的同质化倾向与红海搏杀。而选择异业合作,实质上开拓了发展的视野,也带来了更多的赢利可能。

03 有沉淀的合作才有价值

既然合作的根本目的是为了最终的竞争,那么一切合作都会有终止与结束的一天。那么,如何评价已有的合作成果?

合作初期往往会成为合作各方的蜜月期,这其中的许多收益带有一定的放大因素。只有当合作因各种原因中止或结束后才能看到,有些收益会立即消失,甚至还会产生副作用,而有些收益却能够保留下来。因此,合作带来的真正结果价值,应该就是那些后期能够保留、沉淀的东西。一场合作是否可以带来有沉淀的价值?或者说可沉淀的价值到底能产生多少?这种判断标准,往往会左右彼此对合作行为的最后决策。

沉淀价值为零甚至为负,这种合作不论表面如何风光,其实质都只是为他人作嫁衣。确保沉淀价值最大化的捷径是选择异业合作,或者在合作之前让双方知晓并明确各自利益的差异化追求。虽然对于某一方来说,最有价值的沉淀是合作最终演化为强者对弱者的吞并与整合,但这样的美好景象对于另一方而言就是一场噩梦与灾难,除非对方出现重大的判断与衡量失误。因此,理论上,一种彼此都能接受的沉淀价值往往是促进合作的最佳前提。

四、影响力至上

影响力指改变他人行为与思想的力量,更为重要的是,这种改变不是一种强硬的外力,而是一种他们乐于接受的力量。换而言之,影响力并不直接推动人的行为,它只推动人的内心,这是最有效最强大的力量,也是新媒体梦寐以求的力量。

01 公信力

媒体的原始功能就是传播信息,信息传播并到达受众之后,还存在着一个受众是否接受的环节,只有被接受、被信任的信息才会对人产生影响,那如何才能让受众接受并信任信息呢?

信任是一个纯主观的心理活动,它不是逻辑分析的结果,也不应该是精密计算的答案,而是源于较长时间的惯性思维积累。媒体之所以能够让公众信任,就来自于信誉的长期积累。这种在公众心中不断积累之后的惯性思维所形成的力量,即公信力。公信力是一个媒体存在的根本,是受众对于媒体的信用体验与认定程度的评价。

非常可惜的是,传统媒体对于自己历经漫长岁月而积累起来的公信力并不珍惜,反而过于简单粗暴。比如直接以注意力换广告,这无异于直接销售公信力、出卖公信力,而整体机制的僵化又使得媒体对于广告内容与广告品质的把控缺乏制约,从而给已有的公信力造成了严重伤害。

案例分析

2006年开始,在国内各大卫视以及各个城市台的晚间或深夜时段电视购物节目中,出现了一位操着台湾腔的"侯总",他以特有的激情与语调以及极具喜感的煽动性推销语言,不断地推销他所代理的"八星八箭水晶钻"以及所谓手表中的"劳施莱斯"××表。侯总的推销视频被转帖到全国各大视频网站,网友的热捧与推崇并非是因为被广告内容吸引,而是被他这些极具喜剧特色的推销

图7-2 电视直销

表演逗得乐不可支,他的广告是很多人每晚睡觉前必看的放松节目,网友封他为"史上最牛广告人",侯总由此成为新一代的网络红人。但是,跳出这件事情来观察的话,我们就会发现,网络与侯总分别收获了热点与名气,而出卖了自己公信力的各大电视购物频道及直销节目并没有赢得什么市场,反而成了公众的笑柄,成了最大的输家。甚至在没有侯总出镜的购物节目中,观众往往会留下"没意思"以及"骗子"两句简短有力的评语,之后毫不犹豫地选择换台。若干年后,电视直销开始退出传媒舞台,侯总和他的节目,是否就是压垮骆驼的其中一根稻草呢?

更为要命的是,当广告收入在媒体成长中的比重越来越大时,媒体就很难在涉及广告主的报道中继续保持中立与客观的立场了,各种公关行为夹杂其中,抵消了媒体自身的公信力。传统媒体内部,大多会有一张"重点客户"列表,列表中的客户及其产品都是在日常新闻报道中要多加"关照"的。如果遇到批评类、曝光类新闻一定要提前通报并"手下留情"。更有甚者,把关照的程度、留情的程度直接与商家的广告投放额关联起来,这便成了更为直接的"公信力出卖"。最终的具体表现是:广告泛滥、内容恶俗化、报道畏权化。这些都让受众对传统媒体的公信力产生了动摇与质疑,并寄希望于新媒体可以弥补这种信任的缺失。

但新媒体要想真正建立起超越传统媒体的公信力,最大的难题在于如何过滤传播中难以避免的杂音与干扰信息。传统媒体渠道的封闭与高度单向的传播方式,虽然存在着

手法落后与呆板的弊端,但同时却可以确保内容的高度统一,这也是其长期持有公信力的原因之一。而新媒体以开放的传播渠道为主体,以追求与用户的高度互动为特征,这就导致它们不得不面临传播信息鱼龙混杂、良莠不分的复杂局面,这就对它们的公信力提出了最大的挑战。为了能够控制与改善这一局面,新媒体的解决手段有两个:第一,通过更加自由的信息流动,实现在全局上的信息自我矫正与自我纠错功能;第二,通过单向关注机制,把信息的选择权交给受众,引导受众自主作出判断,从而减轻媒体传播信息的责任。事实上,单向关注一方面极大地保证了公众的言论自由,更在另一方面保证了个体对言论的选择自由,无须过分担心新媒体中日渐增多的冗余或无效信息。

新媒体在对公信力的建设方面应该更加注重最终影响力的到达。通过改变受众的行为习惯,影响需要、改变需要甚至创造需要,这才是新媒体发展中最有价值的部分。

02 创造力

新媒体的创造力源自发散性思维,也就是不拘泥于常规的信息处理能力,能无定向、无约束地由已知向未知发展和探索。简而言之,人们之所以更愿意接受新媒体,是因为它具有未知性,能够带给我们更多的惊喜、更多的期待。

传媒业的发达带来了信息的空前繁荣。在扑面而来的海量资讯中,只有那些富有创造力、新颖独特的内容才能真正引起受众的关注,并最终产生影响力。

☞ **案例分析**

图7-3 军装照

每一年的8月1日前后,都是各家媒体进行各种关于八一建军节主题宣传的日子。2017年7月29日,为庆祝建军90周年,人民日报客户端团队在腾讯天天P图的技术支持下,策划推出了"快看呐!这是我的军装照"H5互动产品。这一小产品运用了先进成熟的人脸识别、融合成像技术,任何一个网民只要选好自己喜欢的不同时期的军装,再上传一张自己的头像图片,就可以在线生成几乎能够"以假乱真"的本人军装照。独特的创意、精准的定位,加上优秀的最终呈现形式,使得这个产品在网络上迅速形成了刷屏效应,营造了浓烈的爱国爱军氛围。截至2017年8月7日,H5的浏览次数(PV)超过10亿,独立访客(UV)累计1.55亿。该产品也获得第28届中国新闻奖、第15届长江韬奋奖一等奖。

在快节奏发展的大趋势下,新媒体不会强行改变受众的浅阅读习惯,而会以更多的创新手段抓住他们短暂的浏览时间,以多媒体、富媒体的手法组合刺激,强化信息的传递与到达。在思想多元化并存的环境中,新媒体也不会如同以往的宣传工具那般僵化、固执地灌输统一的观点与看法,而是以微内容、微互动为手段,以潜移默化的传播模式悄然释放自己的终极影响力。

⓪③ 实力

新媒体都是从较小的个体开始成长的,它的起步较低,但这并不意味着新媒体总体实力弱。

从主观条件上来看,新媒体所定位的市场往往不再局限于一个地区、一定的区域,而可以放眼全世界。基于互联网基础的新媒体的技术应用更不会出现受区域因素限制的情况,面对更大的乃至全球市场,必然需要足够的投入与规模。因此,新媒体建设一旦起步,机构整体实力的大小便会成为其影响力大小的主要制约因素。

新媒体传播渠道立体,情况变化迅捷,尤其需要具备对于各类重大突发事件及时高效的处理能力,这是企业内部资源的软实力象征之一。

☞ **案例分析**

新浪网重大突发事件处理流程(节选)[①]

一、值班人员处理流程

值班编辑

1.发布快讯。一句话标题(要含"快讯"两字),不需正文。

2.在发布快讯的同时打电话通知直接主管。

3.发布头条短信。

4.翻译发布详讯及其后续报道。

非值班编辑

1.在值班编辑发布完快讯后快速修改新浪和新闻首页,将快讯和评论挂出。

2.制作专题。3分钟内建好并在首页挂出链接。

新闻主管

打电话集中相关人员赶到公司,分工。

[①] 陈彤,曾祥雪.新浪之道[M].福建:福建人民出版社,2005:129.

二、两种人员分工模式（根据事件重要程度采用）

8 人模式

协调指挥（总监、主编）1 人：控制从首页、专题到每一条相关新闻的质量，监控对手网站的情况。

值班编辑 1 人：在首页对突发事件内容进行及时的整理和编排，监控电视，记录并通报情况。

专题修改 1 人：对专题进行及时的修改和编排，监控对手网站专题的情况。

外电翻译 1 人：翻译外电新闻和外包翻译质量把关。

合作媒体新闻发布 2 人：发布新华网、中新社、人民网和《中国日报》与突发事件相关的新闻。

图片发布 1 人：发布法新社、路透社或者其他网站与突发事件相关的图片。

背景资料及网友评论整理 1 人：寻找相关背景资料，选择网友评论发布到专题。

为了应对突发情况和随时可能产生的巨大网络访问量以及海量的信息，新媒体必须配备足够的软件及硬件设备条件。历次重大新闻事件的发生，不仅是对各个新媒体机构内部应变能力的考验，更是对这些新媒体机构的硬件设施与技术条件的考验，服务器的数量、性能、带宽以及整个媒体系统对于大量密集的并发访问请求的响应能力，都能左右事件在新闻竞争中的表现与吸引力。随着人工智能技术的应用和内容生产机制的不断升级，在精准化传播、个性化阅读的市场驱动之下，新媒体在技术领域的人员投入急剧增长，尤其在逐渐流行的推荐阅读型的媒体机构内，超过一半的人员都由研究信息处理、用户建模、算法优化等全新理念下的技术的工程师构成，此外还包括更多的系统维护、功能开发的技术保障人员。海量传播的信息背后，同样需要一支持续投入、及时反应、成本高昂的保障团队。这些实力水平的高低，往往决定了新媒体的实际影响力。所以，壮大实力在新媒体的建设过程中不只是一个阶段性实现的目标与结果，更是下一阶段寻求更好地发展、更大地展现影响力的重要前提。

单元学习小结

新媒体的核心战略思想是寻找蓝海，真正掌握了它的特性，蓝海就近在眼前。

新媒体的主导战略观念是品牌，品牌是新媒体的生命力。

在实际运行中，表面相对甚至相反的战术配合也是新媒体战略的重要内容。不能简单机械地照搬任何一种思想方法，而要因时因地配合实施，要处理好竞争与合作的关系，把握住异业合作的关键。

努力不懈地打造新媒体的公信力、创造力与实力是真正提升新媒体影响力的三大基础。

☞ **实训项目一**

实训项目：通过新媒体，为传统媒体中已处于红海竞争的一项内容策划"寻找蓝海"方案

实训方法：查找法、咨询法、实操法

实训条件：网络、笔记本电脑（学生自备）

项目要求：1. 学生分成多个小组，每组对应选择一项内容并说明其已是红海的理由；

2. 完成寻找蓝海领域的规划与方案；

3. 对实施蓝海规划的节目内容做出发展预估与评价。

实施步骤：1. 小组讨论，老师指导，充分讨论目前红海竞争的由来；

2. 理解蓝海的规律与特点，从中明确方向与步骤；

3. 依据蓝海战略为传统媒体制定新方案；

4. 将方案完善成书面报告。

成果描述：最终形成的书面报告实际上成为一份传统栏目进行新媒体改版的策划方案。

成果评价：学生小组互评，教师点评，将评价等次（分数）记录在册。

☞ **实训项目二**

实训项目：为某新媒体网站策划与当地知名商场进行异业合作的文案

实训方法：模拟法、咨询法、实操法

实训条件：网络、电脑（学生自备）

项目要求：1. 了解、熟悉该知名商场的基本情况与合作需求；

2. 明确新媒体网站通过此次合作要达到的目的；

3. 针对双方的需求与目的策划合作文案；

4. 了解策划方案的招投标相关流程及要求。

实施步骤：1. 教师模拟知名商场经理介绍自己的需求，让学生分组组成模拟公司；

2. 学生分组讨论需求，针对相关要求完成策划文案；

3. 各组学生介绍自己的文案并现场竞标；

4. 教师模拟经理评价各份方案并最终选定中标方。

成果描述：完成不同的策划文案，模拟现实要求进行操作。

成果评价：学生、教师课堂上讨论交流，模拟招投标，按结果将评价等次（分数）记录在册。

学习单元八
新媒体运营

学习目标

★ 知识目标

1. 战略运营中的"长尾""免费"与"无聊"的具体原理及操作须知
2. 市场运营中各种营销手段的原理与实践意义
3. 内容运营中策划、聚合的原理与意义
4. 用户运营中进行开发、互动的基本手段

★ 能力目标

1. 能够活学活用战略运营中的各项原理去看清社会实践中的案例
2. 掌握新媒体运营推广的相关技巧与手法
3. 掌握新媒体内容变现的主要手法
4. 掌握新媒体用户开发的基本意义

任务描述

运营不仅包括经营过程,更包括将产品及企业自身推向市场的过程。这里既有我们熟知的长尾理论,也有新媒体独有的免费理论及无聊理论。这些,既需要新媒体对内容进行特别处理与分发,同时也需要不断强化自己与用户之间的充分互动,应对用户需求,扩大传播面,最终促进用户价值的转化与实现。请结合本单元所学,尝试分析某一特定的新媒体在具体运营中的优劣得失。

运营是企业生产及公司发展过程中,为服务产品的系统而进行的设计、运行、评价和改进等一系列活动的统称。媒体在发展的过程中,经历了官办、政党办的长期阶段,在进入社会化大生产后,出现了更加综合或复杂的管理方式,开始不断借鉴现代企业的模式与经验,结合自身特性,形成了独特的运营方式。新媒体则更加倾向于将自身作为一个产品或一个产品营销部门,始终以受众的需要为重,并据此对自身的资源进行合理的配置,以最大限度地体现自身的价值与影响力,达到传播的最佳效果。

一、战略运营

19世纪的工业革命为近代企业树立了经营运作的标准化样式,也推动了传媒行业的标准化运营。机器化大生产的特点就是忽视个体的独特需求,代之以社会化的标准需求,然后通过工厂式的机器生产制造出整齐划一的标准商品,以满足尽可能多的消费者。个体的需求再强烈,最终也会屈服于社会化大生产所带来的节约成本的低价倾销。几乎同时兴起的近代传媒业也一样,标准一致的媒介版式,最大限度地争取受众的关注,以发行量、收听率、收视率为指导,尽量迎合大多数人的喜好,已成为传统媒体共同追求的目标。而新媒体从诞生之初,就开始对这种业已成规的思路进行突破,开始尝试吸收各种截然不同的战略运营思维。

01 长尾

美国《连线》杂志主编克里斯·安德森(Chris Anderson)通过对当时美国一些新兴数字企业巨头的系统研究后发现,这些企业80%的利润并非源自热门产品的直接销售,而是源自用户对市场难求产品的反馈。因此他提出,在互联网的世界中,长尾是最重要的价值源泉,"我们的文化和经济中心正在加速转移,从需求曲线头部的少数大热门(主流产品和市场)转向追求曲线尾部的大量非热门产品和市场"[1]。安德森对此指出:"由于

---

[1] 安德森.长尾理论[M].乔江涛,译.北京:中信出版社,2006:35.

成本和效率的因素,当商品储存流通展示的场地和渠道足够宽广,商品生产成本急剧下降以至于个人都可以进行生产,并且商品的销售成本急剧降低时,几乎任何以前看似需求极低的产品,只要有卖,都会有人买。"[①]这些需求和销量都不高的产品所占据的共同市场份额可以和主流产品的市场份额相比拟,甚至在有些情况下还可能比主流产品的市场份额高出很多。

媒体所经营的无非是受众的注意力。传统媒体的经营思路长期遵守着"二八定律",这条1897年由意大利经济学家维弗雷多·帕累托(Vilfredo Pareto)归纳出的统计结论,在媒体中表现为:约有不到20%的热门内容吸引了超过80%的受众关注度,成为各个媒体争相报道的重点,而超过80%的低关注内容则被忽视、被放弃。为了抢夺能够吸引80%关注度的受众市场,传统媒体之间进行着你死我活的竞争。而新媒体起先因自身出现较晚,只能把眼光瞄准那些被忽视的长尾人群与长尾内容,之后则因为技术革命,在传播渠道、传播方式和传播手段方面不断得到强化和丰富,为原先超过80%的非热门内容找到了它们所对应的受众,使传媒市场曲线中那条长长的尾部不断延伸,进而变为最有价值的部分。

长尾理论实际对应的正是蓝海战略中的碎片化特性,长尾就是由一片片以往被忽略不计的碎片构成的。而以往的忽略不计,往往只是因为收集碎片的成本过高,但新媒体解决了成本的问题,它们借助互联网无所不至的独特优势,促成了碎片化信息的传播。

猫扑网聚集了中国充满个性与锐气的年轻网民,他们在以往的社会结构中,相对于周边人群来说,非常边缘与小众化,是被传统媒体遗忘或忽视的人群。但是通过网络的聚合,这些散落的碎片人群却在猫扑网上形成了长尾,构成了这个中国网络流行文化的发源地、汇聚地,使猫扑网发挥出了互动娱乐门户网站的核心作用。

相对于网络文化,内容方面的长尾更让人激情澎湃,那就是Web2.0最终引发的微内容创作。相对于过去的专业创作,微内容通过新媒体的受众,使用电脑、手机、DV、相机等各种数字化设备,以一篇回帖、一条短信、一个链接、一张图片、一段视频音频等非常零碎、不成体系的数据内容构成。每一个受众创作内容的成本都非常低,传播与推广的成本更可以忽略不计。但它们一旦形成规模,便会产生惊人的价值。

在新媒体没有诞生之前,微内容也是客观存在的,但却散落在80%以上的非热门内容之中,无人关心重视,因而也无法发挥其价值。而新媒体却能给予这些微内容足够的尊重与关注,把它们从个人空间引入公共话语空间,通过具有魔力的链接与聚合力量,将每一个微小的价值点进行聚拢和叠加,最终形成强大的话语力量与丰富的价值呈现。

---

① CHRIS A. The long tail [J]. Wired,2004(10):29.

☞ **案例分析**

微博草根段子高手"作业本"原名孙杰,青岛科技大学毕业,"作业本"是他在新浪微博的注册账号。因为没有任何值得认证的现实身份,他初上新浪微博时,并没有获得什么认证或者推荐。但他却通过一条条短小精悍的短评、段子,凭借犀利的笔调、幽默的话题、天才的构思与讽刺夸张的风格,成为新浪微博上最火的草根明星之一,粉丝高达几百万,高出众多明星大腕。

图 8-1 《青岛早报》专版介绍最红的微博草根段子高手"作业本"

"作业本"是新浪微博上众多草根博主中为数不多的坚持原创的一位,有时一句,有时一段,时而抒情,时而尖锐。这些短小精悍的微内容、微话语与微想法,往往一经发布就会收获高达上千条的评论及转发。20%的小众传播扩大到了80%的公众面前。2011年,他的首部作品《精神病学院毕业生》出版上市,书中精选了"作业本"微博及博客中的精华文字,剑指社会万象,寄希望于嬉笑怒骂中,蕴温暖于犀利幽默中,受到市场的大力追捧,成为"小众内容大众热销"的典型现象。

长尾理论带给新媒体的启示是,不要轻视 N 的意义。当 N 的概念产生时,就意味着长尾形成的可能。新媒体需要发掘的,是我们身边早已存在但未必被主流人群看中的那些有价值的内容。网络为新媒体的传播发展提供了近乎无限的市场空间,让好内容找到自己的受众。

再者,微内容的创造成本极低,而形成长尾之后带来的收益与回报却十分可观,这已成为新媒体经营发展中的一条成功捷径。媒体在过去的二八定律的约束下,曾经使用了生硬的"少数服从多数"的手法,以强制化的统一手法制作传播所谓"老少皆宜"的统一内容,最终让受众厌倦并放弃。经营长尾的实质就是满足受众个性化的需求,深化受众对新媒体的喜爱与信任,密切两者之间的联系。

02 免费

处于发展初期的国内新媒体培养出了世界上最偏爱"免费"的新媒体受众,但我们不能将这一现状理解为新媒体经营发展陷入了困境,它反而是在强烈地提醒中国的新媒体运营商,必须要另找思路,多下功夫。

其实在传统行业中也有免费策略,即通过免费手法吸引新用户,并着力培养这批新用户的忠诚度,然后在建立信任的基础上加深他们的好感,最终说服他们为之后的服务付费。只是到了新媒体的商业实践中,这个策略却出现了偏差。第一是早期的新媒体缺乏经验,在用户还未意识到新媒体的服务价值时过度强调免费,给用户造成了"新媒体服务原本就应该免费"的错误认识;第二是新媒体初期不太友好的应用环境,使得用户对网络免费服务的认可度并不是很高,好感度也不是很强,从而产生了"新媒体的服务质量就应该免费"的观点,难以最终为服务买单;第三是新媒体市场过度开放,太多的后来者反复以"免费"手法开拓市场,不断冲击原本可以进入收费阶段的各种努力的成果,从而抹杀了免费的价值。

新媒体"免费"策略的正确实施目标,应该表现在以下三个方面。

(1) 培育习惯,强化需求

没有需求的免费,就好像向狐狸提供免费的青草,是没有意义的。新媒体应该通过为用户服务,满足用户的基本需求,并通过服务过程中的免费,进一步强化用户对这种需求的依赖度,从而培育用户的使用习惯,进而把它转化为用户对服务自身的依赖性。例如,门户网站通过提供免费的信息浏览服务,培养了用户通过互联网获取信息的习惯,并不断强化他们对于门户网站的依赖性与信息需求度,从而获得充足的访问量,这样就可以把访问量销售给广告商,获得广告收入,实现自身的初步赢利。但是面对市场变化,新媒体就要思考如何抵御新的信息提供渠道的冲击,比如微信公众号的信息推送,它们极有可能养成用户新的习惯,使自己好不容易培养起来的需求被替换掉。

（2）弃旧扬新，稳定需求

在面对旧有收费模式冲击或影响的时候，新媒体可以改变观念，在新的服务中运用免费思路，从而既突出新服务的竞争优势，又达到稳定用户的目的，甚至还可以补充、发展新的用户。只要用户数能够稳定发展，这些用户的固有需求就可以在已经建成的服务体系里为新媒体提供源源不断的业务收入。

☞ 案例分析

"红月""传奇"等早期网络游戏都采用了常规的按时收费的方式，用户购买点卡后，可以按包时包月的方式玩一定的时间，玩的时间越长，缴费越多。但是用户人数增长减缓，再加上行业中对"反网瘾"的呼吁及限制措施的不断出台，网络游戏行业的收入增长遇到了瓶颈。此时，巨人公司的"征途"推向市场，宣布将采取完全免费的模式。

"征途"在游戏时间上完全免费，这既是因为公司发现靠时间来实现收费增长已经没有空间，同时更是为了让用户不再考虑游戏的时间问题，而着重于更好地体验游戏。正是因为创造出了这种新的需求，"征途"提供了大量的收费装备、收费道具。事实证明，巨人公司的这一策略完全正确，由于游戏免费而失去的点卡收入被玩家近乎疯狂的装备购买、道具购买填补上了，并不断创出新高。巨人的这一策略迅速成为国内网游的新模式，推动了中国的网游产业再上一个新的高度。

☞ 案例分析

世界上最有名的美食杂志是谁主办的？答案一定会让你大吃一惊，既不是什么餐饮协会，也不是传媒巨头，居然是米其林轮胎。关于这本最权威的《米其林美食指南》杂志，业界一直有着这样的传说：据说最开始，汽车车主都舍不得开车，但是他们不开车，轮胎就不会磨损，这将对米其林轮胎的销售产生很大的制约。于是，有一个聪明人提议：我们来办一本免费的美食指南，告诉我们的用户，某某城市有一家餐馆很好，又在某某城市有一家非常值得一去。这样，当汽车车主乐此不疲地从一个城市赶到另一个城市时，他们的轮胎消耗量自然就上去了。于是，米其林开始专心办起了美食杂志。为了不让专程赶去的车主失望，他们以高度的责任心与近乎苛刻的态度对待每一家上榜餐馆的评级。当米其林的评级逐渐成为权威后，让许多餐馆老板搞不懂的是，为何他们想尽了一切办法，甚至提出可以支付高额的广告赞助都无法打动这家"死板"的美食杂志将他们的饭店提高个一两分。原因恰恰在于，这本美食杂志所依靠的并不是饭店的广告收入，而是总部卖出去的轮胎的利润。

（3）建设平台，创造需求

无论是门户网站、网络游戏还是电子邮件，一旦将这些服务形式作为一个独立的产品来看，就无法摆脱向用户收费的问题，就算找到广告商付费，最终仍然无法摆脱需要用户付出观看广告的代价的现实，其实质还是用户付费，只是变了一种形式而已。随着互联网的深入发展，受众及用户在新媒体中发挥的作用越来越大，用户与服务商相互依赖、共生共存的理念逐渐深化。用户对于平台化新媒体的意义，绝不只是吸引更多的广告商来投放广告，而是成为更多的如电商营销、知识变现等新兴产业发展的关键因素，从而创造出更多、更新的用户需求，这些新需求的拓展收入部分，就可以完全覆盖平台对用户提供持续免费服务的成本。

当新媒体建设进入生态运营平台的状态后，由于用户与新媒体之间变为了合作共赢的关系。因此，运营者就必须更彻底地推行免费策略，因为此时的用户已经不再是自己的服务对象，而成了与自己利益一致的同行者。

建设平台的目标让新媒体的发展有了一个质的提高。一个产品，不论它多么优秀，它都必然有竞争者，也会有超越者；但一个平台，却可以成为所有人共同依赖的中心。平台化的新媒体专注于标准化的接口配置，坚持免费化的用户吸引，通过打造良好的行业生态环境，尽可能地展现平台用户的丰富需求，从而吸引抱有各种赢利目的的第三方经营者加入平台，合力开拓市场，共同分享这取之不尽、用之不竭的庞大市场收益。全球最大的社交网站 Facebook 就是实施这一免费策略的最好例证。通过开放的 API 接口，2011 年 Facebook 就已经有了超过 24 000 个应用，世界各地有超过 40 万开发者在为其开发应用程序，每天都有 140 个左右的应用上线。借助庞大的用户平台，受欢迎的收费应用为开发者赚取了可观的利润，也让 Facebook 从中获取了自己应得的收入。

免费，终究只是不同经营模式下的一个表面形式，它的内核必须包含能实际获得最终收益的方案，否则，免费只能是一种盲目的尝试。

③ 无聊

所谓无聊，是对传统内容建设中"有意义"追求的反思。

首先，新媒体中的泛娱乐化倾向持续走热，无聊情绪的蔓延凸显出新媒体受众在情绪抚慰、娱乐放松需求上的增长。互联网上，关于明星的发型、宠物、感冒咳嗽……的任何信息都能迅速成为受众转发、关注的焦点。出于娱乐的目的，人们更愿意从新媒体中获得大量软性信息，并更多地使用各种娱乐类应用。据中国互联网络信息中心（CNNIC）2010 年 7 月 15 日发布的《第 26 次中国互联网络发展状况统计报告》，在国内网民的互联网应用行为中，网络音乐应用以 82.5% 的使用率居于首位并带领了娱乐类应用的持续上升,而在国外一直居于首位的新闻应用则首次出现了下滑,居于第二位。此外,网络游戏、网络视频、网络社交的应用率也纷纷显著上升。

更多的无聊内容,体现了新媒体用户对于传统媒体长期宣教的强烈反弹,以及对各类无目的、无意义事件的追捧。围绕着网络红人"芙蓉姐姐",有不少网民自发成立了所谓"芙蓉教",与其他明星的后援团不同的是,许多自称"芙蓉教"铁杆教众的网民也未必欣赏或认同他们的"教主",他们只是出于单纯地反抗网络主流观点对"芙蓉姐姐"的一味指责。实际上,推动这些网民在网络上发起并参加各种各样举止荒诞、没由头的行为艺术的源头推手,就是人类内心深处的无聊情绪。

案例分析

2009年7月,一网友在百度贴吧魔兽世界吧发表了一篇名为"贾君鹏你妈妈喊你回家吃饭"的帖子,正文并没有其他任何更详细的内容。但就在随后短短的五六个小时内,该帖被390 617名网友浏览,引来超过1.7万条回复,回复内容千奇百怪,被网友称为"网络奇迹",而"贾君鹏你妈妈喊你回家吃饭"也迅速成为当年的网络流行语。众多正规媒体机构对此予以了关注,并对此事件提出了种种背景猜测,其中最能让公众接受的一种解释是:贾君鹏事件就是一次无目的、无意义的互联网行为艺术,一次网络贴吧的文化大狂欢。

无聊情绪的蔓延,也从另一个角度诠释了在互联网时代新媒体应用需求的多元化趋势。在风靡国内的SNS游戏热潮中,相当多的都市白领可以为了游戏中虚无缥缈的头衔等级、金币财富、人参白菜等的数量增长而废寝忘食,并坦言从这类简单的游戏中获得了不少现实社会中所缺乏的成就感。同时,绝大多数的SNS游戏也让用户通过这种无定向的中性特征体验,找到了一条有效缓解现实压力的方法。再者,在普通人的生活里,在"绝对有意义"与"绝对无意义"的事情之间,并不存在绝对的、清晰的界定范围,许多游戏里的头衔与等级、QQ秀里虚拟形象的衣饰等,也许并不像游戏中的等级装备那么让人痴迷不已,但它们的存在给许多人提供了相互对比甚至攀比的依据与参照,有人将它看成可有可无的随手应用,但也有人愿意为此付出金钱、精力。腾讯每年在Q币上收获的巨额收入中,这种看似无聊的应用所占的份额不在少数。

这些无聊的需求,打破了传统观念对于媒体价值的固有判断,"无聊"的定义实质是大众评判标准对于小众需求的忽视,一旦这些小众需求被长尾化、被发掘出来,由新媒体带来的积聚效应就会重新证明它们的价值。

二、市场运营

新媒体一旦形成固定的受众群,其媒体地位即初步形成,从而拥有或多或少的市场影响力,为接下来带有新媒体特征的推广发展打下基础。这些推广手法既可以服务于广告商,从而产生一些直接的经济收入;也可以应用于新媒体自身,为扩大用户群、占据更大的市场份额发挥积极作用。

01 精准营销

精准营销这个概念最早是由世界级营销大师菲利普·科特勒(Philip Kotler)于2005年提出的,实际上它在广告界中一度被称为"窄告",意在与"广告"一词相对应。精准营销建立在新媒体对用户行为精准分析的基础上,它将广告内容直接投放到与之相关的栏目与位置,同时还可以根据浏览者的偏好、使用习性、地理位置、访问历史等信息,有针对性地做出不同的最终呈现。

精准营销的基础是测量,在2010年中国媒体经济年会的"传媒与中国城市发展"高峰论坛上,中国传媒大学传媒科学研究所所长夏征宇谈道:"互联网在测量技术上更具优势,我们做调查,比如说传统的视听率调查、平面媒体的阅读率调查,都要干涉用户的媒介使用工具,比如说测量仪,就是来的时候要把那个按钮按一下。互联网测量技术不影响用户的时间,软件就在电脑上面,不影响用户使用电脑、使用网络。"也就是说,通过网络化、计算化的技术,我们可以从最自然的角度切入媒体传播的过程,获得个体操作行为的准确性,但这同时更需要拥有尽可能广泛的覆盖面。因为只有在广泛的基础上,才能确保资料全面、背景可靠、对象明确,最终的结果才能做到精准。

精准营销依靠的是智能化的用户行为分析系统,基于新媒体的海量用户不断、反复的访问行为,从而得到最佳的参考依据。用户行为分析学认为,一个用户的同类操作越多,其行为目的的真实性越高,分析得到的结果价值就越大。借助于技术手段,只要用户有过访问行为,分析系统就可以得到相应的分析结果,再加上相对固定的用户系统,得出的结果就可以不断地积累、验证与修正,使智能分析反映出的结果更加科学,从而为下一步的精准营销打好基础。

精准营销的实施便是对服务对象的科学定位,这个服务对象既可以是广告商,也可以是自己,总归是需要营销推广出去的对象。这种对象要放在社会化的大背景中去深入分析,并给予准确的定位。这就要求我们在庞大精确的用户行为库中相应地找到最精准的接受对象,然后将两者进行对接,实现最完美的营销活动。

制约精准营销发展的关键因素是用户隐私保护尺度。原则上,借助各种工具对数据进行分析,我们可以很轻易地掌握用户的个人资料、行为规律、兴趣爱好甚至各种具体的个人习惯,但这便面临着侵犯个人隐私的法律风险。精准营销一般会通过几个措施来确保其健康发展。第一是授权保障,任何以获取用户信息作为精准营销信息投递的行为,都必须在取得信息前询问用户是否同意,或以电子协议的方式说明自己对用户隐私的态度与保护范围,并且只有在得到用户肯定的情况下才能正式进行。第二是双盲操作,就是将行为分析结果与营销信息配对投放整个过程完全交给计算机程序去封闭地完成,回避人工操作,以减少用户隐私泄露的风险。

随着网络化生存的概念在全社会的认知中不断深入,随着个性化新媒体的强势发展,用户看待关于网络隐私权的问题也将逐渐趋于理性。

实际操作中,精准营销通过与用户的良性互动,使营销概念突破了最初级的广告信息推送阶段,从而让用户主动提供有价值的信息,以更精准的服务内容反馈,实现与用户的相互信赖、共同获益,从根本上解决用户隐私权的问题。而放弃提供信息的用户,恰恰是精准营销要过滤淘汰的非目标客户。

02 网络推手

"网络推手"这个词最早出现于2005年的"天仙妹妹"事件中。同年10月,上海《解放日报》的记者陈廷雯采访了该事件的背后策划人浪兄、立二拆四、非常阿锋(三个名字均为网名),三人首次提出了"网络推手"这个词。该词取"推波助澜"之意,特指借助网络媒介进行策划并推动某个特定对象,使之产生影响力和知名度的个人或组织。网络推手推动的对象包括企业、品牌、事件以及个人。

(1)基于热点事件的研究成果

实际生活中的推手早已存在,当互联网崭露头角,并在一系列社会热点事件中承担起越来越重要的角色之后,有人通过分析早期网络热点事件及网络红人事件的发生、发展与高潮中的细节,总结出不少可以复制推广的规律与经验。

最初的网络推手属于草根派,他们往往是互联网资深意见领袖,熟悉网络环境,深谙网民心理,善于策划运作各种独特的创意,制造并提升热点事件的热度,在不同的阶段及时鼓动网络舆论,促进热点事件的形成与发展。草根派网络推手的用意比较单纯,大多带有公益性质,并期待得到各种专业媒体的关注与报道。他们的缺点是组织机构不完善,甚至没有组织。由于每个操作人的经验与个人素质有差别,因而效果相差较大。

随后登场的是广告派,他们一般都来自传统的广告和公关行业。相对来说,广告派拥有比较专业的机构与人员,拥有传播学等比较系统的专业化知识和更多的媒体资源整合能力。他们一旦将热点事件推动起来,往往可以更加迅速地扩大影响。但广告派最大的弱点在于策划与发起阶段,他们缺乏对互联网的了解和推动网络舆论的手段,往往能做出完美的策划方案,却经常在实行时发现事与愿违,结果导致效果平平,最后草草收场。在网络推手的许多失败案例中,我们常常可以看到广告派的身影。

复合派是吸取了草根派与广告派两种网络推手的优点而最后出现的,并且加入了新媒体技术的研发与应用优势。复合派的策划方案往往既有创意和可行性,又有系统化的执行过程,可以得心应手地运用各种策略推动计划的顺利进行。

网络推手对于新媒体的发展具有积极意义,表现为以下几点:在信息浩瀚的互联网环境下,面对纷繁复杂的网络资源,不少网络推手对于社会热点事件的敏感性与前瞻性,让他们能够迅速切中时弊、掌握关键;在现代商品社会的发展中,利用新媒体的特性,巧妙地借助网络之力,改变传统的企业形象推广方法;在各行各业的激烈竞争中,一旦遭遇突发负面事件,企业可以在合理合法的前提下求助于网络推手,通过更加科学、更加系统的运作,将网络对企业的负面伤害减至最低,这也是企业的危机公关中不可缺少的一环。

但网络推手如果过度运营,的确存在着发展失控、左右舆论甚至颠倒黑白的影响与可能性,这在社会实践中已经屡有发生。这实际上是所有工具型手段的一种通病,水能载舟亦能覆舟,网络推手借助新媒体的受众之力,要想获得健康长久的发展,必须要在活动中符合并遵守新媒体传播的相关规律,接受新媒体公开透明的机制制约。一旦逾越规律与规则,轻则受到新媒体传播体系的惩罚,失去用户的信任与关注;重则违反相关的法律法规,受到各种应有的处理。

(2)网络推手与网络新闻

网络新闻不应该被简单地解读为发表在网络上的新闻,新闻本身应与载体无关。它也不应该是网络记者采访写制的新闻,创作者不能决定体裁。通过观察网络推手在网络新闻事件发生前后所起的作用,我们可以总结出网络新闻的核心特征。

相对于普通新闻而言,网络新闻的更多工作要做在新闻之前:一是敏锐观察,要像网络推手一样,利用新媒体终端的高覆盖率及早发现各种有价值的新闻点;二是精心策划,资讯爆炸令受众目不暇接,新媒体时代中,好的新闻需要好的策划,而对于已发现的新闻现象,则要进行有效的提炼与推动,这样才能在报道时收到最佳效果;三是充分渲染,加强对主体新闻事件的分析、预测及猜想。

在传统新闻事件中,正如推手坐享其成一样,网络新闻相对最为轻松,只需直接利用传统媒体的成稿即可。

主体新闻事件随后又成为网络新闻的新阵地。其一是网民互动。网络新闻不是单向的宣教,在报道出去之后要检验其是否满足了受众的知情权,了解受众对此有什么反响,以及对报道的手法与结论是否还有其他的意见,这些本身就是新闻内容的再延伸,同时也构成了新媒体的新闻再生产。其二是网络评论。这里的评论有别于受众评论,特指新媒体自身对于新闻事件、新闻互动、后续事件的一种媒体看法,社会公众要求媒体站在尽可能客观、公正的立场上,但媒体也要善于归纳总结观点,勇于发表自己的观点,深挖新闻的内涵,这是新媒体时代媒体的责任与义务,更是新媒体有别于其他媒体的重要外部特性之一。其三是组合翻新。如果说前两者是纵向的挖掘,那么组合翻新就是横向的扩展,借助于网络存储容量近乎无限大的特性以及检索技术的全面性与方便性,新媒体记者要善于利用、善于联想,将眼下新闻事件中的某些特定点与之前新闻中的特定点相联系,从中对比、挖掘出全新的新闻意义。

（3）推手的原则

如果从增强信息传播效果的角度出发,给网络推手制定一些基本的原则加以规范,那么网络推手就会成为整个新媒体时代的有效推动者。反之,如果他们违背或逾越这些原则,则会变成个体利益的追逐者、网络暴力的操作者,不仅会面临道德上的谴责,更是游走在法律的边缘。

正常、合法也更健康的网络推手至少要遵守以下三个原则：

第一,遵循价值规律。网络推手常用的手法是"四两拨千斤",但那是建立在新闻事件原本有价值的基础之上的。一则意义重大的新闻,由于有了网络推手,它的传播便会更加广泛、更加重要,这很正常。原本微不足道、缺乏意义的事件却企图通过网络推手去炒作、渲染成重要新闻,那就违背了新闻的价值规律,偏离了网络推手的正面积极方向。

第二,尊重社会道德。网络推手的目的是为了最大限度地达到传播目标,所以必然希望得到尽可能多的受众的支持与认可。因此,遵守绝大多数人所认同的道德底线是最起码的要求。

案例分析

正面：即使像芙蓉姐姐这样颇具争议的网络红人,在新、奇、怪等方面也并没有一点真正挑战公众的道德底线。2010年之后,芙蓉姐姐的整个运作团队将其往正面形象进行了成功的转变,使其成为较长时期内保持公众热度的网络红人和励志典范。

负面：2011年3月25日,在广州,一位近乎绝望的母亲抱着患有眼癌的6个月大的女儿跪地前行。她之所以这样做,是因为一个名叫"广州富家公子"的网友说如果她能在广州街头抱着孩子跪爬1000米,他立马让人当场捐款2万元。但最后这位网友并不打算兑现自己的承诺。几天后,记者找到了这位"广州富家公子"本人石金泉,

> 他坦言这件事是他一手策划的:以可怜和弱势包装该母女,而自己的"食言"所造成的公愤则能让这个事件得到更广泛的传播。石金泉在对记者的讲述中显然十分满意自己的这次炒作。但是这样的炒作激起了网友的强烈反感,更有人撰文指出:尽管石金泉的本意是想帮助这对母女,但这种过度炒作戏弄了公众的同情心,势必将网络推手的发展推向一个危险的境地。
>
> 由正面转向负面:另一个网络红人凤姐一直在话题炒作中追求更新、更怪、更异,但在她未曾逾越道德底线的时候,还有不少人对其勇气与执着表示赞赏,更多的网民表示,尽管不喜欢,但可以容忍。但在2011年震惊中外的甬温铁路"7·23"特大追尾事件发生后,身在美国的凤姐在其微博上对罹难者进行了很不恰当的调侃,她的言行激起了网友的愤怒,就连一向态度暧昧的各大花边新闻媒体也对其言行进行了立场坚定的抨击,新浪一度关闭其微博以示惩戒。

第三,承受意外结果。网络环境是复杂的,推手也不会百战百胜,除了有推动失败的可能,还有方向走偏、引发其他不可预估的意外反应等可能。这些都需要推手在制定策略之前先进行综合完善的考虑,对在推动过程中出现的意外、变化做到有预案、有准备,当然最重要的是要有承受力。

三、内容运营

就信息内容的生产而言,新媒体与传统媒体并无根本上的区别,实际上,在内容生产、内容创作方面所需要的各种基础能力、基本技巧,是不分媒体类型而一脉相承的。真正有所区别并凸显的,是新媒体对于同样的信息内容在运营层面上的各种处理、变化以及创新发展。正是有了内容运营,新媒体才会最终在信息传播、覆盖及到达层面上彰显出自己不可替代的优势。

新媒体在内容运营上的处理,按照内容生产的基本流程,在前期、中期与后期分别体现在内容的策划、汇聚与增值这三个关键点上。

01 策划

"策划"一词最早出现于《后汉书》,其中"策"指计谋,"划"则指规划,两个字合在一起表达:遵循必要的方法与规则,应用创造性思维来实现特定目的或目标的一种系统化方案,或者制定这一方案的过程。

(1) 传统媒体在策划中突破发展

策划其实也并非是新媒体的专利,只是在传统媒体时代,媒介资源相对集中垄断,信息内容还处于"供不应求"的局面,主体受众缺乏对信息内容的选择权。因此,那时的媒体并不需要过多关注内容的策划。只要基本质量过关,基本时效满足,受众就会全盘照收。报纸不必担心发行量,广播电视同样会有足够的收听收视率。但20世纪90年代之后,各地上星卫视纷纷出现,跨地域报纸纵横发展,媒体间开始出现相对激烈的竞争局面。为了在受众资源的争夺战中确保自己能更好地发展,内容策划越来越受到重视。

在报纸领域,以《南方周末》《南方都市报》为代表的南方系报纸提出了"挖掘新闻背后的真相"和"从不同角度解读新闻事件"的办报方针,这实质上就是从简单地报道传播新闻事件现象,向更多地对报道形式、报道方向与报道目的进行策划的实践转型,希望借此在市场上成功地收获读者口碑,并将影响力迅速扩大到全国范围内。

在广播电台领域,1986年创立的广东珠江经济台以其大板块布局、核心主持人直播、热线电话全程参与的鲜明特征,使"珠江台模式"成为中国广播改革的第一个里程碑。1992年创立的上海东方广播电台则引入区域广播竞争机制,创新改变新闻内容编排,拓展媒体活动与品牌主持人的社会影响,以"东广模式"继续推动广播改革的深入发展。2000年前后,全国各地以广播频率专业化为基础,迎合城市私家车普及的潮流,交通频率和汽车频率开始独领风骚,"交通台模式"再度引领广播电台改革的进程。该模式进行内容创新的重点就在于完善的策划流程与鲜明的策划效果。

在电视领域,20世纪90年代,中国地方电视台开始步入市场化发展的轨道,电视在单一的媒体宣传事业身份之上,叠加了传播经营产业的身份,广告收入出现飞跃式增长,社会影响日益扩大。2000年开始,制播分离的内容生产模式开始运用于各类非新闻类节目、栏目之中,公共服务与文化服务继续在电视媒体中得到全面推广。中国的电视内容产业开始从计划模式下的以完成上级宣传任务为目标转向市场模式下的以满足受众需求为终点。电视节目策划精彩纷呈,栏目创新、样式创新、手法创新及模式创新的成果喷涌而出,将电视产业迅速推至行业发展的最高点。

(2) 新媒体以策划赢得传播主动权

相比传统媒体,新媒体既缺乏足够的历史积累,也缺少既有的权威背景保证,信息在早期的新媒体传播环境中非常容易被看成"市井传闻""小道消息"而被用户忽视。因此,起步时期的新媒体只有在策划方面动足脑筋、想尽办法,才能掌握主动权。

首先是通过重点策划,提升新媒体的受关注度与受重视度。相比传统媒体,互联网网站更倾向于通过策划制造更多的传播亮点。1998年9月11日,针对时任美国总统克林顿与白宫女实习生莱温斯基的性丑闻事件的调查报告——《斯塔尔报告》通过互联网向全球首发,这也是近代大众首次不是通过报纸、广播与电视率先知晓并了解一个重大新闻事情的详情。自此,互联网新媒体开始更加倾向于策划类似可以实现"互联网首发""互联网先行报道"的重大事件传播。北京时间 1999 年 5 月 8 日,美军轰炸机悍然轰炸了中国驻南联盟大使馆,新浪网在中国境内最先发布了这条消息,一举奠定了自己在国内新闻传播领域的领先与权威地位,这是新媒体在"领先报道"思维上的最成功典范。

其次是通过细节策划,深化扩展新媒体的社会影响。新媒体在发展初期缺乏自己的原创采写力量和更关键的新闻资质,只能更多地依赖于转发传统媒体的内容。但是,它们通过强化策划细节,充分调动起用户的互动积极性,并通过互动引发共鸣,从而推动了相关事件更加成功地扩大影响、增强覆盖范围,甚至在某些事件中都起到了推动社会管理机制进步的作用。

2003 年 3 月 17 日晚,在广州工作的湖北青年孙志刚因没有暂住证而被当成"三无"人员送至收容遣送站,之后非正常死亡。该事件虽然仍是由地方报纸媒体首先曝光的,但之后国内各大新媒体网站并不只是简单地进行了转发,而是迅速动用各种策划手段,在网上设立关键话题讨论,邀请各界专家学者评论、剖析,并充分发挥互联网的作用,让更多的普通网民加入对事件的深层反思之中。网络新媒体还从更高的站位角度,集中曝光了一大批同类型的案件,公众舆论开始从同情孙志刚个人的不幸,转而关注相关政策的缺陷和相关法律制度的漏洞。在有关部门侦破此案之后,同年 6 月 20 日,国务院发布《城市生活无着的流浪乞讨人员救助管理办法》,同时废止《城市流浪乞讨人员收容遣送办法》。

图 8-2 死于收容遣送过程中的大学生孙志刚生前照片

此外,2009 年云南青年李荞明在看守所内遭殴打致死,却被警方通报为玩"躲猫猫"游戏时受伤而死,该事件在新媒体上掀起了一番以此为主题的舆论热潮,最终"躲猫猫"事件真相被还原,当地公安机关的渎职行为被严肃追查;2011 年一名叫郭美美的女子在新浪微博上高调炫富,被新媒体关注跟进,事件进而激化升级为社会大众对涉事的中国红十字会的信任危机,"郭美美事件"也成为中国红十字会至今无法摆脱的诚信阴影。

最后,除了对各种重大、热点事件的关注之外,新媒体对优化内容运营中的具体策划手段同样不遗余力,其中最普遍的应用就是对标题的改造。尽管许多报纸媒体也一贯重视标题,但是,互联网独特的展示与阅读机制,使得标题成了文章的入口,标题是否吸引人,将直接决定这篇文章会不会被人点击并阅读。因此,几乎所有网站在转载其他媒体新闻内容时都会对标题重新进行提炼、优化加工,以确保转发在新媒体终端的信息内容标题能够最大限度地体现出"重点、热点及兴奋点",从而收到吸引网民关注、促使网民点击的最终效果。

这些具体的运营技巧经过不断强化之后,逐渐产生了"标题党"的概念。相对而言,"标题党"通常指为一味强化标题吸引力而不惜运用严重夸张、混淆故事、刻意误导等这些出格手法的新媒体编辑及策划人员。在"标题党"的手下,内容本身想反映或表达什么已经不再重要,重要的是这些内容有没有点击与阅读量。至于网民点击进去后是否发现文不对题或者离题万里、严重夸张,则根本不在"标题党"的考虑之中。所以,"标题党"已经成为新媒体内容运营中的一个污点,开始遭到越来越多人的唾弃与反对。精确、巧妙、恰到好处的标题优化能力,仍然是优秀内容策划者的重要追求。

02 聚合

传统媒体既是内容的生产者,同时也是内容的发布与传播者。但是,有的新媒体由于起步发展时实力不足,缺乏足够的内容生产制作力量,有的新媒体因为在具体新闻信息采制领域资质不够,所以它们往往只能更加注重内容的转载发布与传播影响。许多相对成功的新媒体品牌,往往都是优先强化内容的聚合能力,从而率先实现内容的平台化,转而再回头培育原创内容的制作生产能力,这已经成为整个行业内公开的成长规律。从新浪到腾讯,从优酷到抖音,几乎无一例外。

聚合是内容运营中的一个重要领域,它并是简单地把同类或相似的内容进行归纳汇总就可以做到的,而是要借助计算机行业的先进思维及技术的应用,通过标签化、数据化及结构化的手段,对互联网上包罗的海量内容信息进行收集、整理并加工,最终形成自己具有独特思想、专业特色和专注领域的优秀内容表现能力。一个网站,如果能够按照这种更加趋于理性的结构来设置内容,那么它就会被以谷歌为代表的搜索引擎判断为更加专业、更加权威的网站,从而让自己的搜索排名得以靠前。因此,内容聚合在部分场合下也会被视为优化搜索引擎排名的一个重要手段。

(1)专题

随着互联网新媒体的快速发展,社会大众已经从过去的"信息饥渴"状态迅速进入"信息饱和"阶段,进而到达"信息过剩"阶段,他们希望不同的新媒体能够提供更多具有独特个性、不同特色的内容产品。而在此时,各家新媒体在信息内容的采集来源渠道方面大同小异,最开始由新浪网打响的"快而全"的特色,实际上并没有什么技术门槛,大家很快就沿着同一条跑道到达了相互接近的距离,都开始出现了严重的内容同质化倾向。为了区别于竞争对手,彰显个性优势,通过专题的设计与编排以及在内容的聚合发布中下足功夫,便成为各门户网站进行差异化竞争的重点手段。

针对重大事件题材的专题,各门户网站会比拼各自内容的厚重程度。类似于奥运会、央视春晚、奥斯卡颁奖、神舟飞船上天等这些众所周知且都有充足准备时间的专题,各门户网站一般都不会指望竞争对手出现失误而给自己机会。所以,在做到对主体事件报道不漏发、不晚发之外,新媒体网站往往会在专题内容的策划组织上,沿着纵深挖掘与横向延展这两条思路各显身手。纵深挖掘指沿着时间轴线,从事件的起源、历史、传统,或者从以往的同类型事件中寻找值得关注的信息亮点,进行专题内容的有效解读。这样,不同的网站对于相同的专题内容往往会在新闻背景、历史传承、往期回顾等方面,展现出各自不同的挖掘度。横向延展则是在同一时间线上,通过更换视角、立场以及报道手法,进行专题的拓展阅读。例如对于大型运动会,常见的视角是从观看比赛的观众这面去看,但有的网站选择了志愿者的视角、特派记者的视角,有的网站则把关注的重点转向了运动会所在城市的普通市民及其独特的风土人情,这就给自己的专题延展出了不一样的风格与特点。

而突发事件专题的报道过程留给内容拓展的准备时间不多。新媒体往往会通过预设的互动手段或者已有的互动机制来进行快速反应。例如早期的留言板、评论墙,以及之后的博客关联、微博评论,等等,有的则会为这些专题内容启动专门的投票、调查等手段,再辅以个性化的界面设计,突出显示这些极具特色与意义的数据信息。尤其是在一些社会热点的聚集关注中,新媒体往往能够敏锐地从中捕捉到那些既能够触动受众内心感受,又具备网络传播特质的一些关键词或者标志词语,把它们特别提炼为专题的中心词,甚至将其发展成为年度的大众流行语。

☞ 案例分析

2011年7月23日,D3115次动车在温州路段发生特别重大交通事故。民众对于搜救现场的某些处理方式提出了质疑,而铁道部新闻发言人王勇平在面对这一质疑时,并没有给出清晰足够的理由,只是向记者抛出了一句"至于你信不信,我反正信了"。此后,多家新媒体围绕王勇平的这一句话进行专题策划,直指有关部门面对公众发言时简单粗暴甚至不负责任的态度等造成的不良影响,甚至有些新媒体还就此在网上发起了"反正我信了"造句大赛,引起了网友们的热烈响应,"反正我信了"这句话也因此在之后入选2011年中国互联网年度流行语。

（2）热词推荐

相对于流行语中较多的人为策划及推动，热词推荐带有更多的技术元素。它指在内容传播过程中新媒体平台对用户行为偏好进行持续跟踪收集或科学分析，提前预判用户对特定信息内容的关注点的变化而得出特定信息内容关键词，然后系统进一步将其设为系统热词的一系列操作。

在系统热词的背后，是新媒体平台对信息大数据的技术升级与能力积累。从表现手段来看，热词看起来只是一个标注突出颜色的词语链接，它出现在网站首页、App 页面顶端或者新闻正文结束处的推荐区块内等。但是它的产生机制却建立在足够丰富的信息内容广度与足够庞大的用户群体的基础上，是通过不同层级的检索系统甚至专业的搜索引擎得出的。在用户点击系统推荐的热词之后，系统还可以提供富有特色的推荐信息展示页面。

在具体实践中用户会发现，在百度、搜狗等搜索引擎中，热点词汇的搜索结果页面明显不同于普通结果页面。它们实际上具有了普通内容专题的绝大多数元素，只是它们不需要新媒体编辑进行过多的人工干预，而更多地依赖于后台运算结果以及与最终用户的匹配度自动生产出来。

（3）个性分发

随着人工智能与大数据技术在信息发布传播中的实用化发展，新媒体开始提倡一种全新的信息发布模式，也就是不再单一地去关注受众的共性需求，转而深入应对每一个个体用户的阅读需求，最终为每个用户提供完全不同的信息服务。

2013 年，淘宝网宣布更新商品检索结果的排名规则，并冠以"千人千面"的新提法。它的实际原理就是针对每一个检索的用户去调取他过去购买、关注的商品的信息，包括这个用户在购买商品的过程中有无评论、有无退换货、有无在淘宝社区分享表达过观点等行为的信息数据，进行综合性的复杂运算之后，给出一个最终的商品推荐结果。尽管这一机制在推出后短暂地引起了淘宝商家的各种意见讨论，但最终还是因为其更加符合用户利益、更加准确地实现了推荐的效果，而开始被全面推行。

2012 年，当刚刚成立的今日头条提出"以数据挖掘、机器学习与算法分发为核心"的新型新闻推荐分发平台建设理念时，极少有人相信它会战胜当时已占据垄断地位的新媒体新闻平台。但是，仅用了不到 5 年的时间，今日头条的激活用户数就超过了 6 亿，迅速成长为国内最大的内容创作与分发平台。就连在传统化的新媒体新闻领域后来居上的腾讯新闻，也果断决定放弃传统的新闻分发理念，加入头条式的运营队伍。2017 年 6 月，腾讯宣布取消网络媒体部门的频道制，全面分离内容生产与内容运营，加入技术驱动传播、精准推荐新闻的潮流之中。"传媒行业发生的变革，是技术进步带来的社会分工的进一步细化,是一个行业工业化程度提高的必然结果"①。

当然,从以内容为核心的信息聚合,转为以用户、以人与人之间关系纽带为中心的信息聚合,新媒体的实现手段是硬性的技术化,但是它所追求的目标,却是去发展社会公众消费信息的这一软性的人性化需求。

当收集、分析用户需求的内容分发平台拥有足够强大的数据资源之后,它也就同步拥有了进行内容汇集的功能。微信在建立了最庞大的现代社交关系网络之后,推出的微信公众号几乎囊括了国内最主要的媒体、机构、企事业单位、社会团体以及民间意见领袖。这些前所未有的内容创作生产力量,在统一的技术平台上实现了最海量、最智能、也最强大的内容聚合。在此之后,百度建立的百家号,搜狐建立的搜狐号,今日头条推出的头条号,都在不断推动着新媒体的内容运营模式向更加精准、更加高效的层面发展。

与此同时,人工智能与数据推荐的技术发展也在变革着新媒体的内部生产系统。在仍然需要编辑人工操作的领域,人工智能应用同样可以根据工作目标、编辑意图,高效地推荐并提供可供专题建设借鉴的各种有价值的信息、背景、资料以及各方面的延展关联资源,从而大大地提升新媒体编辑的工作效率。

③ 变现

内容运营的最终目标是实现价值的变现,这是新媒体在探寻商业模式的过程中最直接也最迫切的需求。通过对内容的运营,新媒体至少可以快速掌握三条最主要的变现渠道。

(1) *广告引流*

广告需要的是注意力,是流量。不论处于什么时代、什么环境下的广告主,他们关心的永远是广告发布后能够吸引多少访问者。这与新媒体在内容运营中努力追求阅读量、传播量的最大化的目标方向是一致的。新媒体的广告价格体系也会更多地从"广告展示次数、点击或阅读次数、转化次数与转化率"这四个维度进行效果评估,由此确定变现的价值高低。这种商业模式,也会反过来作用于新媒体的内容生产和内容运营手法,因而是新媒体更加强调关注"点击率""转化率"等指标的背后的驱动因素。

(2) *知识付费*

从某个层面而言,有用的信息内容就可以被称为知识。柏拉图提出,知识必须满足三个条件,它一定是被验证过的、正确的、而且是被人们相信的。事实上,在长期的社会

---

① 张一鸣. 机器人与客户端的个性化追求[J]. 中国记者,2015(4):43.

历史发展进程中,这三个条件导致了知识获取过程具有漫长的特征,而"知识无价"的另一面,则进一步弱化了知识可以直接变现的可能。

但在新媒体的传播环境下,内容运营者发现,信息传播除了能带来用户的关注之外,信息内容本身还蕴藏着一些不等的知识价值,他们所缺少的只是对这些知识内容与所需要的用户对象之间的关联与匹配。因此,知识变现便成为新媒体内容运营中的一个特殊流程。它首先从海量的信息内容来源之处去引导并优化生产机制,以确保自身可以提供持续、精炼的优质内容;然后通过各种技术手段,深入挖掘相应知识内容所针对的目标用户市场,培养并激发他们消费相应知识内容的需求和渴望,最终促成这种消费的实现,从而完成这种流程模式的变现闭环。

在新媒体发展之初,音乐、影视剧、小说等就作为信息内容的特殊表现形式,开始尝试各种直接变现的可能。结合互联网版权维护手段的逐步完善,用户也很容易通过付费订阅、付费下载等方式,认可这些内容中所包含的知识价值,并接受它们的付费模式。

非常有意思的是,中国新媒体知识付费领域的代表性产品上线,都不约而同地集中在了 2016 年 5 月 15 日前后的三天时间里。

2016 年 5 月 14 日,作为最有影响力的开放性知识问答社区,知乎正式推出自己的知识付费子产品:知乎 live。它通过吸引各行业达人入驻平台,围绕各种自主话题发起收费式的线上直播,通过发布语音、文字、图片等素材与用户进行实时互动,其话题具有多元化、普及化、平民化的特色,其内容生产成本更低,行业覆盖范围更广,可以更好地满足当下用户对于知识变现的各种个性化需求。

2016 年 5 月 15 日,国内知名科普网络平台果壳网推出付费型知识问答产品:分答。它邀请知识专家、行业名人入驻平台,并自行设置他们回答问题的费用标准,然后等待用户支付相应的费用向他们提问,针对各种提问,这些专家、名人以语音的形式进行解答。分答的商业模式具有一定的创新性,在其发展初期,由于成功地吸引了王思聪、罗永浩等名人的入驻,从而充分满足了许多网络用户的猎奇心理。虽然分答总体知识输出的质量较低,但它却因更强的接地性与满足基数庞大的用户群体心理的特征而名噪一时。

2016 年 5 月 16 日,由央视前记者罗振宇离职后组建的罗辑思维团队打造上线了得到 App,除了罗振宇以外,得到还吸引了李笑来等互联网专家大咖的入驻。得到为用户提供多领域的优质知识内容,吸引了大批用户踊跃付费订阅,从而成为国内首个相对成功的试水知识付费的代表产品。

(3) IP 拓展

内容运营中的 IP 概念,是从知识产权(Intellectual Property)的英文缩写延伸而来的。

它是在优质化的内容基础之上,通过专业化的操作,使其产生更加个性化、更具代表性的文化意义,并具有鲜明的外在形象,足以对外输出相对完整的世界观与价值观。通过IP化的拓展,内容运营可以突破传统思维下所有商业模式的制约,打通价值升华、行业裂变的最后一关。

新媒体中相对比较普遍的IP拓展案例主要集中在一些先期已获得市场认可的文学作品上。当它们在互联网上实现第一步的成功传播后,就会拥有一定的个体品牌形象,并开始有规划、有节奏地向多个平台推出,然后从中收获大量富有价值的流量。判断一个具体的内容作品是否能够成为IP,其主要标准就在于它能否形成一种超越媒介的具体品牌形象,能否具备可以超越平台的自有流量吸引能力,能否拥有超越信息服务的跨行业变现手段。

超越媒介,指一个IP化的内容,无论它起步时是否只是单一的媒介形式,但它必然具备可任意改编成多种媒介作品形式的可能。像《盗墓笔记》《微微一笑很倾城》等,它们以网络小说的身份走红,但随后快速推出的漫画、电影、电视剧以及网络游戏等产品,同样也在不同的市场上取得了相应的成功。

超越平台,是说具有IP特征的内容不仅不会依赖于任何一个媒体平台的宣传与支持,反过来却会成为所有媒体平台青睐与竞相合作的对象。因为,优秀的IP内容往往拥有可观的自有粉丝群体,这些粉丝群体只会跟随IP内容走。所以,如果能够与优质IP内容合作,对于媒体平台来说,就相当于获得了给自身吸引新增流量资源的机会。

超越服务,指IP内容的价值升级特征。IP在品牌之后所吸引的亚文化粉丝群体具有远高于普通人群的强大购买力。所以IP化的内容,可以突破信息服务的限制,将独特的品牌拓展应用于旅游、服饰、家居、餐饮、玩具、电器等几乎所有的现实行业,并从中收获巨大的经济效益。

四、用户运营

对于新媒体而言,受众与用户实际上指向同一人群,但对于他们的认知,不同的思维模式下则是两种不同的对象。如果只考虑他们在信息传播过程中的角色身份,那么他们就是单纯的受众;但如果继续分析并挖掘这些不同角色在市场化运营过程中的规律与价值,那么他们则会被称为用户。因此,对用户的运营过程,实际上就是顺应受众规律、挖掘受众价值的过程。

01 开发

新媒体由于一个"新"字,往往少不了会经历一个"从零开始"开发用户的过程。回顾中国传媒发展史,统计一下不同媒体从诞生到用户数突破 1 亿所用的时间,我们就会看到以下数据:

- 1815 年,中国第一张报纸《察世俗每月统记传》创刊,至 1950 年左右中国报纸读者过亿,历经大约 150 年的时间;
- 1923 年,中国第一家广播电台诞生,至 1960 年后中国广播听众过亿,历经近 50 年的时间;
- 1958 年,中国第一家电视台北京电视台开播,至 1990 年电视观众过亿,历经约 40 年的时间;
- 1995 年,互联网正式进入中国,至 2005 年年底中国网络用户过亿,历经 10 年的时间;
- 2010 年 4 月,最早的移动互联网新闻产品"搜狐新闻"手机客户端上线,至 2013 年 4 月用户过亿,历经 3 年时间。

在此之后,新媒体对用户过亿纪录的刷新任务,则交到了一个个具体化的产品身上:

- 新浪微博于 2009 年 8 月上线,18 个月后用户过亿;
- 微信于 2011 年 1 月上线,14 个月后用户过亿;
- 短视频时代的快手、抖音进一步把开发 1 亿用户的时间缩短为几个月,新媒体行业的竞争已经开始从最粗放的用户数转向了更加具体、真实的月均活跃数、日均活跃数。

无论如何,新媒体所表现出来的用户发展速度,绝对是过去传统媒体那种宣传、发动、鼓励、培养的落后手法所不能实现的,它不仅彰显出了新媒体时代强大的市场活跃度,更充分展现了新媒体产品锐意进取的创新思维。

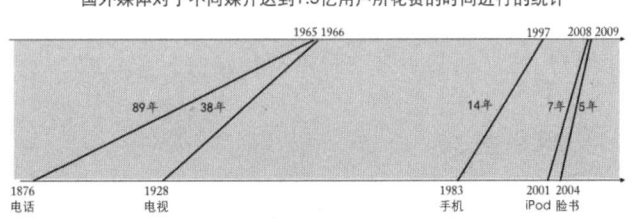

图 8-3 媒介用户

分析、总结所有取得成功的新媒体产品在用户发展中的经验,我们不难得出它们的几个共性特点。

首先,拥有同类产品中相对突出的技术创新能力是根本。没有技术创新,用户的积累与发展就只可能是在过去基础上的一种完善,正如中国近千年的邮驿制度发展,递送速度的提高永远无法摆脱驿马奔跑的上限。而微信的爆炸式扩张发展,抖音风靡一时的覆盖,在它们的背后,移动互联网时代不断涌现出的技术新名词、技术新应用、技术新突破,一点一滴都化为了这些优秀媒体产品的各种闪光点:摇一摇、发红包、百万答题等,这些整合技术手段而来的创新式应用,往往会将用户内心的渴求点一击而中,产生出席卷市场的惊人效果。

其次,优质内容与人性化设计的跟进是关键突破点。新媒体行业里常被诟病的是跟风潮。其实,抛开知识产权层面的抄袭元素之外,它也集中反映出了新媒体时代下技术优势难以垄断的特征。对于用户而言,他们可以因一时的新鲜而喜欢,但必须还要有长久的优质服务作为他们忠实喜爱的保证。而这里的服务,往往取决于技术之外的内容与设计。

再者,深入挖掘社交互动及人际传播规律是收获的关键。说到底,新媒体用户的快速发展,无非是对人际关系中"六度空间"理论的充分实践。社交化已经成为当下信息传播过程中不可忽视的重要倾向,社交化的宣传、社交化的应用以及社交化的推广,都是新媒体产品得以实现用户快速发展的重要环境因素。对社交规律的遵循与利用是新媒体开发用户时必须要注重的关键点。

最后,必要的行业积累与母体资源输送是加持要素。这也就解释了为何当下成功的新媒体产品往往都出自腾讯、阿里、头条这些巨头集团机构。所以,即使偶尔会出现一些自力更生的新锐产品,但为了使用户能够再上一个新台阶,它们往往也会在发展过程中想方设法与上述这些巨头机构建立起投资、关联甚至直接被并购的合作模式,为的就是可以从它们身上获得各种现成的行业内部资源、资金支持以及更为直接的用户引流效果。除此以外,对于所有转型中的新媒体机构来说,传统媒体原有的用户基础与用户积累的资源也不可小视,通过必要的转换手段,从传统媒体的既有优势资源中发展用户、转化用户,这又何尝不是一种资源输送呢!

02 互动

用户开发并非是一件一劳永逸的工作,如果缺乏足够的维护,再大的用户基数也存在归零的可能。而要想确保用户规模的稳定,互动是最有效也最重要的手段。与用户互动拉近了媒体与用户之间的距离,密切了二者的关系,这样就可以建立起一条媒体从业者与受众之间的沟通途径,让更加真实直观的用户反馈及时到达媒体方,以便新媒体调整发展方向、改善用户对产品与服务的使用体验。

(1) 行为分析

技术层面的互动是新媒体与生俱来的要求,即使在刚刚起步的简陋条件下,记录来访者的 IP 地址、访问时间及访问次数也是网络媒体的一个基本功能。随着网络技术的提高,新的互动功能开始不断出现:从最初的留言、评论,到随手点的阅读心情、投票,再到轻松一键即可进行的博客、微博的转发、推荐等,互动渠道的增加与互动形式的变化恰恰源自新媒体对受众访问行为进行分析而得出的结果。

新媒体行业有一条公理:只有那些能被测量的东西才能被购买。而新媒体主要测量的就是用户的行为状况。只是随着技术的发展,原先对网页访问行为的简单捕捉与统计已经无法探测出更为真实的用户行为目的,这就需要设计并应用更为人性化、直接化的插件、软件客户端,以及一些 Web2.0 式的交互应用,以此来调动用户的操作与应用积极性,从而掌握更加精确的受众行为,从而得到真正有价值的数据。

在行为分析中,最有价值的互动当然是用户主动创造内容,但要让用户心甘情愿并且持续不断地创造具有一定价值的内容,那就不仅仅是为用户提供发布渠道这么简单的事了。观察最早出现的 BBS 与博客,我们会发现,相关技术平台软件已经日趋免费化,例如,国内早期的 BBS 有超过 90% 的站点都在使用康盛的 Discuz 以及阿里云的 Phpwind 这两款产品,但是这些在一模一样的平台软件上运行的媒体,无论是在经营规模上还是在综合影响力上都天差地别:有年收入数千万元,用户上百万人,影响并左右着一个地区舆论环境的超级论坛;也有碌碌无为好几年,用户寥寥无几的小站。原因就在于,吸引用户互动并创造内容的关键不在于技术与平台,而在于机制与运营。最重要的三点依次为:基于广泛认同的新媒体文化理念,基于客观评价的新媒体美誉度,以及基于主观应用的新媒体操作体验。

(2) 线下活动

用户对于新媒体的高度认同感源自亲切与熟悉。这是新媒体高度重视用户线下活动的结果。长期以来,传统媒体出于对成本的考虑,更出于对自己广泛传播、普遍影响的自信,刻意拉大自己与用户之间的距离,通过这种若即若离的距离感来强化自己的权威性,并收到了一定的效果。但随着媒体竞争的加剧,传媒发展渐趋普及,新媒体如果在尊重用户方面强化服务,则可以通过线下活动,拉近相互间的距离,从而全面强化用户的黏着度与忠实度,并给自身注入更强大的魅力。

信息传播中无法取代的是人与人之间直接接触的那种亲切感与信任感,新媒体可以通过技术创新,将网络化、规模化的概念注入用户相互交流的活动中,组织大量的线下活动,以密切新媒体与用户、用户与用户之间的联系。

第一,线下活动是对新媒体用户资源的实力检验。媒体的影响力和传播价值不再依赖于那些抽象、模糊且难以验证的收听、收视率数字来测评,而是通过用户对线下活动的热衷度、介入度、参加次数以及再次回到新媒体中进行互动反馈的口碑来评测。

第二,线下活动是对新媒体传播手段的效果检验。线下活动往往是通过新媒体进行商业营销的一个重要实施环节,是各类优势营销资源的具体落地环节,也是广告主直接感受新媒体传播营销能力的一个重要阶段。

第三,线下活动是对新媒体用户忠实度的强度检验。用户创造内容具有极大的偶然性与临时性,要想把这种偶然与临时转化成长期持续的资源,唯有通过线下活动去吸引并固化这些重要的用户资源,并借助活动为他们提供一定的扶持与引导,使之更加符合整体内容资源建设的发展方向。

第四,线下活动是对新媒体资源整合的能力检验。由于掌握着用户资源,线下活动成为新媒体关联消费者、广告主、潜在消费者以及潜在客户群的一个中间地带,比如各种可以直接产生商业利润的团购活动,又比如可以间接产生宣传价值的指定群体活动,它们都可以带给活动各方足够的吸引力和利益。

(3) 服务跟踪

服务跟踪源自产品跟踪,指在生产或销售过程中对产品的流转路径进行实时追踪。通过追踪,企业可以掌控产品动向,防止意外发生,有效杜绝假冒产品的出现。这就意味着如果出现一个问题,企业就可以迅速查出问题所在并能够及时纠正它。

新媒体本身所提供的实际上是一种媒体产品服务,服务对象自然就是它们所面对的用户。在与他们进行各种互动交流的过程中,新媒体必然十分关心产品的服务功能是否得到了有效传递以及传递之后的反馈如何等。这种跟踪既有主动的拉取式的数据采集,也有被动的推送式的用户提交。新媒体比以往的任何媒体都更重视并加强这方面的工作,并把它视为与用户互动的关键所在。

服务跟踪最有价值的地方在于对跟踪结果的适时反应。这种反应一般都会形成与用户互动的高潮,用户往往也是在这个地方真切地感觉到自己在新媒体中的重要地位。这时也正是每一个新媒体实体适时表达自己的企业理念、塑造自己的企业形象、争取自己的忠实用户的最佳时机。服务跟踪给了媒体经营者及时改正错误、修正方向的机会,给了媒体为消费者提供最佳感受的长期保证。因此,服务跟踪成了沟通两者的最有效的桥梁。

03 转化

开发用户、维护用户,这些,都只是新媒体运营的手段而不是目的。媒体如果长期只注重扩大用户量,但却找不到合适的渠道与方法将其转化为最终收益,那么巨大的用户群体只会让自己的维护成本不断增长,此时每增加一个用户,都有可能成为压垮其自身发展的最后一根稻草。这种现象在国内视频网站的发展初期曾表现得十分突出。

除了眼下依然屹立于市场头部的优酷网外,早年与它同期成立并大放异彩的,还有56网、酷6网、爆米花网、我乐网等网站,单纯从它们各自吸引的用户量及当时的知名度来讲,谁也不曾真正服过谁。但是,正是因为用户量的快速发展,同步增长的还有与用户量成正比的巨额带宽及流量成本,还有更多用户所渴望获得的优质内容的采购成本。而当时的视频网站却缺乏变现赢利的手段,视频广告的收入偏低,盗版影视剧又直接影响了向会员收费的可能性,直播电商的窗口期在当时似乎遥不可及。因此,缺乏价值转化的用户开发,只能成为加重这些视频网站生存压力的重担,网站陷入了用户越多越困难、用户越少越迷茫的左右为难的境地。一旦初始的风险投资耗尽,大批视频网站或选择卖身、或选择转行,甚至直接选择停止运行关门大吉。

视频网站的发展经历,揭开了从传统媒体时代而来的"用户量直接换取广告收入"的粗放式商业模式的重大隐患。因为在互联网环境下,新媒体数量呈爆炸式扩张,广告商面对极其自由的选择空间,竞争加剧,结果单客收益率迅速下降。面对这一挑战,新媒体必须将用户运营中的各种互动成果加以转化。

首先是通过用户行为分析,对用户数据进行更加具体、更加具象的归纳之后,再进行相对精准、有效的广告推送。这种新媒体的广告手法,一方面降低了自己的投放成本,另一方面也极大地提高了广告的效果,从而使自己在整个广告市场中能继续占有一定的份额。但我们必须要看到,向用户直接推送广告是一种开发用户资源的初级手段,更是一种粗糙或者说"暴力"式的转化手段,许多口碑良好的新媒体产品在用户规模壮大后却因为广告增多、用户被打扰过多,反而影响了自己的用户开发。这样的案例屡见不鲜。

其次是通过线下活动进一步增强用户黏性,强化用户与新媒体之间的关联,从而将用户的部分消费能力与购买能力直接转化为自己获得经济收益的一个重要新渠道。在这一层面的用户价值转化手段里,线下活动给新媒体增加了自我直接赢利的可能;而在具体的行业实践中,线下活动则直接推动了O2O行业的快速发展,美团、58同城等这些新媒体产品就是从最早的线上信息发布起步的,它们在精准匹配的过程中逐步开始提供各种线下的直接服务,从而全面完成了将用户从信息接收用户向服务接收用户的转化。

最后是服务跟踪不能简单地被理解为对用户的单向福利输出,否则,这只会导致新媒体运营成本的无限增长。服务跟踪的价值,在于它能让新媒体随时把控用户需求的发展,并根据发展中出现的变化,寻找到更新、更快、更具价值的转化手段。

用户转化,是新媒体运营用户的目的,也是衡量并评估新媒体运营用户的质量的重要指标。

单元学习小结

新媒体运营是一个庞大而综合化的体系。从战略层面上,长尾、免费与无聊等相关理论在以往的常规经营中都是被轻视甚至被忽视的,但在新媒体运营中,它们反而成了特色。

在市场层面来看,以精准营销手段为基础的新媒体运营推广手法,实际上更加注重用户的接受度与感受度。通过网络推手,通过媒体共振,可以达到信息传播的最大化。

到了内容层面,新媒体的运营技巧在于,通过策划解决内容的创新与创意,通过聚合解决内容的表现力与到达率,通过变现解决内容与市场需求之间的价值统一。

最后在用户层面,新媒体必须要树立以用户为中心的观念,把握住用户需求的本质,快速发展规模;通过系统化的互动手段,深入发掘用户的内在价值;并在更加体系化的转化过程中实现用户的最终价值。

☞ **实训项目一**

实训项目:通过新媒体的"媒体共振"原理分析当年度最具影响力的公共事件

实训方法:查找法、咨询法、实操法

实训条件:网络、笔记本电脑(学生自备)

项目要求:1. 对整个事件各个环节的详情展开调查;

2. 对照"媒体共振"原理,对各个环节中不同媒体的作用进行分析;

3. 对照现实事件的最终结果,重新考虑过程中不同利益方的处理方案,设想结果的其他可能性。

实施步骤:1. 小组讨论,共同了解并掌握公共事件的具体情况;

2. 按"媒体共振"原理,分头分析事件演化进程中的传播现象;

3. 再次组织讨论,设想"媒体共振"某阶段发生改变后事件的发展方向;

4. 将方案完善成书面报告。

成果描述:最终形成的书面报告作为学习分析的心得,教师选择优秀的作品鼓励学生写成论文。

成果评价:学生小组互评,教师点评,将评价等次(分数)记录在册。

☞ **实训项目二**

实训项目: 收集当年度或半年度内新晋的互联网明星品牌,以本单元学习到的专业知识分析该品牌在运营过程中在策略上的得失

实训方法: 分析法、咨询法、实操法

实训条件: 网络、电脑(学生自备)

项目要求: 1. 抓住品牌在运营过程中具体策划活动的各种细节;

2. 可以根据这些活动的实际效果进行相关分析,也可以提出自己的主观感受;

3. 可以进行模拟复盘,提出自己的建议或改进意见。

实施步骤: 1. 共同商议确定评估的对象,并统一归纳对象的基础资料;

2. 学生自行上网搜索该品牌经营发展过程中的各种相关资料,然后分析归纳;

3. 撰写分析报告。

成果描述: 最终形成与专业知识相关的论文或类似的相关结果。

成果评价: 学生小组互评,教师点评,将评价等次(分数)记录在册。

学习单元九
新媒体产业

学习目标

★ 知识目标

1. 广告、网游与电子商务等实现赢利的主要手段及其经营发展情况
2. 天使投资、风险投资以及相关的股权与期权激励
3. 新媒体产业对现代社会经济结构的影响

★ 能力目标

1. 熟悉并掌握新媒体产业的运营原理
2. 认清新媒体产业的发展轨迹,并能对整个产业发展方向有所把握
3. 理解新媒体产业投资的新方式、新理念

任务描述

  从行业到产业,新媒体已经成为现代社会中的重要经济支柱。从传统媒体的基础出发,新媒体产业建立起了一整套行之有效的赢利模式,并在产业发展上更多地引入了各种新型的产业理念。请结合本章所学,尝试为某一特定的新媒体进行广告策划。

传统的产业指生产物质产品的集合体,之后泛指一切生产物质产品和提供劳务活动的集合体,由具体生产产品与提供服务的部门组成。

新媒体以提供信息服务为主,它汇聚了计算机技术、网络通信技术以及媒体发展的成果,与物质生产、娱乐服务以及创意文化产业相互交融,是工业革命以来改变人类社会的最重大革命之一。

经济学中的产业,是一种以投资、生产、销售、营收、回报为中心的经济活动。新媒体虽然起源于传统媒体,但它在信息商品化、增值化的过程中介入了多个行业的生产发展中,呈现出独特的商品经济特征,并逐渐自我发展、自我完善,成为真正的时代骄子。

一、新媒体赢利模式的演变

赢利,是所有产业共同关心的问题。对于一个行业或部门,在收入中扣除了所有成本后还能有余,这个"余"一般被称为赢利。能够产生收入、可持续进行并可复制应用的形式便通称为赢利模式。

01 广告

广告是传媒中最常见的经济活动,它在传统媒体中的发展获得了空前成功,并一度成为媒体产业发展的支柱。新媒体在传统媒体的基础上成长,自然不可能忽视广告这一赢利模式。而且,作为"注意力经济"更诚挚的拥护者,刚刚起步的新媒体比任何一家传统媒体都更看重广告收入的价值,并在模式继承中加入了新的元素,呈现出全新的活力。

(1)发展现状

新媒体的基本经济运行模式被称为"注意力经济",注意力源自内容的吸引力,有吸引力的内容才能抓住足够的"眼球"去承载足够多的广告信息。

事实上,对于媒体而言,内容成本已经成为最大的成本,再考虑到提升内容价值的公信力等因素,我们就会发现,广告是一个看似门槛低实则成本高、周期长的商业赢利途径。因为在一句简单的"提供好内容,汇聚大流量,转换成高价值广告回报"口号的背后,需要的是长期的积累和持续的投入。在门户网模式下,新媒体要么自己建立庞大的内容采编体系,要么投入巨资购买大量的信息内容转发授权。直到 Web2.0 时代的到来,新媒体才得以凭借平台化的价值与影响吸引用户主动贡献各自生产的信息内容,从而大幅降低了内容成本。为了可以直接将内容有效地转化为相应的服务或产品,理想的模式就是将内容平台与广告平台合二为一。

从 1997 年中国的 Chinabyte 网站上出现第一幅动画旗帜广告(Banner)开始,中国的新媒体广告迅猛发展,已经成为这个产业的支柱型赢利模式,其增幅一直高于报刊、广播与电视。其中最主要的原因就在于以网民为主体的新媒体受众数量的高速增长,他们不断地点击、浏览并关注,不断地提升着这一广告平台的价值。从一开始简单的图文广告发展到动画与音视频信息的全方位展现,随着互联网技术和媒体形式的发展,付费搜索、竞价排名又成为新的广告增长点。之后,页面关键字广告、社区营销广告、游戏内嵌广告等新形式不断出现,而移动电视、楼宇电视、户外视频等新的广告平台也相继兴起,手机互动广告、无线终端广告、智能手持设备广告等随即问世,整个新媒体广告在迅速超越传统媒体之后,以一种势不可当的步伐不断地对自身进行革命,不断地超越昨天的自己。

☞ 延伸阅读

根据 CTR 市场研究公司 2016—2018 年的《中国广告主营销趋势调查》报告,这三年中,广告主对互联网媒体的广告费用预期基本保持在 36%—37% 之间,而对电视媒体的费用预期已经从 37% 快速下降到 22%。而在差不多七年前的 2009 年,互联网媒体的广告份额只有 7%,电视媒体却高达 41%。

图 9-1 中国广告主越来越青睐"互联网 + 户外媒体"的投放

(2)在创新中前进

新媒体广告的创新首先得益于技术的不断发展。就以浏览器的页面旗帜广告来说,从最初的静态图片到之后的 Gif 动画,再到之后的 Flash 以及更直接的页面嵌入式视频,等等,相同的位置,表达信息的元素更加丰富了,表现的手段更加直接了,表现的力度也更强了。此外,一开始最为普通的文字链接广告,也随着全文匹配技术、云计算以及动态网页更新技术的成熟,一改过去那种固定位置、固定形式的简单展示,出现的位置更加灵活了,甚至可以直接在相关栏目的文章正文中,以在指定词语下添加下划线的方式标注出来,引导用户点击。

> **案例分析**
>
> 　　新媒体广告中,最成功的莫过于以谷歌、百度为代表的搜索引擎广告。广告主按自己的要求确定关键词,设计广告内容并自主定价投放。当网络用户搜索到这些关键词时,相应的广告内容就会展示出来。关键词会根据竞价排名原则展示,只有在用户点击了关键词之后平台才会按照广告主之前的出价收费,无点击不收费。这样的模式与海量的用户搜索行为结合后,收到了非常好的效果,也受到了客户的热烈追捧,一度成为互联网上最为成功的营销手法。
>
>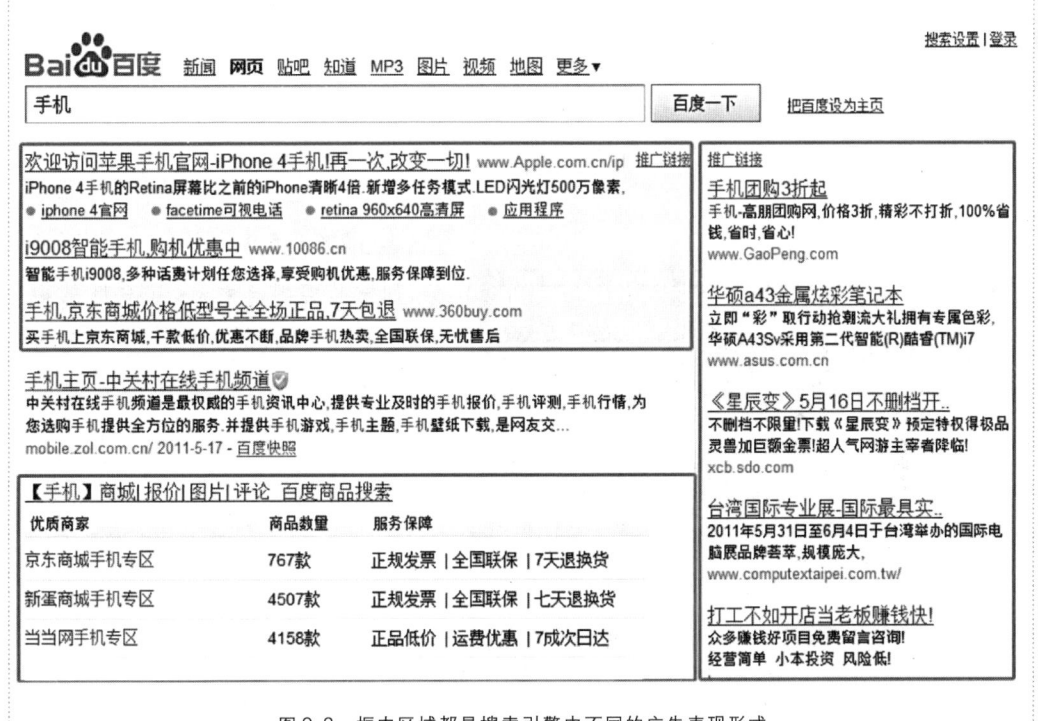
>
> 图 9-2　框内区域都是搜索引擎中不同的广告表现形式

　　新媒体广告的创新也得益于自身思维的突破,广告不再延续以往固化的单向灌输,追求展示时间长、位置明显和说明详尽,而是考虑如何引发受众的兴趣,引导受众产生需求,寻求与受众之间的互动。因此,创新后的新媒体广告更加注重用户的主动触发,当用户感兴趣时,将鼠标移上去,关键词附近就会出现与其相关的文字、图片、Flash、视频等形式丰富且表现力强的悬浮广告。用户既可以简单地浏览广告内容,也可以点击进入包含广告内容的链接网站。更为重要的是,新媒体广告通过对用户行为的实时跟踪,可以精准地记录广告的展示次数、点击量等,为广告主提供精细、可靠的数据,这反过来使广告在新媒体中的投入更加精确,最大限度地为广告主节约成本。同时,借助网络,用户能够非常方便地与广告主建立起联系,提供宝贵的反馈资料,这反过来极大地增强广告投放的有效性。

新媒体广告的创新更得益于渠道的扩展,从最初可以发布图片广告、文字广告的相关内容网页,到之后可以进行口碑营销的博客,再到承载视频、动画贴片广告的播客,直至拓展到数字电视、户外电视、手机等各种新型的移动终端,新媒体以前所未有的覆盖度与受众的工作、学习以及生活环境进行最亲密的接触,通过渠道的扩展给自己的生存与发展带来了广阔的创新空间。

(3)发展方向

新媒体广告的发展方向主要有三个。

第一,更加生动化。在广告业日益发展的今天,消费者越来越不喜欢被动地接受带有强迫性质的广告形式,而更加倾向于接受那些自己可以主动参与的媒体体验。

☞ **案例分析**

图 9-3　太湖明珠网的趣味公交车身广告

2006年9月,梁冬出任百度创意品牌副总裁后,在百度纳斯达克上市全案品牌建设中,通过一系列搞笑、有创意的视频广告,成功地使"百度一下"变为了中国人的习惯用语。其中《百度唐伯虎篇》《百度孟姜女篇》不仅频获广告创意大奖,投放在网上后更是被疯狂点击、广泛转发,为百度积累了大量的人气与良好的口碑,达到了极佳的广告效果。

新媒体如何更加生动有趣地向公众宣传自己?2009年6月,江苏无锡地区的门户网站太湖明珠网用一组充满趣味、充满创意的车身广告进行了诠释。

许多大型企业都曾尝试应用类似风格的广告,这些广告在新媒体中能够获得最佳传播效果的原因在于,在这些广告吸引用户最初的关注与兴趣的同时,在新媒体端,用户往往还会主动加入传播与扩散者的队伍中,进一步转发、推广这些广告内容,从而让广告达到不可预估的传播效果。因此,各种富有情节甚至煽情的博文、网络微小说、手机短信段子,这些生动有趣的传播方式逐渐成为新媒体广告青睐的重点手段。

第二,更加个性化。更加个性化专指个性化的表现方式,即基于对用户行为的精准分析,借助新媒体的互动展示手段,让每个用户只看到与自己的兴趣爱好、行为习惯息息相关的内容。不少免费邮件网站、SNS 网站以及社区网站已经开始尝试这种个性化的广告投放方式。当然,为避免收到用户关于隐私权的投诉,这种互动广告对用户行为的搜集工作做得比较浅表,或者在用户知情与授权同意的前提之下进行,并且尽可能地通过独立封闭的系统程序来运算处理,而且最终只展现在用户个人的终端屏幕上。这种个性化的广告,可以有效地解决新媒体传播初期信息重复冗余的问题,并让广告更有针对性、更具有效性。

第三,更加丰富化。新媒体广告整合了以往广告所能涉及的一切元素,除了我们已经非常熟悉的文字、图片、动画、音视频,还有基于现代科技发明的光影展现、富媒体互动,等等。没有哪种其他媒体可以展现的广告形式是新媒体不可展现的,而它所覆盖的场所也前所未有地广泛。从最初的电脑、手机再到发展中的互联网电视、各类户外屏幕、电子显示屏、车载电子设备、手持电子设备,互联网广告将无所不至。

②2 网络游戏

网络游戏指与单机游戏相区别,必须以互联网为连接手段,以运营商服务器与用户的电脑为处理终端,通过专门开发的客户端软件来进行娱乐、交流及获得虚拟成就的一种游戏形式。虽然现在绝大多数单机游戏都增加了能让局域网与互联网进行联网游戏的功能,但是严格来说,只有那些一旦失去网络连接就无法运行的游戏才能被称为真正的网络游戏。

(1) 虚拟娱乐经济现象

游戏的本质是人类的一种精神娱乐活动。19 世纪的德国哲学家席勒(Johann Christoph Friedrich von Schiller)在他的《审美教育书简》中写道:只有当人充分是人的时候,他才会游戏;只有当人游戏的时候,他才完全是人。而游戏一旦实现了联网,每一个游戏背后的游戏者的精神世界,就会以一种特别的方式联系在一起,形成新环境下的人际关系,把游戏引入社会性的体验。

在网络游戏中,既存在着对现实社会中人物关系、行为活动的模拟,也存在着对现实社会经济关系的模拟。游戏者在游戏中必须通过相关规则设法赚取一定的虚拟货币,以获得相应的游戏功能与体验。在游戏不断加强对现实社会的模拟的逼真度的基础上,虚拟货币与现实财富之间的界限正在逐步模糊。从一开始游戏者之间的相互转让,发展到网上商店公开出售虚拟货币,最后网络游戏运营商干脆推出了虚拟货币的在线销售系统。

虚拟货币在游戏中主要用于购买该游戏所提供的各种装备与服务,其实质是程序的一部分,但可以大大提升游戏者在游戏中的能力,从而带给游戏者更大的愉悦感与成就感。可以说,游戏装备的交易对游戏中的娱乐做了一种价格与价值的评估,越是功能强大的游戏装备、越是对游戏规则影响大的升级,其所具有的价值就越大,能卖出的价格就越高。

> **☞ 案例分析**
>
> 2008年6月2日,中华网发布了一条消息,称有一名R2(韩国著名的网络游戏,国内由联众世界代理运营)玩家要出让一支该游戏中的极品猎枪,开价5万元人民币。此事在网上激起了关于虚拟物品价值的热烈讨论。其实在此之前,网络游戏中的极品装备在网上卖出天价的事例已经出现过不少,甚至更有游戏运营商参与其中的情况:2007年9月18日网易报道,为纪念传奇世界推出四周年,运营商推出了一项"夺黑暗碧海天王"的活动,并规定在活动截止日之前,向游戏账户充值总金额排名第一的用户将获得"黑暗属性1—5碧海天王"一件。"碧海天王"在这款网络游戏中本来就是一件极为珍贵的"神器",添加了黑暗属性后更让它成为"稀世珍宝"。活动引发了玩家的强烈追捧,当时排名前两位的玩家为了争夺第一的位置分别充值了28万元人民币和26万元人民币!

除了买卖游戏装备之外,网络游戏还存在着"代练"现象。"代练"一开始针对的是游戏中相对枯燥无聊但要升级却不可跳过的环节,有钱没时间的玩家愿意支付报酬,请另一部分有时间没钱的玩家代为操作。这些代为操作的玩家渐渐开始向半职业化甚至职业化的方向发展,根据不同的游戏、不同的升级难度以及不同的目标,制定了非常系统的游戏代练价格标准,他们一度成为网络游戏中不可忽视的群体。

之后,网络游戏的用户账号也开始进入交易范畴。它是涵盖了游戏装备、账号级别的更有价值的实体。从事这一行当的职业玩家,或是根据市场需求,先行练出不同标准的账号直接出售,或是直接按照出价者的定制化需求,在指定的时间内练出符合要求的账号,然后完成交易。这两种交易行为恰如现实社会中的商品固定型号销售与定制生产销售两种模式。

网络游戏让参与者在虚拟的空间里过关斩将、交朋结友,消解孤独感,排遣压力,体会精神的放松和情感的抚慰。从根本上来说,网络游戏具有现代社会的文化产业和娱乐产业的共同价值特征,是典型的文化娱乐产业消费。从这一点来看,人们既然可以理解歌迷们花数千元钱去听一场偶像演唱会的举动,就不难理解游戏迷们为游戏中的角色与装备投下大量金钱的举动,这也正为网络游戏的赢利之路打开了宽广的市场大门。

(2)从按时消费向按需消费的转变

网络游戏的产业链结构并不复杂,主要由游戏开发商、游戏运营商、网络接入商、网吧等营业场所组成的服务方,共同为终端用户服务。终端用户为游戏付费,收入由服务方相应分成。为了赚取更多的分成,游戏运营商一般会采用独家代理的方式,全权买断游戏开发商的相关权益,甚至自己介入开发,独占这两方的惊人利润。

早期的网络游戏运营商觉得,玩家投入游戏的时间越长,所占用的游戏资源就越多,理应付出更多的费用,因此按玩家游戏时长来收费是非常合理的。但是,随着玩家人数的不断增长,人均成本被不断摊薄。对于网络游戏来说,在线人数的多少成为衡量游戏是否优秀的重要标准,运营商希望玩家待在游戏中的时间越长越好,于是开始推出包时卡,以一周一月为标准,用户只要一次性付费,就可以在这段时间内任意玩游戏。这种模式实际上是在变相地鼓励玩家延长游戏时间、迷恋游戏。

当游戏道具、游戏功能的魅力完全超过游戏本身时,越来越多的网络游戏商开始认识到,只要玩家不放弃一款游戏,无论他们在线的时间长或短,他们都可以源源不断地为游戏产生价值。于是多款热门网络游戏开始尝试免费策略,以确保用户可以更加坚定地留在游戏中。随后史玉柱投资推出的"征途"更是把这种"游戏免费、道具收费"的模式发挥到了极致,迅速成为行业翘楚。收费方式的改变,从根本上带动了整个网络游戏产业发展方向的改变。当游戏本身免费后,玩家不再因为游戏时间的长短、收费标准的高低而斤斤计较,而是更多地注重游戏本身,从中获得更多的享受与快乐。网络游戏的经营者与管理者也将工作的重心转向如何更准确地寻找到玩家们的真实需求,如何更好地服务玩家上。因此,摩根大通的一位分析师指出,"免费模式普及后游戏将不单是一个产品,企业依靠出售服务来吸引玩家,恰恰克服了网游市场的周期性软肋,是中国市场对网游发展的一种革新"。①

此外,有一部分网络游戏会引入植入广告,在一个日流量以十万甚至百万计的网络游戏的虚拟场景中植入并展现赞助商的广告形象及标志,其效果不亚于现实中的广告宣传。

---

① 李默风.国产网游集体亢奋史 玉柱之后谁是新"巨人"[J].IT时代周刊,2007(24):13.

(3) 原罪与市场的博弈

网络游戏从开始兴盛的那一天起，就没有摆脱过"网瘾制造者"的指责之声。究其根源，还是与网络游戏程序体系的研发原则分不开。广受赞誉的优秀单机游戏，除了有生动的情节设计、合理的环节安排、流畅的操作感受之外，最重要的就是每款游戏都会明确给玩家提供一个可以量化的最终目标，比如战胜大 BOSS、闯过终极关卡等。经过相对美好的游戏体验之后，最终闯关成功，这是游戏给予玩家的最大快乐，也成为单机游戏的最大魅力。为何到了网络游戏中却变了呢？1993 年首届国际大专辩论会决赛中，针对"人性本善"的辩题，最终获得冠军的反方复旦队就把"恶"定义为"人的欲望的无节制扩展"，只有节制欲望才能形成"善"。普通游戏提供给玩家适当的愉悦感、有限制的满足感，这些可以看成是产品的善。但到了网络游戏中，为了确保玩家持续留在游戏中，开发者提供了无休止的过关、无尽头的升级，开发游戏的原则成了对玩家迷恋心态的迎合，人性中的贪婪、攀比心态被不断地放大，深陷其中的玩家难以自拔，与吸食烟草、毒品的症状相类似，被称为"网瘾"。陷入"网瘾"的玩家不能自控，只要经济能力允许，就会不断地向游戏投入精力与资金，从而给网络游戏运营方带来惊人的利益增长，也给自身及社会带来不可弥补的伤害，这就是从善变成了恶。

2007 年 4 月 11 日，国家新闻出版总署等八部委联合发布《关于保护未成年人身心健康实施网络游戏防沉迷系统的通知》以及《网络游戏防沉迷系统开发标准》等文件。其主要内容为："未成年人累计 3 小时以内的游戏时间为'健康'游戏时间，超过 3 小时后的 2 小时游戏时间为'疲劳'时间，在此时间段，玩家获得的游戏收益将减半。如累计游戏时间超过 5 小时即为'不健康'游戏时间，玩家的收益降为 0，以此迫使未成年人下线休息、学习。"同年 7 月 16 日，防沉迷系统正式投入使用。防沉迷系统虽然在应用中遇到了不少青少年玩家通过虚报年龄、轮流玩不同厂商的网络游戏以及登录海外网络游戏服务器等方式来规避、突破的现象，但从总体来说，这一系统还是起到了一定的控制作用。

但是，只要网络游戏开发的原则不变，其反复刺激用户欲望的机制不变，网络游戏的原罪就难以根除。政府与行业监管部门应该站在较高的高度，结合相关的法律规定与行业特征，做好引导与约束工作，全面规范网络游戏市场，以保护玩家的利益，打击网络游戏犯罪等不法行为，促进这一行业的健康有序发展。

③ 电子商务

电子商务，指利用简单、快捷、低成本的互联网环境，让商业交易的买卖双方可以方便地、不谋面地进行各种商业贸易活动。电子商务的具体表现形式有：消费者的网上购物，商户之间的网上交易，在线电子支付和各种商务活动、交易活动、金融活动以及相关的综合服务活动。新媒体环境以及网络技术条件成熟之后,电子商务的市场将会呈现出前所未有的繁荣景象,成为新媒体的又一重要赢利模式。

(1)在线交易

借助网络手段,在线实现各种现实中的商务交易行为,这是人类社会进入网络时代之后的重要进步。根据服务对象以及参与双方的不同,在线交易主要分为三种模式。

第一种是 Business to Business,简称 B2B,指企业与企业之间的电子贸易行为,主要涉及生产资料或半成品交易。其主要内容包括利用互联网技术,发布供求信息,签订电子合同,订货及确认订货,支付交易金额,签发、传送和接收票据,确定配送方案和监控配送过程等。B2B 的代表网站大多不为普通网民所知晓,但却在相关行业内部拥有极高的知名度,也较早地实现了自身的赢利。除了垂直行业的中国纺织网、中国制造网、敦煌网以及慧聪网之外,阿里巴巴网因行业综合齐全、专注于服务中小企业而闻名。

第二种是 Business to Customer,简称 B2C,指企业对个人的电子贸易行为。这是现实中的主要商业模式在网络中的翻版。一般表现为综合性的网上商城、单一的专卖网站和垂直行业的直销网站。这些网店并不仅仅是简单地把现实中的销售场景搬到网站上,而是利用新媒体手段,更加直观生动地展示商品,更加便于顾客实现类似商品的搜索比对。尤为重要的是,B2C 省下了现实中实体店门面装修、场地租用的巨大成本费用,其所销售的物品会更为便宜,这也成了 B2C 企业最大的竞争力。这方面在国内比较知名的网站有京东商城、苏宁易购、当当网,以及阿里巴巴旗下的天猫商城等。

第三种是 Customer to Customer,简称 C2C,指个人与个人之间的电子贸易行为。C2C 一般由第三方大型机构投资兴建并运营的平台来支撑,最出名也较早运营的是淘宝网。这是因为个人卖家自身的实力有限,必须得通过第三方平台来展示商品、标明价格。而买家可以在这个平台上浏览卖家的店铺,挑选自己需要的东西,最后通过平台所支持的支付系统付费,借助社会物流系统收货。

当然,除此三种以外还有其他的模式,比如由个人消费者直接发起面对企业回购的 C2B 模式,专门针对产品的工作者或销售者群体服务的 B2M 模式,等等,它们都属于对前三种主要经营模式的发展与延伸。而随着整个互联网经济的不断深入发展,许多电子商务机构也开始从最初的单一模式,不断向其他模式渗透、扩展。

电子商务的整体概念最早是在 1996 年由 IBM 提出的,主要目的就是希望能借助信息网络的手段,部分或全部地实现商务活动流程的电子化,以更快更好地服务社会商务活动。换句话说,现实社会中有多少种不同的商务服务模式,互联网上就至少有多少种。只是,限于网络技术水平以及社会相关配套条件,在早期的发展过程中,电子商务也经历了较长的积累与起步时期,道路颇为曲折与艰难。

在欧美国家电子商务的发展过程中,实践走在了概念的前面,企业自身的商务需求不断涌现,拉动了网络和电子商务技术的进步,并促成了电子商务概念的最终形成。在互联网开始普及之前,信用卡消费制度的成熟,提前为电子商务的支付问题给出了解决方案,而历经百年的仓储运输体系的完善,也提前解决了电子商务活动中最复杂的物流环节问题。

但是在中国,电子商务却出现了概念先于实践的特殊发展现象。当以 IBM 为主的 IT 厂商将"电子商务"一词率先引入国内时,中国的信用卡体系还处在稚嫩的发展阶段,网上银行还是一个令人陌生畏惧的高深技术名词。更要命的是,那时的中国,除了又贵又慢的所谓"中国邮政特快专递",还真找不到其他什么可以使货物迅速到达买主手中的运输系统。当 E 国、8848 等第一批勇敢的电子商务实践者努力迈入这片尚未开发的荒野时,迎接它们的不仅有陌生的市场,更有各种想象不到的意外。

> ☞ **案例分析**
>
>
>
> 图 9-4 E 国送货员给参加 72 小时生存大赛的选手送货
>
> 2000 年,为了挑战电子商务的物流障碍,E 国做出了北京四环以内"一小时送到货"的承诺。结果大量的网民因为好奇而不断在网站上提交"一碗方便面""一罐可乐"这样的订货单,让刚刚起步的 E 国配送系统苦苦挣扎于"守信与赔钱"的两难选择之中。虽然 E 国后来增加了"须一次购物 20 元以上"的限制条件,但不成熟的消费市场依旧给 E 国网络带来了巨大的亏损,将它推入了关闭的境地。同时,由于在线支付体系的不成熟,被迫以"货到付款"为主要方式的早期电子商务网站,还面临着大量货件送达后却被拒收、拒付的无效物流成本,第一批电子商务的先行者陆续走到了不断亏损的绝境之中。

(2)中间支付

在电子商务中,在线支付是一个很重要的环节,它允许网站通过安全的方法实现买卖双方的资金转账,以完成交易。全民电子商务时代的到来,要求买卖双方在信用卡体系之外找到一条更加容易被网络用户接受的、有效的支付方法。

可是,网上交易的双方什么背景都有,如何解决信任问题?按照现实中的经验,必须要有一个大家都信任的第三方来做中介,由它接受买卖双方的委托,进行付款与发货的确认,最终协调银行资金的安全支付,这样的支付方式被称为"第三方担保交易模式"。

第三方担保交易模式通过技术流程解决了整个社会层面的支付诚信问题,让买卖双方都能从中获益。但不是什么人都可以成立这样的机构,做一个成功的中间支付平台要面临四大考验:首先是自身的诚信。中介既然要让买卖双方都放心,没有足够的名气与良好的口碑是极其致命的,它不但需要一开始就强力宣传,更要在发展过程中细致维护、长期积累。第二是合作伙伴的全面性。一个优秀的中间支付平台要能容纳尽可能多的支付手段,遗漏任何一家银行都意味着失去一部分客户,更会影响用户的使用感受。第三是技术投入。通过互联网进行资金转账操作最关键的要求是安全无误,技术不过关、投入不到位,不要说银行会拒绝对接,就算对接成功,一旦被黑客侵入,其损失也将是巨大的。第四是管理的规范性。中间支付平台联系着买方、卖方、银行以及物流等方,相互牵扯制约,具体应用过程也

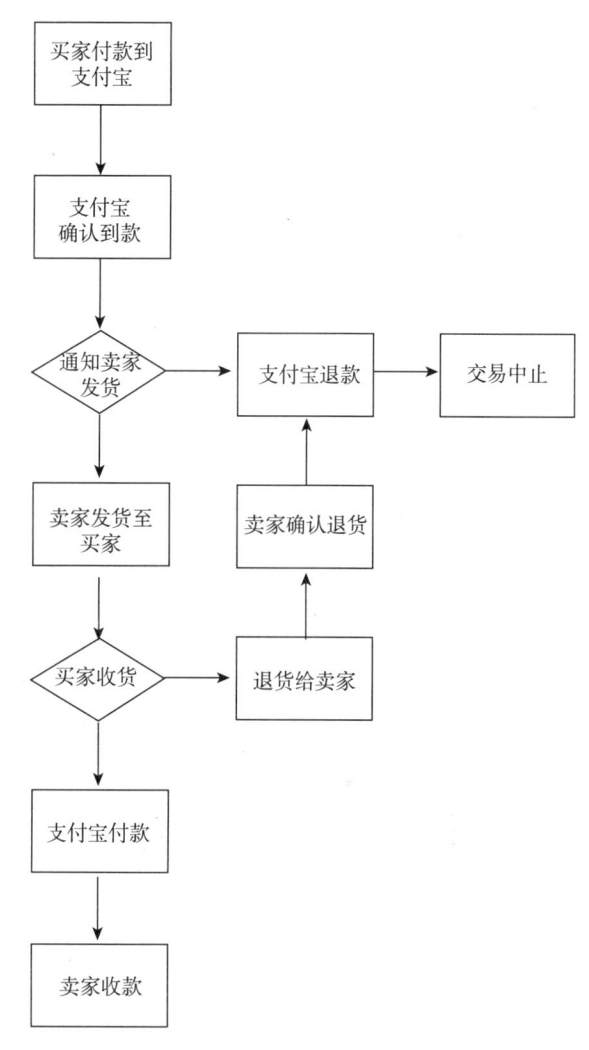

图 9-5　支付宝支付流程示意

将是错综复杂的。一旦发生纠纷,各种应对规范与处理流程也十分重要,处理的最终结果不仅要合理合法,还要尽量让绝大多数人满意。

支付宝是阿里巴巴集团公司最初为解决旗下的淘宝网的交易支付问题而设立的平台,2004年独立成为浙江支付宝网络技术有限公司,是目前国内最成功的第三方支付中介。

此外,腾讯公司在 2005 年以 QQ 通信平台、QQ 拍拍平台为基础建立了"财付通",后期整合微信支付升级而成的腾讯金融开始成为仅次于支付宝的第二大平台。除此以外,

随着电子商务业务的不断发展与壮大,包括银联、中国移动等机构都注意到了这一市场的价值,先后介入成立银联商务、中国移动支付等平台,京东、苏宁、头条、百度等几乎所有相对成功的互联网头部企业,也都先后进入了第三方支付领域。只有这一领域最终繁荣了,才真正意味着中国电子商务市场的成熟与壮大。

(3) 物流

物流是从原始的货物运输起步,逐渐利用现代信息技术及设备,实现物品从发送地向目的地准确、及时、安全、低价运送的服务流程。在电子商务中,它是使我们在网络上进行的所有交易活动得以最终实现的关键环节,而中国互联网的早期实践也证明,没有物流行业的发展与发达,电子商务的迅速衰退便会是必然的结果。

我们往往会简单地把物流称为"快递",因为它最重要的就是"快速"。电子商务在中国刚开始萌芽时,垄断中国快递行业的只有中国邮政 EMS,但它收费高、效率低,实在无法担此重任。2000 年前后,以长江三角洲及珠江三角洲为中心的区域性民营快递公司迅速发展起来。之后,DHL(敦豪国际快递)、UPS(联合包裹服务)等外资快递公司陆续进入中国内地市场,形成了国有、民营、外资快递企业多元并存、相互竞争的市场格局。服务质量与服务能力大幅度提高,"上门揽件、网络查询、全程跟踪、限期到达"这些标准化的操作理念得到了最大限度的实现,并进一步与电子商务的交易流程相对接。

当快递行业发展壮大之后,单份邮件的传递运输成本呈现出了明显的边际效应,快递服务的价格不断下降,从而有效地帮助电子商务以"省钱、高速、方便"的面目向越来越广的人群普及。

物流在电子商务发展中的重要作用,无形中促成了两大行业之间的结合和渗透:电子商务企业会自办物流平台,以降低成本;物流企业也会选择进军电子商务市场。

(4) 电子合同与网络诚信

根据联合国国际贸易法委员会《电子商务示范法》和中华人民共和国《合同法》的有关规定,电子合同的定义应该是:双方或多方当事人之间通过电子信息网络以电子的形式达成的设立、变更、终止财产性民事权利义务关系的协议。它与普通合同之间最显著的区别就是"以电子的形式"订立,并有可能在网络条件下,通过即时数据交换(电子邮件、FTP 上传下载、即时通信工具文件传送等)的形式来签订。

从概念上来讲,电子合同的签订双方具有合同签订主体所有的资质与条件,虽然它最终的表现形式是一种电子协议,但这种形式受到法律的认可与保护,对于双方的权利和义务均有约束作用。而且,由于采用了电子化的手段,实际上大大简化了合同签订的流程,提高了工作效率。

当然,电子合同的签订必须依赖于一定的技术创新。电子版本的内容极易被复制甚至更改,为了保证合同的严肃性,必须通过一定的技术标准予以规范,并借助相应的技术手段解决伪造与更改的问题。

通过电子合同,网络商务交易中的诚信问题与诚信体系概念开始走向前台。现实中的诚信原属道德范畴,但进入商务交易后,它便成为决定买卖双方是否相互信任的一个重要指标,因此它急切地需要一个量化标准与量化过程。尤其对于卖方来说,诚信指数更是各种商业活动中的最佳竞争手段,是市场经济的灵魂。然而在电子商务活动中,这种诚信机制的建立必须依赖于第三方专业评估机构。这样的机构本身应该是一个独立的法律实体,并且应当在社会上具有相当的影响力和可信度,足以使人们认同或接受,还应当具有一整套可公开、可计算、可监督的诚信指数评定标准。最重要的是,并不存在绝对的、精准的、没有错误与误差的诚信评估,所有的评估都不应对电子商务交易的过程产生直接的制约或促进作用,它的作用仅仅是供交易双方参考与把握。因为任何的评估体系都有可能被利用,最终结果还是由当事双方判断,最终做出相对合理与正确的决定。当然,这样的认证评估机构决不能以营利为目的,而应当是一种承担类似于社会服务功能的公用事业,其营业的宗旨应该是提供公正、客观及尽可能准确的评估体系,以保护电子商务交易中每一方的合法权益,促进电子商务的发展。

ⓄⓄ 平台渠道

新媒体本身作为一个平台、一个渠道,是拥有可以赢利的潜在资源的,关键在于对这一平台渠道的开发与利用。

(1) 服务收费

会员费、年费等收费模式是新媒体在起步之初就曾尝试过的赢利方式,之所以在一开始会遭受冷遇,除了手法与技术上的不成熟之外,更重要的是时机与环境的不成熟。但是,随着新媒体产业的不断发展,市场与受众也在逐渐成熟,一些对人们工作、生活与学习有直接帮助作用的新应用开始深受欢迎。例如人才招聘、房屋租赁、婚恋交友,这类服务性网站的会员服务率先得到受众与用户的认可与响应,他们愿意按时缴纳不等的相关费用,并凭此享受网站提供的相应会员服务。

在新媒体受众群不断扩大的同时,原先已经普遍免费的服务项目在明确继续免费的同时,也在探求通过差异化的服务寻找收费突破口。例如电子邮件服务,在 2000 年首次尝试收费而遭网友集体批判之后,巧妙地抓住了网民渴望更大容量、更安全的病毒防护等新需求,及时推出定制服务的收费邮箱,迅速获得了成功。

中国加入 WTO 之后,随着相关部门对影视作品、音乐以及书籍侵权现象的不断打击,去合法的授权网站付费观看或下载内容的理念逐渐被新媒体受众所接受,这类网站开始步入正轨。尤其是连续收购了起点中文、红袖添香等原创文学网站的盛大文学,它通过多年的苦心经营,集聚了大量优秀的阅读资源与充足的原创能力,开创了每阅读千字收费2分钱,网站与作者共享收费利益的赢利模式,迅速实现了在网络文学与网络读书领域的赢利目标。而影视网站则在自制节目资源日渐丰富、网络及手机平台观看更加主流化的基础上,迎来了会员发展井喷、会员缴费收入直线上升的良好发展形势。

(2)虚拟产品

网络虚拟产品不仅仅包含了网络游戏中的专用道具、装备等,还有各类网站中的特有积分、等级以及各种虚拟标志与特殊功能。由于网络与现实社会之间的关联日益密切,这些虚拟产品在现实中的价格与价值也不断得到更加直观与实在的体现。开发可销售的网络虚拟产品,也开始成为大型新媒体平台的赢利模式之一。

网络游戏中道具、装备销售业务的成功让许多新媒体平台发现,用户除了关注那些可以带给他们实际回报的功能,比如说可以提升游戏人物能力的宝物,加快他们在游戏中获得成果的速度,一些可能并没有什么实际功能的头衔、服装、级别标志等,只要能够彰显出它们的特殊性、稀缺性、独有性、罕见性,就会有人愿意为此付费购买。从浅层次分析,它迎合了一部分网络用户希望通过这些行为满足其在现实生活中得不到的被认可感与成就感;从深层次看待,它实际上包含了新媒体平台的品牌价值在虚拟商品中的折射变现。任何用户对于虚拟商品的消费,必然会综合考虑平台方的品牌价值。比如说,差不多的虚拟宠物,大平台上的售价一定会比小平台高;同样级别的网游账号,热门的游戏一定贵过一般化的游戏。

案例分析

2018年10月,杭州互联网法院审理了一例比特币"挖矿机"纠纷案。原告陈某在被告浙江某通信科技有限公司经营的网站购买了比特币"挖矿机"20台,合计总额612 000元,约定了相应的发货时间并全额支付了商品价款。之后原告以"该设备违反中国人民银行联合多部委下发的《关于防范代币发行融资风险的公告》文件,属于违法设备"为由,要求中止交易,并提出退款申请。被告则认为,上述文件仅禁止比特币的发行融资,不禁止比特币的持有和市场自由买卖。"挖矿机"是比特币的运算设备,本身并未被公告禁止,更未被法律或者行政法规禁止。

杭州互联网法院经审理后认为,原告、被告通过互联网以数据电文形式订立的比特币"挖矿机"买卖合同依法成立。比特币不具有法偿性与强制性等货币属性,但比特币具有商品属性。本案交易标的物"挖矿机",是专门用于运算生成比特币的机器设备,本身具有财产属性,我国法律、行政法规并未禁止比特币的生产、持有和合法流转,也未禁止买卖比特币"挖矿机"。故原告陈某主张买卖比特币"挖矿机"违法的理由不能成立,案涉合同合法有效。

该判决对于比特币这样的虚拟产品的商品地位,有了非常清晰的确立。

虚拟产品的价值提升,反映了在新媒体环境下,受众及用户对于精神娱乐或精神消费方面需求在不断增长,更反映了网络经济和现实经济的深度交融与相互影响。

由于虚拟产品所有权取决于产品 ID 与用户账户之间的绑定关系,因此,虚拟产品的价值交换就变得前所未有地简单与方便。只要在互联网上提供相应的程序平台,任何符合条件的虚拟产品都可以在上面进行展示及销售。虚拟产品甚至可以直接放在进行实体商品交易的电子商务平台上,像实体商品一样进行交易。

(3) 应用软件分发

最初的软件销售采用了与图书销售一样的体系流程,繁杂的环节与高昂的代理费用、物流费用,使得软件售价奇高,但软件开发者分得的收益却非常少。大量的用户又因为购买价格昂贵与流程复杂而选择使用盗版或破解软件,从而导致了整个软件开发行业的恶性循环。

其实软件商品本质上是由知识产权外加电子数据构成的,其销售过程中根本不需要进行实体交付。随着互联网环境的普及化发展,绝大多数应用软件都进入了标准化的电子商务流程,不仅仅在展示、选购、付费环节完全通过网络进行,在最终的发货环节也完全摆脱了对物流的依赖,可以直接通过网络下载以及电子授权的方式完成。更加灵活的授权控制机制还可以让软件开发者实现之前难以或无法实现的试用或限用商业策略。

2008 年 3 月,苹果公司在 iPhone 手机大获成功的基础上,决定将它的应用开发包(SDK)对外公开并提供免费下载服务,任何公司与个人都可自行开发针对 iPhone 及 iTouch 设备的应用软件。此政策受到了全球软件开发业的热烈追捧。同年 7 月,苹果公司推出了名为 App Store 的应用程序商店,为软件开发者提供展示、下载以及收费的网上平台。这里的程序应用涵盖了游戏、工具、书籍、图库、生活应用、网络应用、新媒体载体等几乎所有领域。到 2016 年,App Store 上的应用程序数量已经超过 220 万个,平台为相关开发人员发放了 200 亿美元的收入分成,而苹果公司的分成收入则在 80 亿美元以上。

☞ **案例分析**

图 9-6 风靡全球的 iPad 游戏"愤怒的小鸟"

App Store 平台上的软件应用可以根据开发者的意愿进行相应的定价,收费项目则由苹果与应用开发者按 3∶7 的比例进行分成。App Store 创造的第一个百万富翁是一名叫作史蒂夫·德米特的普通程序员,他开发了一款重力感应拼图游戏 Trism,上线仅两个月的时间便拿到了 25 万美元的分成收入。

还有一家濒临破产的 Rovio 公司在 2009 年下半年开发了游戏"愤怒的小鸟",在 App Store 上线后迅速升至排行榜首位,到 2010 年 11 月,该游戏的付费下载量超过 1000 万次,总收益超过 2000 万美元。

在苹果获得巨大成功之后,谷歌、微软等企业依托他们各自的手机操作系统开始建立模式上大同小异的应用程序商店;紧接着,百度、360 与腾讯等企业从移动互联网市场布局的角度考虑,开始建立第三方的应用程序商店;最终,三星、小米、华为等这些相对成功的手机生产厂家也开始相应地建立起各自的应用程序商店。至此,应用程序商店的市场争夺之战拉开帷幕。

以 App Store 为代表的应用程序商店模式之所以能够成功,主要原因有三个:首先,它们依托各自的母体机构,建立起的应用程序商店具有高度的品牌价值,是之前各种线下软件连锁店和线上一些付费软件下载网站所无法比拟的。其次,它们充分调动了互联网时代下个人程序开发者的积极性。虽然现在的程序越来越复杂,技术团队也越来越庞大,但依旧改变不了"真正优秀的程序往往只是由一两个关键人写出"的技术事实。而这些优秀的个人开发者的作品,更需要这样一个统一、权威、关注度高的平台来推广分发。再者,手机上网功能的增强与无线互联网的成熟更刺激了这一模式的发展。尤其是 4G 网络普及后的智能手机,从应用程序商店下载程序将变得越来越容易与方便。大量的第三方应用适应了新媒体进入无线时代后用户们对个性化软件的新增需求,从而使多平台、多终端的软件业开始进入了一个高速、良性发展的轨道。它们不仅改变了自身的生存发展环境,更改变了新媒体的发展环境。

二、新媒体产业的新型发展模式

新媒体产业是一个新兴的产业概念，它固然有着其他产业共有的一些特征，但是在发展中，它自然会引入各种现代企业的发展管理模式，并且自我创新、自我突破，以超越常规的手法与理念，在现代社会经济中突飞猛进。

01 天使投资

天使投资一般出自比较富有的个人，他们针对一些具有创新概念或者独特技术的项目及初创型企业进行一次性前期投资。这类投资结构相对比较简单，没有复杂的固定流程，甚至其动机也并非完全出于对投资回报等因素的考虑，因此也有人称之为"傻瓜投资"。

（1）产业孵化

许多天使投资人本身就是相关行业的成功者，他们中的一部分在创业期也曾接受过其他天使投资人的帮助，因此，他们无论是对这一产业还是对刚刚从事这一产业的创业者，都有非常强烈的感情。相对于风险投资来说，天使投资人更多考虑的是对尚未成形的产业新形态、新应用的扶持与培育。

天使投资带给一个企业的并不只有资金，还有更多的资源支持。在投资之后，有的天使投资人会积极参与被投资企业的战略决策，提供各种有关战略设计的建议与指导；有的天使投资人会通过自身的行业影响力，为被投资企业拓展发展与合作的渠道；还有的天使投资人会积极介入被投资企业的创业事务中，为其提供信息咨询、管理人员招聘、公关协助等服务。因此，对于创业者们来说，他们就像是从天而降的天使一样，可以提高创业项目的成功率。

图9-7 天使投资人李开复和他的新产业孵化基地"创新工场"

本着促进经济发展、改善地区经济结构的目的，近些年来，部分地方政府也开始承担起天使投资人的角色。

除此以外，一些传统意义上的富翁也会进入天使投资的行列，相对而言，他们的介入更多的只是带来资金上的支持,对所投资行业不干涉、不影响成为他们的一大特色。他们不迷信专家意见,而更多地凭借个人感觉,是许多创新型项目成功孵化的关键。

(2)人才培养

天使投资最大的意义不在于对投资项目的帮助,而在于对有思想、有价值的创业人才的培养。美国新罕布什尔大学下属创业研究中心的一份报告表明:2008 年美国共有 26 万多个活跃的天使投资人以及多个天使投资组织,他们为 55 480 个创业企业提供了总额 192 亿美元的投资。而根据普华永道的统计报告,2008 年,美国的后期风险投资共计 280 多亿美元,资助了 3700 个投资项目。从这一组数据中可以看出,天使投资的项目成了后期风险投资的基础,一大批在天使投资支持下闯出发展之路的创业者日渐成熟,接受了更为严苛的风险投资者的审阅。

对于最初的创业者来说,他们未必有非常完善的思想体系,可能也缺少成熟的企业运营机制,但是他们却具有最为关键的创新理念。对于创新而言,自由与空间是其走向成功的土壤,而天使投资恰恰有着最为宽松的认定标准。正是这种宽松,容忍了许多创业者先期的种种不足,给予了他们最为宝贵的实践机会,让他们得以在实践中成熟起来。

天使投资的资金投入也许并不是很高,而且一旦投资项目失败就会停止。但是,即使失败,它带给创业者的经验与教训也是十分难能可贵的。

02 风险投资

风险投资的英文是 Venture Capital,国内报纸常将其简称为 VC。它原是"创业投资"的意思,但在具体表述时,更加强调"高风险"和"高回报"的概念。在目前国内的实践中,一般将风险投资定义为对以高新技术为基础,生产与经营技术密集型产品的投资行为。它实际上是一种由职业金融家所操作、对新兴产业投入资金的一种权益资本。它可以促进并实现高新技术的尽快市场化、产业化,是一种由技术拥有者或创业者、资本拥有者与高新行业专家三者相互协调、共享利益、共担风险的投资形式。

(1)新媒体是风投热区

近些年来,风险投资与新媒体建设发展有着密切的关系。

新媒体作为一个新兴的行业,没有什么可供担保的抵押实力,因此较难从传统的银行与投资机构获得资金来源。但它们突破传统、超越常规的创新理念,在不稳定的发展背后隐藏着风险投资所喜好的高回报率,因而成为风险投资最看重的对象。

新媒体也是现代社会高新技术的集中应用领域,本身蕴藏着巨大的市场潜力,需要高额的资金集中投入,以助其快速地扩张市场与占领用户群。

新媒体还具备独特的快速增长能力,正符合期望"高风险高回报"的风险投资的本意。

最为重要的一点是,和其他投资相比,风险投资并不要求对投资对象进行控制,反映在股权分配上,就是绝大多数风险投资都不会控股,这样做一是可以保证被投资者不会失去创业激情,二是可以在企业进入高速增长期后,及时选择合适的时间以合适的价格撤资退出,从而实现让自己投资的资本迅速增值的目的。

(2)风险投资基本流程

风险投资是一种相对复杂与正规的金融投资行为,其流程可以表述成"融资、投资、管理、退出"四个阶段。

融资阶段相对比较简单,只有两个重要问题:一是解决投资的来源问题,新媒体在发展期对资金的使用常被新闻用"烧钱"来表述,这说明其投资者需要有足够强大的资金实力;二是解决投资者和管理人的权利义务及利益分配问题,好在新媒体领域中,这两种角色常常会合二为一,从而使得流程更加顺畅有效。

投资阶段实际是投资方与被投资者的谈判与签约过程。一方面,投资者会通过专业的风险投资机构或者直接接触各种合适的项目创业者,从筛选到调查、估值、谈判,再到投资条款的商谈、投资结构的安排等一系列程序,完成全面的谈判并最终签订合约,将风险资本投入到已被认定具有可观增长潜力的企业或项目中去。

管理阶段往往是风险投资中最考验双方的阶段。投资者希望在这一阶段能够解决自己的投资增值问题,因而可能会通过各种措施对被投资企业进行"监管",甚至会在必要情况下采取更换管理团队成员等手段;而被投资者则希望企业与项目的既定策略不要被过多的外部因素影响。所以,双方能否在这一阶段水乳交融便成为决定投资项目成败的关键。具体说来,投资者要分清"服务"与"干涉"的界线,而被投资者则要明确"信任"与"放任"的区别。

退出阶段应该是风险投资最终的归宿,针对不同的投资结果,风险投资机构一般会通过首次公开募股、股权转让和破产清算三种方式退出所投资的创业企业。相对来说,首次公开募股的获利机会与把握都较大,选择这一时刻退出一般是投资成功的标志;破产清算则明显是投资失败;而中间的股权转让则两种可能皆有。退出之后,一方面风险投资者会在内部进行投资收益的分配,另一方面,被投资企业或自身已经完成了原始资本的积累,拥有自我发展的平台与基础,或与新的风险投资商合作,又或者在项目评定失败后进行解散操作,结束一次完整的风险投资过程。

03 股权与期权激励

无论有没有接受天使投资或风险投资,新媒体机构往往都会在内部管理中采取股权激励与期权激励的方法,以合理调动内部管理人员的积极性与创业激情。其中,较早出现的是股权激励,也就是创业公司所有者承诺给予经营者一定的股权,使他们不仅可以以公司股东的身份参与企业决策,还可以享受公司的利润分成,同时为公司承担一定的责任。

而之后出现的期权激励,其实是股权激励的一种特殊表现形式。举例来说,公司授予某管理人员一定数量的股权期权,并约定其可以购买的价格,一般这个价格会高于当前股票价格。因此管理人员不会在当时购买,而是尽心尽力地发展企业,以使企业股票价格上升,一旦超过约定价格,该管理人员就可以行使期权权利,以约定的那个低于当前股价的价格购买相应数量的股票,再以市场价格售出,以此获得自己的利益。可以看出,相对于股权激励,对于企业来说,期权激励对管理人员的权利、义务的制约更加有效,企业的成本负担更轻,管理结构也更有效。

无论是股权激励还是期权激励,对于创业中的新媒体企业来说,在一开始这些都是一种承诺式的付出,无须实际性的现金支出。它可以让企业在最需要资金的创业阶段节省大量的管理人员成本开支,从而将有限的资金及时投入到企业的原始资本与扩大再生产中。而有了这些激励,企业也不必在一开始就担心管理人员由于薪酬不是很优厚而积极性不够、动力不足。更重要的是,通过这两种激励机制,企业发展的好坏与管理人员自身利益的好坏产生了紧密的关联,管理人员将会更加忠于职守。

三、新媒体影响下的社会经济结构

01 新型的劳动密集型产业

新媒体对于人力的需求非常高,不论是高新技术人才还是廉价劳动力,双重需求都很旺盛,这主要出于以下几个原因。

图9-8 微博快速扩充人员时的部分办公区

新媒体虽然通过技术的革新与进步,显著地提高了单个工作者的效率,但面对现代社会对信息量的爆发式需求,供需矛盾仍需通过人员的扩张来解决。在最近几年的发展过程中,围绕着新媒体产业发展的外围产业不断衍生,智能手机的研发生产、移动互联网的技术支撑、人工智能的家用商用推进，这些，使得新媒体产业人群的膨胀超越了历史上任何一个其他行业。

新媒体是一个注重智慧、挖掘人才潜力的新型产业，在发展过程中更加依赖工作人员的主观意图把控。因此，它一方面需要精英人才不断地深入研究技术发展方向，另一方面也需要大量产业工人进行系统化、模式化的细节把控。

有些新媒体企业员工人数极少却依旧能拥有千万级的用户群，对这类成功案例，我们要客观分析。第一，这些企业基本成功于海外，未能在中国这样用户密集、体量庞大的环境中验证成功；第二，这些案例本身也只是阶段性的状态，随着市场的拓展与服务范围的扩大，企业都开始扩充员工数量。雅虎历经多次裁员后，2011 年的员工人数依旧为 15 000 人左右，谷歌则超过 3 万人，新兴的 Facebook 在员工增长至 3000 多人后向外界透露了要大幅增长人力的意向。

也正是因为如此，在中国，新媒体产业得到了各级地方政府的青睐，因为它们不仅能逐渐改变当地的经济发展结构，迅速拉动高投入、高回报及高附加值产业的发展，而且还能够直接带动当地的就业率，尤其是可以解决现阶段各地普遍头疼的大学毕业生就业难的问题。

02 社会再分工得以推动

新媒体的高速发展，正在不断推动新的边缘行业的诞生，更不断推动新的职业与工作岗位的出现，而这些新的职业与工作岗位往往意味着高收入与高社会地位。新媒体在日渐强势的发展中，十分欢迎谙熟新媒体传播理论与实践的营销人才、公关人才与策划人才。而随着大量的新媒体企业纷纷选择上市、融资等发展之路，各类风险评估师、资产评估师以及帮助公司上市的财务审计师与财务经理人员的需求缺口也非常之大。这些新行业、新岗位的出现，提醒我们的高等教育体系应更加重视并及时调整教育培训的方向，及时为社会发展、为新媒体发展提供有用、合用的人才，为立志于从事新媒体工作的学生指明正确的发展方向。

这些新职业、新岗位的出现，正反映了新媒体推动社会化精细分工的突出特点。仅仅从媒体发展本身出发，我们就会发现从最初的记者、编辑外加美工、校对的简单分工中开始不断地细分或新生出策划、编译、收录、通联、互动编辑、视频编辑、舆情整合甚至动画模拟等职位。就拿早期的美工设计一职来说，目前已经细分为美术设计师、网页制作程序员、用户感受评测员等。总体来说，新媒体的职业与岗位分工越来越精细、越来越专业化。这些分工，使媒体传播和媒体影响更加深入。因为，行业内分工的日益细化，恰好证明了专业服务的价值，分工的最初目的就是为了让事情做得更专业，让专业的人去处理专业的事情。

新媒体产业内部的细分也促使行业类型分工越来越精细。仅以这几年在美国纳斯达克上市的网络企业来看,第一批是以新浪、搜狐及网易为代表的大而全的门户网站;第二批是以51job、携程为代表的专注于单一领域的服务型网站;第三批是盛大、九城以及腾讯这些以用户娱乐为主的游戏、通讯网站;到了第四批,代表则是完美时空、巨人以及阿里巴巴等,这些网站在原有的网络经营业态中不断深入挖掘,在网络游戏、电子商务领域做深做细;第五批上市的主要是优酷、奇虎360、人人和网秦这些专注于视频、网络安全、SNS社区以及手机安全应用等看起来领域非常狭小的网站。事实证明,在职业细分的推动下,行业的细分并没有削弱谁的实力,而是进一步挖掘出了新行业的价值与潜力,不断抬升了整个市场的整体价值,提高了新媒体的影响力。

○3 地域限制进一步淡化

借助互联网与计算机技术,新媒体工作不再苛求所有的高端工作人员聚集在一处,他们分散在家同样可以实现联网沟通、协同作业。这种工作方式就是SOHO。新媒体企业甚至可以根据不同地区的人力成本差异情况安排异地协作办公。

以酒店、机票预订以及商旅度假管理著称的携程旅行网,2006年在江苏南通市投资建设了拥有1.5万坐席的亚洲最大呼叫中心,2010年又在成都再建呼叫中心。视频网站优酷网在成功上市之后,选择将自己的全球视频研发制作中心落户西安曲江,就是看中了这里高校云集、文化氛围浓厚和人力成本偏低的区域优势。

新媒体产业更是一个寻求地域突破的产业。大型企业可以通过跨区域加盟招商的方式实现由上而下式的快速扩张;而中小型企业则可以采取联盟合作的方式,由下而上、由点至面地集合力量、迅速发展。在这些跨地域的企业中,前者通过品牌、理念及运营模式的统一输出,帮助各联盟或合作者从中受益,带动总体产业的发展;后者一般通过标准化的运作,大家采取抱团取暖、联合聚力的方式,争取更多更大的成就与效果。

新媒体产业发展的最终目标是实现全球性战略,在这一目标下,地域概念的淡化有助于突破民族、政治、文化的种种阻力,从而最终为新媒体带来蓬勃生机。

○4 经济结构更加真实合理

在市场经济发展初期,由于政策规划与计划市场两种经济模式过渡发展时期的制度相冲突,社会上曾短暂出现过"造原子弹的不如卖茶叶蛋的""拿手术刀的不如操卖肉刀的"等极端现象。但在新媒体日益发展壮大的今天,以知识为手段、以技术为助力的创业英雄事迹不断涌现。

雅虎在 1996 年成功上市,杨致远的个人资产在一夜之间飞升至 1.7 亿美元;谷歌在 2004 年首次公开募股后,不仅两位创始人赛吉·布林(Sergey Brin)和拉里·佩奇(Larry Page)各自持有的股票增值至 38 亿美元,公司的大部分雇员也因持有股份而成了百万富翁。

虽然微软的比尔·盖茨(Bill Gates)、苹果的史蒂夫·乔布斯(Steve Jobs),还有甲骨文的拉里·埃里森(Larry Ellison)都在大学时代就中途退学,但他们的例子并不能证明"读书无用论";恰恰相反,他们没有把学历当成知识的全部,而是在实践中真正懂得了如何将知识转化为财富。

任何一个有价值的创新理念,都需要足够到位的技术支撑;任何一项富有前景的技术创新,都需要扎实可行的知识做基础。因此,新媒体产业的迅速发展,对合理的产业环境实现了技术性的回归。

价值由生产产品的社会必要时间来决定,所有的商品都要按照等价交换的原则来进行销售与流通。以往,由于信息交流不对称而导致的商品价格与价值不一致甚至相背离的现象,在新媒体时代将会迅速减少。新媒体促进了信息充分、精确、真实的传播和到达,并借助互联网技术的进步,进一步破除了垄断的影响,对以往流通中的不合理利润进行过滤。如此,价格与价值的不对等差距必然会缩小,从而最终对价值规律中的不正常现象实现功能性的纠正。

而在新媒体最擅长、最钟情的资本运作中,早期曾经有过的一些非理性的个案也给外界造带来许多误解与迷惑。在冯小刚导演的贺岁片《大腕》中,精神病院的一场戏里有这么一段夸张但却十分传神的台词:

"想靠电子商务挣钱的那都是糊涂蛋,网站就得拿钱砸,舍不得孩子套不着狼啊。高薪聘几个骂人的枪手,再找几个文化名人当靶子,谁火就灭谁。网站靠什么呀?靠的就是点击率啊!点击率上去了,下家儿跟着就来了。你砸进去多少钱加一零儿直接就卖给下家儿了。我还告诉你啊,有人谈收购立马儿就套现,给你股票你都免谈!你要是感兴趣,你投个八百万到一千万。多了我不敢说,我保你一年挣一个亿!真的!——我说的可是美金啊!"

在新媒体产业发展初期,资本运作中出现了一些不成熟、不理性、不务实的所谓"捷径",这恰恰是新媒体发展中时不时会出现大量经济泡沫的原因。今天,新媒体产业的整体投资与运营环境已经成熟,整个新媒体产业的发展步伐已经变得稳重而矫健,它以整个行业的良性发展,不断修正着个案的冲动与偏移。

回顾新媒体产业发展的轨迹,我们看到了门户网站的日益发展,看到了网络游戏的如日中天,继而目睹着电子商务的方兴未艾。它们正一步一个脚印地对照着用户的需求,以新媒体的理念去创新媒体的发展思路,不断寻求创新和突破。新媒体的发展永无止境,媒体的发展永无止境。

单元学习小结

新媒体产业化是大势所趋,是新媒体走向成熟的标志。经营必须追求赢利,从广告到网络游戏,再到电子商务,新媒体产业始终把握着自己独特的原则,满足用户的需要,因此道路才会越走越宽。

创新的产业需要创新的扶持手法,为了尽快帮助各类新媒体走上健康正常的产业化道路,出现了许多新的经济现象,有专注于新人、新方向的天使投资,也有寄希望于高风险高回报的风险投资。新媒体以不拘一格的创新思维,迅速改变了整个社会的产业发展结构。在创业的过程中,新媒体灵活运用股权、期权等全新的激励手段,显示了其巨大的发展潜力。

新媒体产业的迅猛发展,正以不可阻挡之势改变着当前形势下的社会经济结构,让人才需求变得更加旺盛,从而推动了新时期的社会再分工,造就了更多更有吸引力的全新岗位,让地域对经济与产业的限制进一步淡化,最终,让整个社会的经济结构更趋合理。

☞ 实训项目一

实训项目:学习策划一个新媒体广告营销方案
实训方法:实战法、咨询法、实操法
实训条件:网络、笔记本电脑(学生自备)
项目要求:1.运用新媒体广告的各种特色,寻找有代表性的创意方案;
   2.针对广告主的要求,尽量满足其目的与需求;
   3.制订关于整体广告宣传与传播的实施方案。
实施步骤:1.老师代表广告主发布广告需求,学生分组进行需求分析;
   2.按组商讨并制订广告策划主体方案;
   3.细化方案,完善细节,并汇总成竞标方案;
   4.通过方案向老师(广告主)竞标。
成果描述:最终形成书面的新媒体广告策划方案。
成果评价:学生小组互评,教师点评,将评价等次(分数)记录在册。

实训项目二

实训项目：学习递交创业方案

实训方法：分析法、咨询法、实操法

实训条件：网络、电脑（学生自备）

项目要求：1. 熟悉掌握创业方案的大致书写格式与内容；

2. 发挥想象力，在新媒体领域寻找适合大学生创业的方向；

3. 研究天使投资人的喜好，以提高自己方案的成功概率；

4. 方案中应尽量体现学生自己对新媒体课程的理解。

实施步骤：1. 教师模拟天使投资人，学生各自准备创业投资方案；

2. 学生完成创业投资方案；

3. 学生向投资人介绍自己的方案，并力图说服投资人；

4. 教师最终针对各个投资方案给出具体的意见。

成果描述：完成不同的投资方案，模拟现实情景进行操作。

成果评价：学生、教师在课堂上讨论交流，模拟谈话，将评价等次（分数）记录在册。

1. 庞帝.数字化生存[M].胡泳,译.海口:海南出版社,1997.
2. 张隆栋,傅显明.外国新闻事业史精编[M].北京:中国人民大学出版社,1998.
3. 阎玉,等.中国广播电视学[M].北京:中国广播电视出版社,1990.
4. 郭庆光.传播学教程[M].北京:中国人民大学出版社,1999.
5. 杨继红.新媒体生存[M].北京:清华大学出版社,2008.
6. 李良荣.新闻学概论[M].上海:复旦大学出版社,2005.
7. 石磊.新媒体概论[M].北京:中国传媒大学出版社,2009.
8. 宫承波.新媒体概论[M].北京:中国广播电视出版社,2007.
9. 刘华芹.天涯虚拟社区——互联网上基于文本的社会研究[M].北京:民族出版社,2005.
10. 郑智斌.网络人际传播论[M].北京:中国国际广播音像出版社,2004.
11. 熊澄宇.新媒体与创新思维[M].北京:清华大学出版社,2001.
12. 闵大洪.数字传媒概要[M].上海:复旦大学出版社,2007.
13. 陈彤,曾祥雪.新浪之道[M].福建:福建人民出版社,2005.
14. 方兴东,王俊秀.博客——e时代的盗火者[M].北京:中国方正出版社,2003.
15. 金,莫博涅.蓝海战略[M].吉宓,译.北京:商务印书馆,2005.
16. 安德森.长尾理论[M].乔江涛,译.北京:中信出版社,2006.
17. 刘毅.网络舆情研究概论[M].天津:天津人民出版社,2007.
18. 于建嵘.岳村政治——转型期中国乡村政治结构的变迁[M].北京:商务印书馆,2001.
19. 宋鲁禹.e时代的危机公关[M].北京:中国纺织出版社,2010.
20. 黄勇,等.中国广播电影电视发展报告(2009、2010、2011)[R].北京:社会科学文献出版社.